杨大春 张尧均 主编

梅洛-庞蒂文集

第 1 卷

行为的结构

杨大春 张尧均 译

商务印书馆
创于1897 The Commercial Press

Maurice Merleau-Ponty
LA STRUCTURE DU COMPORTEMENT
本书根据法国大学出版社 1942 年版,1990 年重印本译出

国家社会科学基金重大项目成果

总　　序

梅洛-庞蒂被称为"哲学家的哲学家"。他非常自然地接受了法国哲学主流传统，其哲学内在地包含了笛卡尔主义和反笛卡尔主义之间、观念主义与精神主义之间的张力；与此同时，他创造性地接受了现代德语哲学传统的影响，含混地将3H（黑格尔、胡塞尔和海德格尔）和3M（马克思、尼采和弗洛伊德三位怀疑大师）的思想综合在一起。这一哲学其实处于现代哲学与当代哲学转折点上，并因此在西方哲学的主流传统中占据着一个非常独特的位置。梅洛-庞蒂对以笛卡尔哲学和康德哲学为代表的早期现代哲学的批判反思、对以身体哲学或实存哲学为核心的后期现代哲学的理论贡献以及对以结构-后结构主义为理论支撑的当代哲学的重大启示，已经毫无争议地把他推入著名哲学家之列。

梅洛-庞蒂哲学在汉语学术界的翻译和研究起步比较晚，尽管在新千年以来取得了较大的进展，新生的研究力量也在不断壮大，但从总体上看仍然难以让人满意。笔者于2014年初提出的《梅洛-庞蒂著作集编译与研究》选题有幸获得国家社会科学基金重大招标项目资助，这里陆续出版的梅洛-庞蒂主要著作就是该重大项目在翻译方面的成果。收入本文集的译作既包括新译，也包括重译和修订。我们希望通过各种努力，为梅洛-庞蒂哲学以及法国哲学的深入研究提供相对可靠的文献。需要说明的是，由于梅洛-庞蒂著作在风格上的含混性，由于一些作品是在他死后经他人整理而成的，翻译难度是非常大的，我们欢迎相关专家和广大读者提出建设性和批评性的意见和建议。此外，由于这些译作是由10多位学者完成的，虽然课题组进行了一些沟通和协调，风格和术语选择上仍然不可能实现一致，这是需要学界和读者们谅解的。

德国学术界在胡塞尔著作、海德格尔著作的整理和出版方面有序推进，成果显著。法国学术界对梅洛-庞蒂著作的整理和出版也取得了相当大的进展，但还没有形成统一规划，至少没有出版全集之类计划。因此，我们在推出《梅洛-庞蒂文集》中文版时不可能参照统一的法文版。《文集》中文版将陆续出版梅洛-庞蒂生前已经出版或死后经整理出版的著述18种，它们基本上反映了这位著名哲学家的思想全貌。梅洛-庞蒂于1961年突然英年早逝，留下了多达4000多页的手稿，它们大多是为他自己的研究和教学工作而作的准备，不是为读者写的，所以整理出版的难度非常大，从而进展缓慢。正因为如此，《文集》始终保持开放，在前述计划之外，未来将视情况翻译出版一些新整理出版的作品。

杨大春

2017年11月11日

目 录

一种关于含混性的哲学 …………… 阿尔封斯·德·瓦朗斯 1
导论:意识与自然的关系问题 ……………………………………… 15
第一章 反射行为 ……………………………………………………… 19
    导言 生理学关于客观性的定义及经典的反射概念。实在分析
          与因果说明的方法。 ……………………………………… 19
    第一节 经典的反射概念及其辅助假说
        1. 刺激 ………………………………………………………… 23
        2. 兴奋的位置 ………………………………………………… 30
        3. 反射环路 …………………………………………………… 32
          反射的化学的、分泌的、植物性的条件。——大脑的与小脑的条件;
          抑制与控制、协调与整合的观念;神经系统的等级概念。——反射对
          于同时发生的各种反应的依赖。——对于各种先前发生的反应的依
          赖:反射的扩散,反射的反向,韦伯定律与阈限观念。
        4. 反应 ……………………………………………………… 48
          概述;秩序问题;解剖学秩序与生理学秩序
    第二节 格式塔理论对于反射的解释
        1. 眼睛的注视反射;各种兴奋之间的关系以及它们与反应的关系 …… 54
        2. 推论 ……………………………………………………… 56
        3. 推论的证实:机能重组与替代,尤其以偏盲为例 …………… 61
        4. 反射的生物学含义 ………………………………………… 67
    第三节 结论
        1. "形式"范畴 ………………………………………………… 72
        2. 这一范畴是多余的吗?在一门相当发达的生理学中,神经功能被

Ⅳ　行为的结构

　　　　归结为一些物理类型的关系的一种交织吗？………………… 74
　　　3. 形式与目的。作为描述范畴的秩序。………………………… 77

第二章　高级行为 ……………………………………………………… 81
　　第一节　巴甫洛夫的反射学及其诸假设
　　　　它预设了对于行为的某种描述。物理-化学分析和生理
　　学对行为的分析 ……………………………………………………… 81
　　第二节　行为的"中枢区域"与定位问题
　　　1. 定位问题中普遍认可的一些结论 ……………………………… 93
　　　　疾病分析，结构障碍。——整体机能与镶嵌机能。——定位的混合
　　　　观念与机能平行论
　　　2. 对这些结论的解释：协调的观念足以说明它们吗？………… 118
　　　　空间知觉方面的协调与"形象的不协调"。——颜色知觉方面；"颜
　　　　色的层次"；语言生理学方面。——协调观念的歧义
　　　3. 结论 ……………………………………………………………… 135
　　　　驳生理学中的经验论与理智论。各种中枢现象中的形式；但什么是
　　　　形式呢？
　　第三节　行为的各种结构
　　　1. 学习不能被解释为一些彼此外在的神经事件的一种联想 …… 141
　　　2. 对行为的各种结构的描述 …………………………………… 155
　　　　A)各种混沌形式与本能。B)各种"可移动形式"：信号；各种空间
　　　　关系与时间关系；各种机械关系与静态关系。C)各种象征形式
　　　　结论：条件反射的含义：病理现象或高级活动。行为与实存。………… 185

第三章　物理秩序，生命秩序，人的秩序 ……………………………… 193
　　　　导论：格式塔理论想要突破实体主义的各种二律背反。
　　——实际上，由于未能对"形式"做出哲学分析，它本身也回
　　到了二律背反之中 …………………………………………………… 193
　　第一节　物理结构
　　　1. 在什么意义上确实可以说，与实证主义的看法相反，物理世界包含
　　　　着一些结构 ……………………………………………………… 202
　　　2. 但这些结构并不"在"一种"自然"之中 …………………… 208

    3. 结构是对于一种意识而言的 ………………………………… 212
  第二节　各种生命结构
    1. 生命形式相对于物理系统的新颖性。作为一种新辩证法之项的机
      体及其环境 ……………………………………………………… 215
    2. 作为"观念"的机体 …………………………………………… 224
    3. 机体中的超越机械论—活力论二律背反的含义统一 ………… 227
  第三节　人的秩序
    1. 意识的生命 ……………………………………………………… 236
      ——意识与活动的关系在当代人那里仍然是外在的。关于知觉理
      论的一些推论 …………………………………………………… 239
      ——初始知觉的诸特征：它依附于人的意向而不是依附于对象，它
      体验到实在而不是认识到真理 ………………………………… 247
      ——涉及意识结构的各种推论：多种多样的意向，实在意识 … 252
    2. 严格意义上的人的意识 ………………………………………… 255
    3. 驳心理学中的因果思维。用结构来解释弗洛伊德主义 ……… 257
    4. "心理"和精神不是实体而是统一性的辩证法或者形式。——如何
      超越"心灵主义"与"唯物主义"的二者择一。——作为行为结构
      的心理 …………………………………………………………… 262
    结论：前述分析的双重意义。它们接受一种批判主义结论吗？…… 267

第四章　心身关系及知觉意识问题 ……………………………………… 269
  第一节　各种经典的解决
    1. 素朴意识及其经验实在论 ……………………………………… 269
    2. 关于可感者的哲学实在论 ……………………………………… 274
    3. 科学中的伪笛卡尔主义 ………………………………………… 277
    4. 知觉意识的笛卡尔式分析 ……………………………………… 281
    5. 批判的观念。理智主义知觉理论对心身关系的解决 ………… 285
  第二节　不存在一种自然主义的真理吗？
    1. 前述各章在何种意义上导向了先验态度。被界定为含义的三个秩
      序的物质、生命和精神 ………………………………………… 290
    2. 但我们的结论不是批判主义的 ………………………………… 296
    3. 应该区分作为含义的场所的意识与作为亲历之流动的意识 … 303

A) 外部知觉。事物现象。——本己身体现象。——如同回到一种原本经验那样回到知觉场。作为有充分根据的错误的实在论 …… 303

B) 错误,各种心理的与社会的结构 …… 315

4. 结构与含义。知觉意识问题 …… 318

所引著作目录 …… 321

法中术语对照表 …… 324

中法术语对照表 …… 331

西中人名对照表 …… 338

中西人名对照表 …… 341

初版译后记 …… 343

修订版译后记 …… 346

一种关于含混性的哲学

阿尔封斯·德·瓦朗斯

各种当代学说乐于反复提到人是由在世存在来定义的——如果定义的观念同样适用于人的话。但是,这一论题显然要求我们超出于为己和在己的选择来设想人的实存本身。如果人是事物或者纯粹意识,那么他就不再是在世的。因为事物总是与其他事物共同存在;既然它没有地平线,它也就不会超越于它们。然而,世界并不处于事物之中,它在它们的地平线上。相反地,纯粹意识不过是一种注视,它不带隐义、没有困难或者毫无含混地展开它面前的一切,因而这一概念拒绝抵抗或介入的观念本身,对于我们来说,实在的典型经验就是由这一概念构成的。

然而,完全应该说那些最坚决地把实存与在世同等看待的作者,最经常地忽视了或者回避了向我们描述人的意识所是的这一混合物。海德格尔始终处在一个复杂的层次上,它使我们可以设想纠缠着我们的难题获得了解决。因为这一难题应该在知觉和可感者的阶段获得其决定性的处理。然而,按照《存在与时间》,为我们产生了关于实在的可知性的那些筹划已经预设:日常实存中的主体抬起胳膊,因为他敲打和锻造;他目光朝着某处,因为他看手表;他沿着一种方向,因为他开着汽车。只要我们判定他进行活动与移动身体的能力、他的知觉官能是"显而易见的",一个实存着的人可以履行这些各不相同的任务就不会引起任何困难。人们从来就没有结束逼问常识的"明证性",海德格尔的读者很久以后才觉察到,作者在对我们所筹划的世界的描述中展示出来的细致敏锐,是以完全忽视对于我们而言"向来已经在此"的世界为代价的。

正是在这一世界中涌现了某种有意识的实存、某种通过突出于事物之上而把自己构成为事物的实存的悖谬结构。如果对于我来说实在的筹划和解释是可能的,这是因为我在某种根本的意义上来说与这种实在合伙。然而,在《存在与时间》中我们找不出三十行探讨知觉问题的文字,找不出十行探讨身体问题的文字。

萨特的情况更为奇特。《存在与虚无》除了对有关感觉和一般"心理的东西"的各种经典学说进行深入细致的批评外,实际上还包含了对作为"在世"的根本样式的身体性的系统研究。正是萨特在当代实存主义中引入了为我的身体与我的为他的身体之间的重要区分,没有这一区分,整个关于身体的提问法就会陷入到混乱之中,就会无法招架实证主义的攻击。至于萨特提出的那些关于身体性之本性本身的论题——从根本上被设想为非常特殊意义上的工具性身体与人为性身体之间的对立辩证法——显得异常丰富,使我们最终能够理解实存意识如何会同时既是一种内在又是一种投射。不幸的是,我们只要一回到(因为必须回到)萨特的存在论的总框架之内,我们就看不出如何理解和接受这些论题。因为,准确地说,这一存在论以一种永不松懈的顽固强调在己与为己之间的对立——这一次不再是辩证的,而是根本不可调和的。由此思维实体和广延实体之间的笛卡尔式的二元论在他的原则之内被恢复了。此外,获得恢复的东西过于脆弱。实际上,这涉及的是一种加强,因为在笛卡尔那里,尽管思维与广延之间没有共同的规定性,但在它们彼此都被看作是实体这一事实范围内,它们仍然被统一起来了。因此,它们同等地维持在它们自身那里,同等地与神的创造活动联系在一起。的确,萨特会反驳说:尽管笛卡尔费尽心思地说明其含义,这种双重相似本身被揭示为是虚假的。或许如此,但这是一种认罪辩护。让我们就此更仔细地瞧瞧。萨特告诉我们,意识是在存在者的虚无化中展开的存在的一种虚无。① 认识的定义几乎没有什么明显的不同:"在构成了内在否定和认识的这一绽出关系中,正是在己亲自通过其充实性成为了具体的一极,而为己不过是在己在其间得以突显出来的空无。"②

　　由此而来的各种结论对于我们所关注的问题来说是非常重要的。它们表明了萨特的形而上学学说与同一作者的现象学所描述的材料之间的一种不一致。因为,如果意识与认识获得了相同的界定,那么从此以后就会出现如何坚持在它们之间不存在任何同一性、如何坚持"并非任何意识都是认识"的问题。③ 然而,就像萨特本人承认的,正是这样一种无法现象学地获得证明的视为同一,将使知觉和身体成为难以理解的。依照刚才所谈到的,知觉被还

---

① "作为意识,意识的存在,就是如同面向自身在场那样远离自身地实存。存在在其存在中提供的这一空的距离就是虚无"(《存在与虚无》,第120页)。

② 《存在与虚无》,第225页。或者还有更为直截了当的:"认识……与……为己的绽出的存在混合在一起"(同上书,第268页)。

③ 同上书,第18页。

原为事物的这种既直接又远离的在场①——视觉提供了其典型结构:"知觉到红色是这本簿子的颜色,就是反映出它自身是这一性质的内在否定。也就是说对于性质的统握并非像胡塞尔希望的那样是一种'充实'(Erfüllung),而是把空无作为这一性质的确定的空无予以告知。在这一意义上,性质是永远处在能及范围之外的在场……我们可以通过强调这一事实来更好地说明知觉的原本现象:性质在一种绝对接近的关系中维持着与我们的关系——它'在此',它纠缠着我们——它既不自我表现,也不自我否认。但是,应该补充说,这一接近意味着一种距离。它是直接处在触及范围之外者,按定义,它把我们作为一种空无向我们自己显示出来。"②

但是,如果知觉见证了既不模糊也不神秘地被清楚展示在我们面前的事物的一种在场,如果它有着为己投向在己的注视的晶体般的透明,它就不再与任何其他认识类型有最小程度的区别:"除了直观外没有别的认识。"③我们似乎回到了古典唯理论的直观,我们重新感觉到了证明知觉的原始意义和范围的全部困难。由于诉诸一种混乱的观念,就像笛卡尔和斯宾诺莎一样,我们甚至丧失了勉为其难地摆脱困境的权利。一旦为己和在己完全分离开来,一旦意识变成为一个没有自己的可靠性的旁观者,那么就是大局已定了:这样一种意识要么认识要么不认识,但它不会以多种

---

① 这仅仅意味着:并非作为一种东西的为己不会远离事物而存在,但在另一方面,知觉是一种持久的肯定:人以不是事物的方式是事物,为己与事物的存在论距离始终是无限的。
② 《存在与虚无》,第236-237页。
③ 同上书,第220页。

方式认识,也不会以含混的方式与在己联系在一起。它一认出在己,就立刻穿透之;它一说话,一切就同时被说出来了。意识无疑会把自身细化为各种否定,而不是一下子就借助于认识来否定整个在己。但是,它在知觉各种性质时,它是在绝对中知觉到它们的。意识并不处于世界之中,因为它并不介入到它所知觉到的东西之中,它并不与自己的知觉合作。然而,正是这一合作和这一介入,赋予感性认识一种持久地、内在地未完成的外表,赋予它一种作为视角性的并形成一个视点的必要性,赋予它以萨特的现象学已经充分看到,但其形而上学未能予以证明的全部特性。他无疑通过他的学说挽救了甚至突出了实在论的直接特征,但是,他从来没有能够说明:直接地在场的事物只能够以某种既明证又隐晦的方式被提供给我们,因为被知觉者,作为被知觉的是不可怀疑的,总是期待着从一种后来的探索中获得自己充实的意义,而这一探索反过来又勾勒了具有多种潜力的一条新的地平线。在形而上学家萨特那里,针对同一对象的多种视点之所以彼此相继,只是因为意识依照任意地援引自它自身结构的一种必然性已经就此做出了这样的决定。知觉的这种片面性,这一相继的、含混的特征并不产生自使意识和事物相互竞争的联系的本性本身。对于萨特来说,意识细化为它完全可以一下子就能够穷尽的一种认识,仅仅是因为(完全可能甚或原则上要求的)一种透彻的注视把意识凝固为事物、凝结为在己,并由此最终摧毁它。① 萨特认识到了一种知觉辩证法,不是因为这一辩证法内在于我们能够拥有的对于各种事物

---

① 《存在与虚无》,第 231—232 页。

的把握本身之中，而是因为如果没有它，就不存在意识的生命。但是，我们看到，这一生命并没有在其本原中获得保证，它被援引和设定而不是被包括在知觉现象本身之中。

当萨特尝试使其身体现象学与其形而上学相一致时，同样的一些困难出现了。我们可以没有异议地接受他对身体进行的那些不仅真实而且原始的描述。但是，我们永远不能理解它们。然而，在第一眼看来，萨特的那些说明是清楚的、连贯的、真的是容易为问题提供一种回答的。在它自己那里不具有存在，为己只能够作为一种人为性的虚无化才能够实存。人为性恰恰就是本己身体。① 我们也设想这一人为性（在某种意义上，它界定了我们的处境）与它借以被重新抓住和被解释的一种筹划不可分割，按照这一筹划本身而得以澄明（借用一个海德格尔式的术语）。因此，人为性，身体或者过去依照我们的投射赋予它们的意义被证明是可变的。这一切并没有给任何直接的异议授以口实。但是，一旦我们深入地从在己中区分出属于身体的东西和不属于身体的东西，事情就不再同样如此了。因为我们于是毫无悖谬地通达了这一论题：如果全部认识都是由对在己的虚无化构成的，那么被认识者就被整合到我们的人为性之中，变成为我们的身体。萨特有时接受其学说的这一结论，而且，从某种方式上看，它并非不能够获得证明。② 因为，如果为己通过处在整体性中的存在者的虚无化涌现出来而获得了自我肯定，那么这一处在整体性中的存在者就是它

---

① 《存在与虚无》，第371页。我们在此限于考察有关身体性的各种存在论说明，而不涉及其现象学描述。

② 它（身体）另一方面与整个世界成为同一的。同上书，第372页。

要虚无化的人为性，因此依据刚才宣告的定义，就是身体本身。可是，从关于它的各种现象学材料来看，这一问题还包含着颇不轻松的另一方面。因为现象学（包括萨特的现象学）实际上在一种远为深刻、远为根本的意义上揭示了一种属于我的人为性。它乃是我们在几乎难以理解的限度内发现的东西：痛苦和恶心。让我们引述萨特：当我们这样考虑身体时，"对于我们来说，它仅仅涉及意识实存其偶然性的方式；意识就它超越自己的结构以通向自己的各种可能性而言，就是意识的结构本身；①这乃是意识自发地、非论题地实存它自己论题地却不言明地作为世界的视点来构造的东西的方式。这或许是纯粹的痛苦，或许也是性情：作为非论题的情感色调、纯粹的适意、纯粹的不适意，从某种一般的方式上说，这正是我们命名为体感的一切。这种'体感'似乎很少不被为己的一种超越的筹划所超越以通向世界。如果是这样的话，单独地研究它就非常困难了。可是存在着某些优先经验，我们在此可以在其纯粹性中，尤其是在我们名之为生理的痛苦的纯粹性中抓住它。"②这一文本的意义是清楚的，尽管把它与萨特的形而上学的某些基本论题调和起来是非常困难的，我们也不能够以此为借口假装忘了它。这是因为，它要求恢复一种不容置疑的经验的那些权利——除非放弃现象学的名称，不然我们就应该对立于全部的形而上学预设来维护这一经验。

因此，我们不能否认：意识或为己，尽管在存在论上是存在的

---

① 这一强调是我们加上的。
② 《存在与虚无》，第 396 页。

虚无，然而却以内在性的方式存在着，或者换言之，它嵌进某种在己之中，并因此显现出一种自己的人为性。无疑，我们身体的这种原始的人为性不那么容易被阐明，因为在正常的情况下，它是在某种使它既有意义又隶属于物质世界的筹划中被重新抓住的（"这一痛苦源自于胃溃疡，它是我的溃疡"），而且因为以这种形式，它只不过是实在的一般构造（我必然从我实存着这一事实来转化的构造）的一个要素或者一个面。但是，在极端情况下且在原则上说，一种既纯粹又完全属于我的人为性使自己显示出来了。我们建议对此表示怀疑的人不妨读读《恶心》。可是，如果在在己和为己之间不存在着本性上的任何共谋，这样一种人为性如何是可以设想的，它如何不会混同于我的过去以及我所认识的一些客体（就像按照第一种意义被描述的身体）的整体？如果为己确实竭力成为虚无化的距离，如果整个经验都是对于我所不是的东西的虚无化，为什么整个经验（作为纯粹的、超出于由筹划所做的整个评估的人为性）并不具有一种同样的分量？或者毋宁说我们如何能够设想一种人为性可以具有分量？然而，即便我向痛苦屈服真的始终取决于我，一分钟之后、一秒钟之后、十分之一秒钟之后，痛苦也真的会压垮我。

　　换言之，如果为己只不过是一种无存在的注视的距离，我们就不会明白：在一种人为性获得承认的情况下，并非一切对于它来说都是相同名义下的人为性；在我的经验的内部本身，存在着一种根本意义上的我的人为性和只不过在相对意义上属于我的人为性的一种人为性。就算这种不同事实上很难分离出来，也不大要紧。它的原则被重新认识，以便我们看到在世存在具有一种新的维度——在己和为己的绝对二元性不能说明这一维度，或者毋宁说它使这一维度成为不可能的——这也就足够了。因此,我们将得出结论:这种二元性危害了在世存在,或者至少就描述方面而言赋予给它的是某种不充分的意义。此外,同样的贫乏,或者我们也可以说同样的缺陷也在萨特关于自由的观念中获得了证实,至少在作者就他已经出版的著作所进行的说明之范围内是如此。

* * *

我们刚才针对海德格尔和萨特提出的那些困难,也是促成梅洛-庞蒂思考的相同的困难。他的整个努力就是要构思一种关于介入意识的学说。一种实存哲学第一次获得了肯定:为己的最终存在方式在其中并没有被显示为是一种见证意识的存在方式(尽管有一些相反的意图和描述)。这乃是《行为的结构》①与《知觉现象学》②从不同的层次捍卫的根本主题。其实,我们在这一作者酝酿他的历史哲学、他关于马克思主义的解释的各种各样的文章中③找到的仍然是相同的看法。的确,在这些后来的著作中,黑格尔的影响表现得更加明显。但是(人们没有充分注意到),这样一种实存主义与激发黑格尔,尤其是《精神现象学》的黑格尔的那种深层灵感之间不存在任何的矛盾。④ 一个像克尔凯郭尔这样的

---

① 《行为的结构》,巴黎,法国大学出版社 1942 年版,共 1 卷,篇幅为 314 页。1949 年新版,共 1 卷,篇幅为 248 页。

② 《知觉现象学》,巴黎,伽利玛出版社 1945 版,共 1 卷,篇幅为 531 页。1949 年新版。

③ 这些文章被汇编为两本书:《人道主义与恐怖》(巴黎,伽利玛出版社,1947年),《意义与无意义》(巴黎,纳热尔出版社,1948 年)。

④ "人并非一开始就是一种明晰地拥有自己的各种思想的意识,而是一种被提供给它自身、寻求理解它自身的生命。在这种意义上,存在着一种黑格尔的实存主义。整个《精神现象学》描述的都是人为了重获他自身而做出的努力"(梅洛-庞蒂:《意义与无意义》之"黑格尔的实存主义")。

人、一个像雅斯贝尔斯这样的人的那些反黑格尔主义的抗议，一个像胡塞尔这样的人对整个辩证哲学的略带轻蔑的态度，长期以来对这一点延续着严重的模棱两可。在这里做出各种必要的区分仍然是适宜的。

*　　*　　*

向我们提出的首要任务是如实地确定《行为的结构》和《知觉现象学》所阐明的观点之不同。这是因为，有人可能会问何种必要性迫使作者写出两本主题（至少在某种意义上）一样的书。如果像梅洛-庞蒂所坚持的那样，人的自然经验确实一下子就将人置于各种事物的世界中，并且于他而言就在于在它们中间为自己定方向，就在于采取立场，那么描述人的行为和他对于事物的知觉就是致力于同样的目标。从这一角度看，作者的第二本书只是比第一本更加全面，因为通过对知觉本身的延展，它深入地阐明了同一个学说在涉及自然思考（我们把它对立于对人进行的科学思考，如果有必要，对立于对人的形而上学思考）以及主体在物质世界中的时间性和自由时所包含的东西。有人会说《行为的结构》是一本特别消极的作品，它深入地表明了实验心理学对于我们的行为问题提供的回答的无效或不足，尽管它自己也发现和强调了一些事实？但是，这种看法过分地缩小了这本书的范围——它已经正式宣告了作为梅洛-庞蒂的思想之关键的立场，而且忘记了他的第二本书也包含着一个非常重要的批评性部分，这一次指向的是那些伟大的古典唯理论者及其追随者——笛卡尔、斯宾诺莎、莱布尼茨、拉舍利埃、拉缪和阿兰——的理智主义心理学。真正的区别在我们看来毋宁在于被描述的经验的类型。《知觉现象学》始终一贯地建立在晚期胡塞尔已经描述过的自然而质朴的经验平面之上。如果说该书过于频繁、经常过于巧妙地求助于实验心理学和精神病理学提供的一些材料，这是为了澄清或准备解释唯一被牵扯到的自然经验。相反地，《行为的结构》接受的是另一场争论。它利用了实验心理学的主要学派(尤其是格式塔心理学和行为主义)——通过一些并非总是和谐的色彩——勾勒的关于我们自身的形象，并且致力于证明：由这一学科所搜集起来的事实和材料足以驳斥行为主义和格式塔理论暗中或明显地借助过的每一种解释性的学说。因此，《行为的结构》把自身置于不是自然的而是科学的经验层次，并力求证明这一经验本身——也就是说通过科学考察而获得阐明的、构成了行为的一组事实——是无法通过科学自发地采纳的各种存在论视角获得理解的。① 我们要成功地获得关于这一行为的完整观点，除非我们借助于信任行为作为事物的假说并不多于信任行为作为纯粹精神的显示的假说这一看法来解释它。由此应该得出结论，关于自然的或质朴的经验的描述后来所揭示的那样的对于一种介入意识的观念，已经被关于科学经验的解释性批判所包含甚至强制要求。事实上，《行为的结构》的论题总是从属于《知觉现象学》的主题，就像科学家的经验在其起源上总是从属于它有责任说明的日常经验一样，没有日常经验，它也就不存在。"回到事物本身，就是要回到认识总是谈到的这个先于认识的世界；相对

---

① 科学家此时不可能回击说：他没有存在论背景地进行思考。相信我们不利用形而上学或者打算放弃利用之，这始终暗含着一种存在论，但却是非批判的。就像"技术专家"的治理并非都利用政治学，但永远都不会缺少一种政治学，而且通常是全部政治学中最坏的一样。

这一世界而言,任何科学的规定都是抽象的、意指的和从属的,如同地理学相对于景致一样:我们首先在景致中理解了什么是一片森林、一片牧场或一条河流。"①

然而,在我们看来从阅读《行为的结构》开始更为可取。这是作者本人希望的顺序,②我们在没有严格理由的情况下不应放弃这一顺序。不但这些理由不存在,而且相反地还有别的一些理由促使我们接受他的请求。这是因为作者所捍卫的看法几乎不会是一个容易的通道,虽然它没有触及我们的存在的某种自发情感,它仍将直接地与现代哲学就这一存在教我们去思考的一切背道而驰。因此,为了正确地理解它,不要忽视某些迂回,要预先说服我们:关于知觉及其各种延伸的问题,现代传统的各种解决都已经过时。此外,我们不应该一下子就渗透到一种艰深、把人难住的学说的深处,我们最好首先证明:为什么由一种历史所开辟的全部道路都是死胡同,然后我们或许就会看到,另一种光明将逐渐地从这些失败中被抚育出来。

＊　＊　＊

这几个说明使我们能够避免一种严重的误解。就像对梅洛-庞蒂的一种批评曾经在我们面前所产生的那样,这一误解就在于声称:因为这一哲学处处关心的都是利用心理学的进步所揭示的事实,所以与当前的科学是相互联系的,并且注定与它一道失败或

---

① 《知觉现象学》("前言"第3页):"一切知识都安扎在由知觉所开启的那些视域之中"(第240页)。"科学的各种数字规定沿着虚线回到了在它们之前已经完成的一种世界构造之中"(第348页)。

② 两本书的出版相距三年。

获胜,也就是说,在某种意义上说,从今以后就要受到责难。这绝对是一种曲解,而且此外,在某些场合针对梅洛-庞蒂学说的大部分异议都借鉴了一种完全相反的(且同样错误的)观念,因为它们都指责它使科学变成无价值的或者不可能的。我们会证明:使我们全神贯注于一种无论什么样的实验科学(生物学、生理学、心理学)的这种所谓的对哲学的奴化并没有任何合理的表面迹象。如果说梅洛-庞蒂不懈地核对和讨论科学实验或者精神病学提供给我们的事实,唯一目的是要证明:这些事实完全打碎了它们被呈现于其中的那些(通常暗含着的)存在论框架。这并不是说作者希望科学家承担起形而上学家的任务或责任。这仅仅意味着:对于这位哲学家来说,科学家(就像任何人一样)自发地按照一种存在论进行思维;在这种情况下,一种长期习惯使其不言而喻的这一存在论,在我们不带偏见地深入理解它时,完全对立于自然而质朴的经验(任何科学经验都扎根于其间①)似乎要让我们接受的那些观点。

---

① "全部科学都处在一个"完整"而实在的世界中,却没有觉察到,知觉经验是这一世界的构成要素"《行为的结构》,1949年,第235页)。

导 论①

我们的目标是理解意识与有机的、心理的甚至社会的自然的关系。我们在这里把自然理解为彼此外在并且通过一些因果关系联接起来的众多事件。

在涉及物理自然方面，批判主义思想给这一问题提供了一种非常著名的解决：反思发现物理分析并不是分解成一些实在的元素，因果性在其结果意义上并不起一种生产性的作用。因此，不存在着我们刚才赋予这个词的意义上的物理自然，在世界上没有任何东西是外在于精神的。世界是意识所包含的各种客观关系的集合。我们可以说，物理学在其发展中用事实为这一哲学提供了证明。我们看到这一哲学不加区别地运用机械论的、动力学的甚至心理学的模式，仿佛挣脱了存在论意图的羁绊，它变得漠然对待预设了一个在己自然的机械论和动力论的各种经典二律背反。

生物学中的情形并不一样。事实上，那些围绕机械论与活力论展开的争论始终是开放的。其缘由大概是：物理-数学类型的分析在这里的进展过于缓慢，于是我们对于机体的印象大体上是关于一部分外在于另一部分的(partes extra partes)一堆物质的印

---

① 为尊重原著起见，文中标题与目录不同之处均未加以更动。——中译者注

象。在这些情形中,生物学思想最经常地停留为实在论的,它要么将一些分开的机制并置,要么使它们从属于一种隐德莱希。

至于心理学,批判主义思想除了让它一方面成为一种分析的心理学①(它与分析的几何学平行,恢复了无处不出现的判断),另一方面成为对于某些身体机制的研究之外,没有为它留下别的什么资源。在它希望作为一门自然科学的范围内,心理学继续忠实于实在论和因果思维。在世纪之初,唯物论把"心理"看作是实在世界的一个特殊区域:在各种在己事件之中,某一些处在大脑中的事件同时还具有为己地实存的属性。精神论反题把意识作为一种生产性的原因或者一种事物提出来:首先,按照休谟的传统,它是关于由一些因果关系联结起来的各种"意识状态",即关于平行并类同于"物理世界"的第二世界的实在论;其次,在一种更精致的心理学中,它是一种关于"精神能量"的实在论,它用大量的融合和渗透、一种流动的实在代替了那些不连续的心理事实——但意识停留为一种力量的类似物。在涉及说明它对身体的作用时,在我们将必要的"能量创造"②缩减到最少,但没有能够消除它时,我们可以清楚地明白这一点:物理的宇宙完全可以被理解为一种在己的实在,我们使意识在其中作为第二实在呈现。在心理学家那里,意识借助于一定数量的特征区别于一些自然存在,就像一个事物区别另一个事物一样。我们会说心理的事实是没有广延的、被单独认识到的……最近弗洛伊德的学说把一些能量隐喻运用到意识中,用各种力量或趋势的一些相互作用来说明行为。

---

① 布伦茨威格:《斯宾诺莎及其同时代人》。
② 柏格森。

这样，在法国的许多当代人那里，一种哲学（它使整个自然在意识面前成为一种被构造的客观统一体）和一些科学（它们把机体和意识看作是两个序列的实在，在其相互关系中，则把它们看作是一些"结果"和一些"原因"）处于并置状态。问题的解决在于完完全全回到批判主义吗？一旦对实在分析和因果思维进行批判，那么，在科学的自然主义中就不再存在着任何有根据的东西、任何应该在一种先验哲学中找到其位置的"被理解"和被转换的东西吗？

我们"从底部"出发并且通过对行为概念的一种分析而谈到这些问题。这一概念在我们看来非常重要，因为在它本身那里来把握，它相对于"心理"和"生理"的各种古典区分是中性的，并因此可以给予我们重新界定它们的契机。① 我们知道，在华生那里，根据

---

① 我们说一个人或一个动物有一种行为，但我们除非借助隐喻才说一种迷幻药、一个电子、一块石子或一片云有一种行为。我们在目前的工作中已经寻求直接阐明行为的概念，而不是在美国心理学中去追溯对于行为的明确认识。通过回顾行为概念在其源起国度是经历了怎样的意识形态混乱之后才发展起来的，我们将简洁地证明这一直接进程。正像狄尔干近著（它是在我们的著作可以为之提供证明的时候到达我们手中的）所表明的，它已经艰难地在那些尚未对它进行思考的哲学中间开辟了一条道路。在它的主要首创者华生那里，它已经找到的只不过是一种不充分的哲学表达。我们说行为并不定位于中枢神经系统之中（狄尔干：《行为主义》，第 72 页、第 103 页），它寓于个体与环境之间（同上书，第 34 页），因此，对行为的研究可以毫不谈及生理学（同上书，比如第 107 页），最后，行为由有生命的东西向它外周投射的活动流（stream of activity）来支撑（同上书，第 180 页、第 351 页），这种活动之流影响着一个特定感官的各种刺激（同上书，第 106 页）并将它们吸收到反应之中（同上书，第 346 页）。在这种对行为的直观（也即人是与一个物理世界和一个社会世界的讨论和永久"说明"的洞见）中存在的正确而深刻的东西，却受到了一种贫乏的哲学的损害。作为对心理深处的各种幽暗的反应，行为主义在大部分时间寻求借助的不过是生理的、甚或物理的说明，没有看到这与各种最初的定义是矛盾的——它自称是唯物主义的，没有看到这相当于把行为重新置于神经系统之中。在我们看来（这不是狄尔干的看法），当华生谈行为的时候，他已经注意到了其他人称之为实存的东西，然而，除非为了辩证的思维而抛弃因果的或机械的思维，否则新的观念就不会获得其哲学地位。

3 古典的二律背反,对意识作为"内部实在"的否定被认为是有利于生理学的,行为被还原为各种反射和各种条件反射(人们并不承认它们之间有任何的内在关联)的总和。但是,正像格式塔理论清楚地表明的那样:正是这种原子主义解释在反射理论中遭到了失败(参看第一章),更不用说在关于高级行为的甚至客观的心理学中了(参看第二章)。通过超越行为主义,人们至少成功地把意识不是作为心理实在或原因,而是作为结构引入了。有待于考问的是这些结构的意义或实存样式(参看第三章)。

第一章 反射行为

对行为的科学分析首先通过对立于素朴意识的材料而获得界定。如果我处于一间阴暗的房间中，一个光斑出现在墙壁上，并且在那里移动，我就说光斑"引起了"我的注意，我转动眼睛"朝向"它，它在其整个移动中都"吸引着"我的注视。从内部被抓住，我的行为呈现为有方向的，具有一种意向和一种意义。科学似乎要求我们把这些特征作为一些显象予以抛弃，应该在它们下面发现一种另外类型的实在。有人会说所见之光只不过是"在我们这里"。它掩盖了一种从未被给予意识的振动。我们把性质的显象称作"现象之光"，把振动称作"实在之光"。由于实在之光从来都没有被知觉到，它不会作为我的注视指向的目标呈现出来，它只能被思考为作用于我的机体的原因。现象之光是一种吸引力量，实在之光是一种排斥力量（vis a tergo）。这一倒转立即引出了一系列的问题。从光被界定为一种在我的视网膜上留下形象的物理动因那一刻起，我们就不再有权利把属于现象之光的特征看作在光那里是给定的。对科学的分析来说，我们称之为"光斑"的刺激，被分解成了与一些在我的视网膜上存在着的不同的解剖学要素一样多的局部过程。同样，假如我们把光斑看作是一种超越于我的意识的实在，它对于我的眼睛的持续作用就分解为物理事实的一种不定的连续。它必定伴随时间的每一时刻被更新，就像笛卡尔的连续创造的观念所表达的那样。仍然同样的是，我的注视光斑的眼睛之运动不会对素朴意识提出任何难题，因为这一运动处在一个目标的指引之下。但是，自此以后不再存在着终点（termnus ad quem），而且，如果我的眼睛如此晃动以至于光斑被映照在我的视网膜中心的话，那么我们应该在运动的先前原因或条件中找到这一适应的充分理由。在光斑首先在那里得以形成的视网膜点上，必定有一些装置，它们适时地调整我的注视反射的振幅和方向。我们说视网膜的每一处都有一确定的"空间值"，也就是说它通过一些预先建立起来的神经环路与某些运动肌联结在一起，以至于触及它的光只需启动已准备运行的一种机制就行了。最后，如果光斑移动且我的眼睛紧随着它，那么我在这里仍然无需引入任何类似于一种意向的东西，就可以理解这一现象。在我的不是被视为屏幕，而是被视为感受器或毋宁说一组不连续的感受器的视网膜上，严格地说不存在着光的运动。一道波浪，只是对于一个注视着、看着它朝他涌来的人来说才是一个个体。在大海里，它不过是水的一些部分在垂直方向上连续地翻腾而已，并没有在水平方向上的物质转移。同样，光线在视网膜上的"移动"并不是一种生理实在。视网膜只不过记录了它经过的那些点的一种连续兴奋。它在每一点上作用于不同的神经元素，它会引起类似于我们前面描述过的某种注视反射，所以我的眼睛似乎"跟随着"光。实际上，它的运动是一系列局部适应的整合，就像行走是一连串即刻消除的跌倒一样。一般来说，物理的动因不能够通过它们的形式属性，诸如运动、节奏、空间分布给机体留下印象。一个物理事件的空间或时间形式并不沉积在感受器上,除了一系列的一些外在于另一些的刺激外,它不会把其他印迹留在那里。这些刺激物仅仅是由于它们的点状属性才能够产生作用。这样,一旦我们停止信赖意识的直接材料,一旦我们打算建构关于机体的一种科学表象,我们似乎就被引向了经典的反射理论——也就是说把刺激和反应分解为在时间中和在空间中一些外在于另一些的大量局部过程。反应对于情境的适应通过某些感受器官与某些效应肌之间的一些预定的相关(通常被认为是一些解剖学装置)而获得说明。最简单的神经机能只不过是让非常大量的自主环路运转起来而非别的什么。我们可以说反射将会是一种"纵向"现象。它是一种确定的物理动因或化学动因对于一个局部地确定的感受器的作用,它通过一个确定的通道引起一种确定的反应。

在这一线性系列的物理和生理事件中,刺激具有作为一种原因的地位,在经验论意义上是恒常的、无条件地在先的东西,而机体则是被动的,因为它局限于执行由兴奋位置和那些源自这一位置的神经环路为它规定的事情。常识相信我们把眼睛转向一个对象"是为了看到它"。这一"预期活动"①不仅被反照到内部观察的那些拟人化材料,而且甚至只能够以反射机制之结果的名义存在。空间知觉不仅不能够引导我的眼睛的注视运动,而且甚至应该说它是注视运动的结果。我知觉到了斑点的位置,因为我的身体通过一些适应反射对它做出了反应。② 在对行为的科学研究中,我

---

① 德让:《关于视觉"距离"的心理学研究》,第 109 页。
② 参皮埃龙的"反射的先天性"概念,出自"定位反射在空间知觉中的作用",《心理学杂志》,第 18 卷,1921 年 10 月,第 804–817 页。

们应该将关于或意向、或效用、或价值的全部观念作为主观的予以抛弃,因为它们在事物中没有基础,不是事物的内在规定性。假定我饿了,假定沉浸在工作中的我把手伸向一个碰巧放在我旁边的水果,并把它送到嘴里,水果并不是作为被赋予了某种价值的对象而起作用的,促动我的运动反应的乃是一组颜色和光,是一种物理的和化学的刺激。假如,由于我心不在焉把手放在了"目标"的边上,那么抓牢它的第二次尝试不应该与某种持久的意向联系在一起,而只能由引起第一次尝试的那些原因的持久性获得说明。行为之所以看起来是有意向的,是因为它受到某些预先建立起来的神经通道的调整,以至于我事实上获得了满足。一个机体的"正常"活动只不过是由自然所配置的这一器官的机能。不存在真正的规范,只存在实际的结果。经典的反射理论和它只不过是它们的一种应用的那些实在分析与因果说明的方法,似乎独自能够构成关于行为的科学而客观的表象。科学的对象通过各个部分或各个过程的相互外在性而获得界定。

然而,经典反射理论已经被当代生理学所超越乃是一个事实。修正它就够了呢,还是我们应该改变方法?机械的科学忘记了客观性的定义吗?主观和客观的区分是错误地做出的吗?一个完全外在于自身的科学世界与一个由自身面向自身的完全在场所界定的意识世界的对立是站不住脚的吗?如果实在分析失败了,生物学将会在物理-数学类型的理想分析中、在斯宾诺莎式的理智中找到它的方法吗?或者价值和含义并不是只有在一种新的"理解"模式中才可以通达的机体的内在规定性?

* * *

如果反射中的秩序①——也就是说反应对于刺激的适应和各局部运动在整体动作中的协调——是由自可感表面直至效应肌的各种先定联系来保证的,那么经典看法就将地形学的各种考虑放在了首要地位;兴奋的位置必定决定反应,刺激必定通过其各种属性的反应(它们会改变逐个地被把握的那些解剖元素)而起作用;神经环路应当被隔离出来,因为,如果它不以这种方式被引导,反射就不会像它实际上那样适应刺激。然而,我们老早就知道,这样界定的反射是非常难得观察到的。

1. "刺激"

刺激通常较少通过它的各种基本属性起作用,更多地通过它的空间分布、它的节律或者它的各种强度的节律而起作用。更一般地说,最经常发生的情况是,一种复杂刺激的结果是不可能从构成它的那些元素出发预见到的。

我们从来都没有通过神经干兴奋获得一些可以与感受器兴奋所引起的反应相比的反应。有人可以证明,在蛙那里和(谢林顿)在婴儿那里,各种后根兴奋在依赖于相应的前根的那些肌肉的层面上引起了一些收缩;这种在这一构造层次上的分节的、分段的和缺乏生物学含义的反应,在行为受到感受器兴奋的调节时是不会重新出现的。这无疑是因为这些感受器——它们本身或者它们的

---

① 在本章中将要提到的各种事实差不多全是牢靠地已知的。但它们在像魏茨泽克或戈尔德斯坦等德国作者那里是用一些原创的范畴来进行理解的,这些范畴回应的是生理学中的一种新的说明概念。这正是为本章提供保证的东西。

中心投射——容易记录刺激的形式的各种属性,因此,正是这些属性而不是刺激物的地点和本性决定着反应。① 同样的理由说明典型的反射可能只有非常有限的数量:如果它们属于同样的空间-时间形式的话,刺激"内容"可能产生变化,引起的反应本身却并不产生变化。② 在多个刺激同时发生的时候,远非本性、地点甚或刺激强度,而是形式决定了作为结果的反射。③ 阴茎的疼痛刺激,即使非常微弱,也会抑制勃起反应。触摸使有脊椎的游蛇静止不动(卢齐生格),而一些更有力的皮肤刺激物则会引起一些非常不同的反应。根据所利用的刺激物的结构,我们可以通过作用于猫耳朵而获得五种不同的反射反应。当我们折卷耳廓时,它会收缩,但轻戳耳廓,它则会做出快速跳动的反应。依照电刺激的形式(交流电或者直流电)或者其功率,反应的情况会产生完全的改变:例如弱功率引起一些有节奏的反应,而强功率引起一些振奋的反应。当水被灌入切除大脑的猫的咽部时,它会把水呕吐出来,但添加几滴酒精的水却会引起一种起皱和一些舌头活动(谢林顿和米勒)。

反射对于刺激物的各种形式属性或者全面属性的依赖在经典看法中只不过是一种显象。说明神经机能,这或许只不过是把复杂化约为简单,只不过是发现构成行为的那些不变要素。因此,我

---

① 魏茨泽克:"反射规律",载于《正常的与病理的生理学手册》,贝特编选,第10卷,第38-39页。
② 同上。
③ 同上文,第44页。

们将把刺激以及反应一直分解到我们在各种"基本过程"（它们是由在经验中始终被联想在一起的刺激和反应构成的）中所遇见的东西。例如抓挠的刺激活动，将被分析为在耳朵里面的一些解剖意义上不相同的触觉感受器的大量局部活动。耳朵对这一刺激物做出的跳动反应则将被分解为一定数量的基本收缩。原则上，刺激的每一部分都应该有反应的一个部分与之对应。以不同方式组合起来的这些相同的基本系列，应该构成了全部反射。情景的各种定性属性和反应（这对于意识来说构成了抓挠和折卷动物耳朵之间、这一耳朵的一种跳动与一种收缩运动之间的不同）的各种定性属性应该——如果那些相同的感受器真的在前者那里和后者那里都受到了影响的话——被归结为一些相同的刺激、一些相同的基本运动的各种各样的组合。这绝对排除了：一种机体基质会依次实现一些真正不同的功能，而反应会改变本性以便依次适应那些相同的器官的各种兴奋的节律的简单差异。然而我们刚才列举的那些反射不会听任自己被分解为一些基本的反应。只需举两个例子，添加了几滴酒精的水对于一只动过脑手术的猫的作用是无法借助纯水和纯酒精的作用得到理解的。另一方面，水和酒精并没有构成为可以对那些感受器施加不同于其成分的作用的一种作用的化合物。因此，正是在机体中，我们有必要寻找把一个复杂的刺激构成为与其元素的总和不是一回事的东西。同样，皮肤接触对于有脊椎的游蛇的抑制效应，不能被理解为是由它引起的那些刺激和引起爬行的另外的一些刺激的简单的代数上的相加。想想最通常的那些观察，没有哪一种容许我们把我们称之为定性的那些反应看作是显象，把符合于反射理论的那些反应看作是独一无二地实在的。

这些看法连同刺激形式或刺激整体性的观念,并没有为了刺激能够被记录下来而引入任何假定了心理主义的东西;而且,我们有理由指出,物理学认识到了一些为了获取各种形式而专门构造出来的机器。① 一只键盘完全就是一个器官,按照接受的指令和脉冲节奏,它能够产生不可胜数的、彼此间完全不相同的旋律。我们知道键盘隐喻在神经中枢生理学中可以有什么样的用途。② 一部自动电话更为明显地是一个器官,它只是用某种形式对一些刺激物做出反应,并且依照这些刺激的空间和时间秩序来修正自己的反应。但是各种刺激物就像钢琴家的各个手指作用于乐器那样作用于机体吗? 在钢琴本身中,展示的从来都只是那些琴槌或者琴弦的一些分别的运动,而正是在演奏者的各种运动合成中、在听众的神经系统中,以钢琴为其基底的那些孤立的物理现象才构成为一个单一的整体现象,连贯的旋律及其有特色的节奏才真实地存在了。机体恰恰不能够被比作为一个各种外部刺激作用于其上、并且在那里呈现出它们自己的形式的键盘,理由很简单:它有助于形成这一形式。③ 当我拿着一个捕捉工具的手随着动物的每一挣扎而活动时,非常明显的是,我的每一个动作都回应着一种外部刺激,但同样明显的是,如果没有我借以使我的各个感受器受到这些刺激的影响的各种动作,这些刺激也不会被感受到。"……客

---

① 吕耶:"一种机械的意识模式",《心理学杂志》,7-12月卷,1932年,第552页。
② 参看后面第二章。
③ 魏茨泽克:"反射规律",第45页。魏茨泽克说,"机体是刺激的创造者(Reizgestalter)。"

体的属性和主体的各种意向……不仅仅混杂在一起,而且还构成为一个新的整体。"①当眼睛和耳朵追踪一只逃跑的动物时,在各种刺激与各种反应的交替中,要说出"哪一个先开始"是不可能的。既然机体的全部运动总是受到一些外部影响的制约,如果我们愿意的话,我们完全可以把行为当作是环境的一种结果。但是,就像机体获得的全部刺激只有借助于其先前的那些运动(它们通过把感受器官暴露给各种外部影响而得以完成)才得以可能一样,我们可以说行为是全部刺激的首要原因。这样的话,刺激物的形式是由机体本身、由它自己的呈现给各种外部作用的方式创造的。为了能够维持,机体无疑应该围绕自己与一定数量的物理的和化学的动因相遇。但是,正是机体按照自己的那些感受器的固有本性、按照自己的那些神经中枢的各种阈限、按照自己的那些器官的各种运动,在物理世界中选择了它对之敏感的那些刺激。②"环境(umwelt)在世界中依据机体的存在显现出来——,这假定了:除非在世界中寻找到一个合适的环境,否则机体就不可能存在。"③这是一只键盘,它依据一些可变的节奏,以把自己的这些或那些琴键提供给一个外部琴槌在它本身那里的单调作用的方式而活动。

自动电话模式看起来更让人满意。我们的确在这里找到了一部自己转化刺激的器械。由于安装于自动中心的各种装置,同样的外部作用将会依照先前的和随后的各种作用的情况产生一种可

---

① 魏茨泽克:"反射规律",第 45 页。
② 同上。
③ 戈尔德斯坦:《机体的构造》,第二章,第 58 页。这里不存在任何的"活力论"。这些描述应该按照它们实际上之所是来理解。解释将在本书后面出现。

变的结果。在自动刻度盘中显示出来的一个O,根据它出现在第一位置(比如当我要求Oberkampf线路时),或者出现在第二位置(比如当我要求Botzaris线路时),将具有不同的价值。我们可以说在这里就像在一个机体中一样,刺激物(使器械处于运动中并且决定它的各种反应之本性的东西)不是局部刺激的总和,因为总和在意的不是它的各个因素的秩序;它是一个群、一种秩序、一个整体,它把它的暂时意义给予那些局部兴奋中的每一个。操作B始终有着同样的直接效应,但在自动中心,依照它先于或者后于操作O而发挥一些不同的功能:这就像同一块漆过的盘板,依照我在粉红背景上看出了一张蓝色唱片,或者相反地在蓝色背景显现处看出一个粉红圆环,它会呈现出两种性质上不同的外表一样。在为了实现有限数量的操作而建构的一部自动电话的简单例子中,或者在一种基本反射的例子中,兴奋的中心构造本身可以被看作是预先确立的那些装置的一种运作:第一个操作应该达到的效果是:使一只键盘只能够被可以记录在它上面的那些随后的操作所进入。我们必须研究,在一个高级层次的各种反应中,我们是否能够以同样的方式,让每一刺激都有一个不同的活动与之相对应,让每一"因素"都有一个可见的装置与之相对应,甚或把功能与一些独立的理想变量联系起来。从此可以确信,即使在反射层次,刺激之间的相互作用也阻止我们把神经活动看作是从各种感受器一直展开到各种效应器的那些"纵向"现象的总和;可以确信,一些"横向现象"就像产生于自动中心那样,会产生于神经系统内。①

---

① 韦特海默所说的"横向功能"(Querfunktionnen)。参看"对运动视觉的实验研究",《心理学杂志》,第61卷,1912年,第247页。

这些看法并不仅仅涉及复合反射。生理学家们长期以来就一直在以"反射组合"的名目研究一些复杂的反应，它们是无法从简单反射的规律出发被完全预见到的。但是，当它们能够被更好地确定的时候，就有希望把它们重新纳入到这些规律中。事实上，最微弱的刺激都会同时影响到各个感受器上的许多解剖元素。"反射复合"的各种规律难道不就是反射本身的那些规律吗？① 我们认识的全部反射都是对诸多刺激的复合的反应，我们所谓的一种基本反应只不过是推测。我们甚至不能够假定一种功能的单一必然对应着一种解剖元素的单一。事实上，某些生理学家被导向重新将性质引入到科学语言中。② 为了表述"反射复合"的各种规律，谢林顿考虑了各种刺激的生理价值，他说：当两个刺激物同时出现时，引起疼痛的刺激物会抑制另一刺激物。③ 但是，就像他仍然坚持的经典看法要求反射依赖于一个局部装置一样，就像看起来决定性的刺激的生理价值不具有一些相应的感受器一样，他假定一些局部的神经末梢是专门用来接受各种疼痛刺激物的。④ 在我们不得不把价值引入到刺激的定义中的那一时刻，可以说我们是在一些不同的感受器中认识到了它。在神经机能理论中，一切似乎是这样发生的：我们被迫在反射的拟人论和反射的解剖观念之间二者择一，然而我们或许应该超越这种二者择一。在任何的系统解释之前，对那些已知事实的描述表明，一种兴奋的命运是由

---

① 魏茨泽克："反射规律"，第50页。
② 同上文，第45页。
③ 这一规律受到质疑，但我们的目标不是探讨其准确性。
④ "伤害感受器"。

它与机体状态的整体、与那些同时刺激或先前刺激的关系所决定的,而在机体与它的环境之间,各种关系并不属于直线因果性,而是属于循环因果性。

2. 兴奋的位置

似乎获得确认的是,我们不能够为每一个刺激物都说出一个解剖学上可以划定的感受场。

谢林顿已经指出,对于抓挠反应来说,反射场的那些边界是随着各种光线和环境而变化的。① 我们可以补充说,是随着刺激物的强度和频率而变化的。② 感受场只能在实验室实验的各种人工条件下,甚或在各种病理条件下才能获得严格地界定;只是在骨髓横向截断之后,同侧伸展反射的那些感受器在人那里才是不变的。③ 我们通常承认不可能为视网膜的每一点确定一个固定的"空间值",因此每一感觉——如果我们保留这一观念的话——的"局部信号"并不是刺激物在视网膜上的位置的一种简单函项。在这里把知觉作为反应的一个特例来考虑,我们无疑被允许把感官生理学教给我们的东西运用到反射理论中。④ 视网膜黄斑的兴奋,依据眼睛相对于眼眶、头相对于身体的位置,可以产生一些定

---

① 戈尔德斯坦:《机体的构造》,第二章,第46页。
② 魏茨泽克:"反射规律",第40页。
③ 同上。
④ 皮埃龙已经把条件反射理论的进步与知觉理论的进步加以比较(参看"知觉问题与心理生理学",《心理学年鉴》,第27卷,1926年,第1页及以下)。我们很快将有机会证明神经机能在其运动部分和其感受区域的统一。

位在或"正面"或"右面"或"左面"的感觉。同样,一个感受器的兴奋会引起一些不同的反射,而不同的两个点的兴奋会产生同样的反射。①

经典理论试图首先对这些事实提供一种解释而不放弃它的那些指导观念;因此,应该假定每一感受器都借助于一些预先建立的联系与它可以控制其实施的全部运动装置联接在一起。人们坚持"私有"通道原则,也就是说为通道的每一个都指定了一个特别的反应范畴——他们满足于增加通道。但是,还应该在这一方向上走得更远,因为观察表明,同样的运动反应有时可以由分布在机体的最不相同的各个点上的那些控制所启动。另一方面,由于传入通道五倍于传出通道,谢林顿承认那些离心装置包含有一个"最后的公共部分"——在其中同样的神经基质会有助于发动一些性质上不同的反应。这样一来,他不是放弃了根据一个专门的感受器与一个专门的效应器的相互联系来说明秩序的经典秩序观念吗?如果同样的运动基质可以承担许多的功能,我们就看不出是什么原则上排除了把这一假设扩展到传入区域。各种不同的反射,并非与相等数量的"私有"环路相一致,而是代表了一个相同的神经器官的机能的多种样式。我们还没有把这种不一样的看法看作是既定的,但是,神经机能的古典理论迫于形势被导向不得不接受一些几乎与它相矛盾的辅助假说,就像托勒密的体系已经由于大量的特设(ad hoc)假定——为了使这一体系与各种事实相一致,这

---

① 桑德斯、埃仁、路德维希,转引自魏茨泽克:"反射规律",第42页。

些假说变成必要的了——而显示出其不充分一样。

3. 反射环路

当我们从兴奋走向反应时,存在着一条确定的通道、一个孤立的传导进程吗？由于谢林顿,外感受性、内感受性和本体感受性的区分看来首先是不言而喻的。然而,谢林顿的著作和当代生理学的各种观察无疑使我们可以确定：从来都不存在纯粹的外感受反射,也就是说那种只需依赖于一种外部刺激的干预就能实存的反射。机体之内的所有反射都要求外在于反射弧的大量条件的协助,它们同"刺激"一样有权利被称作是反应的原因。我们在自然认识中已经指出的东西同样在机体认识中发生了[①]：我们习惯于把我们可以最容易地对其产生作用的条件当作"原因"对待。我们之所以在反射的各种前提条件中忘了提及那些内在于机体的条件,是因为它们经常刚好是联结在一起的。但是,各种机体内条件的这种相对稳定使它自身成为一个难题,因为,不管从解剖上还是从功能上看,反射器官都不是一个孤立的器官,于是各种内部条件的持久性不能够借助于一种预先确定的结构而被看作是给定的。

反射最初似乎完全处在一系列相当强大的化学条件、分泌条件和植物性条件的影响之下,为的是压制、有时甚至是倒转某种刺激的预期效果。根据体液状态,交感神经或者迷走神经的兴奋可以通过一些极端多样的反应表达出来。通常会放慢脉搏的钙在主

[①] 拉朗德："归纳与实验理论"。

动脉缺陷的情形下却会加快之。作为迷走神经的常规刺激物的匹鲁卡品,在某些条件下会成为交感神经的一种刺激物。在用尼古丁进行治疗后,迷走神经的兴奋会加速心脏跳动。依照垂体分泌,肾上腺素的感受性在一个感受器内会产生相当大的变化。在血胆固醇含量方面,肾上腺素的感受活动依赖于化学环境——它应当是中性的或酸性的,这等于说离子状态制约着自动系统的机能。但是,后者还假定了在电解质与各个胶态部分之间的某种平衡,而这种平衡本身又潜在地与各个细胞的表面联系在一起,它依赖于整个一系列的因素,并最终依赖于植物神经系统的状态。因此,这里再一次涉及到一种真正的循环因果性。但是,动物系统本身依赖于植物系统。迷走神经的切断改变了在各个皮质区域中的时值。针对植物系统的药效作用改变了各个外周感觉器官的时值。此外,相反地,在战争创伤后观察到的某些大脑损伤导致了血压、脉搏、瞳孔神经分布的改变。①

应该把大脑和小脑的各种影响补充到第一系列的条件中,至少在人那里,它们很可能在全部的反射中都起作用。没有人能够怀疑"休克"现象的实存,比如就蛙而言,在压碎一些内部器官或者腿之后,这一现象中断或者改变了全部的反射。② 我们很久以来就知道,在人那里,指向一个反射的注意有时足以抑制它。疲劳、催眠状态通过减轻或者加强各种反射而改变了它们。由足底兴奋引起的脚趾头屈曲的反射,是如此地依赖于大脑条件,以至于不是

---

① 这些结论都是由戈尔德斯坦总结出来的,参看《机体的构造》第二章,第46页。
② 魏茨泽克:"反射规律",第51页。

屈曲活动而是伸展反射的出现被看作是椎体管层次上的损伤的标志（巴宾斯基）。一般而言，看起来不容置疑的是：被切除大脑的动物的各种反射非常不同于常规的反射。① 在某些章鱼那里，在切除了大脑淋巴结以及中枢淋巴结的一部分之后，阈限将升高或者相反地极度降低；腕的各种活动的协调会受到损害；就蟹而言，攫握与摄取的反射是没有规律的。② 因此，所谓的脊柱活动取决于一些大脑或者小脑效应。

作者们只是在解释这些事实时才产生了意见分歧。他们通常寻求一种说明，它通过使反射仅仅服从于一种大脑调节、首先是服从一种完全消极的控制而让关于反射的看法得以继续有效：他们承认大脑拥有某种一般的抑制能力。但是，种种事实并没有迫使我们把我们前面谈到的"休克"解释为是对大脑固有的那些抑制装置的启动，因为在切断脊柱（脊柱休克）之后的那些时刻，我们也可以达到完全的抑制。休克难道不是机能（它并非定位在任何地方，而是能够源起于一些非常不同的神经区域）的一种改变？如果我们承认这一点，由于存在着大脑休克，反射中的大脑干预不会仅仅在于容许或者禁止某些完全激动的反应，而是应该为它们的展开提供一种积极的贡献。从这个角度看，一旦要说明感染、疲劳和催眠中的各种反射缺陷，"醒觉状态"这一定性观念（海德）就会更为令人满意。但是，这一观念只是给出了行为的一个过于间接的描

---

① 魏茨泽克："反射规律"，第53页。
② 拜顿迪克："章鱼在'脑'局部损伤后的行为"，载于《荷兰生理学档案》，第18卷，1933年，第52—53页。

述，并且没有充分确定大脑的角色。大脑仅仅起着一种协调和整合的功能吗？这些观念可以确定一些给定的机械活动的简单联合。整合或协调的观念与控制或抑制的观念都假定：我们承认在神经系统之内存在着一种两个层次的等级结构，第一层次由与古典类型相符的一些反射弧组成，重叠其上的是一种高级机构，即一些负责控制各种机械活动、联合它们、瓦解它们的协调中心或抑制装置。我们借助一个例子——在该例子中，整合和控制的观念都被间接地涉及了——，想要考察的正是这一等级观念。

我们在前面提醒过，足底屈曲反射在锥体管受到损伤的情形中被脚趾头的一种伸展反射所取代。我们尝试说明这一事实，假定在正常被试那里，准备起作用的伸展反射碰巧被各种锥体兴奋所抑制（按照谢林顿的看法，从外部来源看，这些锥体兴奋有利于各种阶段性脊髓反射，而损害了那些紧张性和本体感受性反射①）。但是，这一假设是无法核实的：我们假定了一种在正常成年被试那里绝对无法观察到的反射装置的存在，以便能够用简单的"逃避控制"（escape of control）或摆脱机械活动来说明它在病人那里的出现。如果我们局限于描述疾病的各种后果，就应该说它自己带来了反射形式的改变。反应的状态和结构将依照整个神经系统还是仅有系统的一部分对其起作用而产生变化。经典反射理论正是把行为的这种性质上的改变看作是一种显象。它把这种改变归结为从一条给定的环路到另一条的简单替换。病理行为应该被理解为对正常行为的偏离，我们把疾病当作是一种单纯的缺

---

① 魏茨泽克："反射规律"，第53页。

陷,或者无论如何是一种消极现象,我们希望在机体中并不真的存在着事件。认为在正常被试那里有准备起作用的伸展反射的假设明显是一种建构。它将由此引出第二个建构。如果在正常人那里真的存在着一条能够启动伸展反射的环路,就需要理解这一反射为何没有产生。因此,我们假定它被抑制了。我们虚构这一抑制的观念,以便为虽意假定的一个伸展反射的缺失提供辩护。在这里,该观念的引入不是为了使事实本身变得可以理解,而是为了掩饰理论与经验之间的明显的不一致。因此,我们可以说那些关于控制和抑制的辅助假说更多地是为了维护经典的反射理论,而不是积极地弄明白神经活动的本性。病人的行为,另外还有动物、儿童或"原始人"的行为,不能够从成人、健康人、文明人的行为出发,被理解为单纯的解体,这或许是现代心理学中最少引起争议的观念。应该把生理学说明与心理学的描述关联起来。因此,让我们尝试按照我们已经选择的例子,弄清楚作为疾病的实质性东西的神经机能的性质变化。伸展反射可以在一些外周麻痹中遇到,在它们那里,从皮层到各种锥体管、到各个前角的通道一点都没有受到影响,因此不可能假定在它们那里摆脱了机械活动。许多被试,在正常状态中表现出伸展反射,而在他们的膝盖弯曲时,在我们使其膝盖顶着腹部时,或者仅仅是在我们使他们进行某些头部运动时,他们就不再表现出伸展反射。如果伸展反射似乎受到时值的一种颠倒的制约——曲肌的时值大于伸肌的时值,伸展比屈曲容易,我们就说这些时值的正常或病态关系不是由某个局部化的抑制装置,而是由机体整体中的神经和运动状况决定的。① 因此,大

---

① 戈尔德斯坦:《机体的构造》,第 90 页及以下。

脑对于反射活动的作用不再是由一个高级机构给予或拒绝给予一些自动或自主过程的许可。被重新引入到神经环路中的大脑,在丧失了它在一些准备运作的机制之间的仲裁角色的同时,在各种反射反应的构建本身中承担了一种积极的角色。正是大脑使得一个构造较另一个构造占有优势,比如屈曲较伸展占有优势。[①] 我们在这里触及到关于各种神经定位或者在神经系统中功能与基质之间的关系的一般问题。如同在中枢机能理论中一样,在反射理论中我们首先倾向于为每一神经元素指定一个取决于它的行为片断:我们已经定位了各种"言语形象",我们已经为每一反射运动寻找一个专门的装置。种种事实没有能够让我们满足于把行为分析为一些孤立片断的实在分析。我们越来越觉察到不同的神经区域并不对应于行为的一些实在的部分——并不对应于一些词、对应于由其刺激所确定的如此反射——而是对应于活动的某些类型或者某些层次,比如对应于不同于自动语言的自愿语言,对应于比伸展反射具有更精微适应、更高价值适应的屈曲反射。因此这是一种建立在行为的生物学意义上的新的分析类型,它把自己同时规定给心理学和生理学。[②] 各种大脑效应的干预,其效果是重新组织行为,把它提升到适应和生命的一个高级层次,而不仅仅是联合

---

① 同上书,第 307 - 308 页。
② 后面有一段将表明(参看第二章):这两种局部化类型都存在,身体空间是双重意义的。对于我们来说,正是这一点使得关于身体空间的研究变得重要起来。机体既是一部机器(在此整体活动是一些局部活动的总和),又是一个整体(在此各个局部活动并不是孤立的)。那么,机体拥有什么样的实存样式呢?它又如何实现由一个部分外在于另一个部分向统一转变呢?它怎么会按照第一个视点是事物,而按照第二个视点则是观念呢?

和瓦解一些既有的装置。这里涉及的不是一种任意的建构；这一假说是仿造事实而来的，而经典的观念则不得不把巴宾斯基反射看作是对抑制的一种抑制。此外，它还与病理学的其他一些结论相一致。它把神经系统表述为一个整体，而不是由两个异质的部件构成的一个器官。然而，在某种一般的方式上，理性的出现，即高级神经系统的出现转换了行为的那些依赖于中脑并且表现为最本能的部分本身。一种简单隶属的二元论是不可能的。①

"反射环路"要起作用还依赖于一些同时的或先前的反应。这一事实长期以来就在"反射复合"的名义下被研究。一般说来，当一种反应发生时，其他刺激在同一时刻可能引起的全部反应就会受到抑制。当两个拮抗性反射处于竞争中时，两者间不存在任何调和，只有其一得以实现。② 一切的发生就如同神经系统不可能同时做两件事情。这正好使我们不得不在神经环路之间确定一些横向关系。但是，在许多作者那里，它们仍然停留在经典看法的那些纵向关系一样的类型中：机体在刺激的转化中不发挥任何积极的作用。这乃是由谢林顿引入的相互抑制和神经支配的观念的意义。支配各种曲肌之收缩的神经过程自动地引起各种伸肌的抑制，反过来也一样。但是，还是在这里，在各个神经环路之间预设的连接方式并不是充分灵活的：按照戈尔德斯坦的看法，除非我们通过电刺激作用于一些被剥离附着关系的肌肉，否则我们就观察

---

① 例如，戈尔德斯坦证明，皮质的某些损伤不会让性行为完好无损："对于这样的患者，例如为了使他们产生性行为，就需要从外部提供特别的帮助"（《机体的构造》，第301页）。作者继续写道："不能一般地说需要某种特别强烈的冲动；正相反，唯有基于完全外部的接触而导致性器官的使用，性宣泄才绝对地得以产生。"

② 魏茨泽克："反射规律"，第76页。

不到相互抑制的各种显象。自然的神经支配——除非是一种剧烈运动的神经支配——并不遵循这一严格的规律。在涉及手的一些灵活运动,甚或是一些抓握运动时,我们看到了各种拮抗肌的一种同时发生的神经支配,其分布取决于要达到的目标、要进行的运动类型。这并不是说发生在曲肌层次上的过程决定着发生在伸肌层次上的过程,或者相反,而是说这两种局部过程作为有待于描述的整体现象的方面出现。① 更一般地说,似乎有必要考问拮抗作用这一观念的价值,而且我们可以,比如说,质疑植物性生命就在于交感神经兴奋和副交感神经兴奋之间的平衡。② 为了不增多没有什么必要的假说,有必要界定神经机能的概念:它使我们可以同时并且根据同一原则认识到各个反射之间的相互排斥以及每一反射内部的各个神经环路之间的多种多样的合作。如果我们承认每一反射都假定了整个神经系统在其中都会受到影响的对各种刺激的转化,那么,勿需假定任何特别的抑制机制我们就可以完全明白:神经系统不可能"同时做两件事情"。至于各种运动兴奋的有规律的分布,它恰恰是在各种刺激的这一相同的转化——此乃神经系统特有的功能——中找到了自己的说明。此外,如果我们打算假设一个先定的装置以便说明施加于反射的效应中的每一种,就应该将它们扩大到全部限度之外,各个效应器官本身也应该通过被专门指定来规定立时反射的那些传入导体而与中枢联接起来,因为观察证明,立时反射乃是该反射在其中得以完成的那些肌肉本

---

① 戈尔德斯坦:《机体的构造》,第175—183页。
② 同上。

身的最初状况的功能。

对一只海星的腕做同样一种刺激,如果腕在一个水平面上伸展的话,引起的是一种朝向被刺激点的运动,如果腕处于悬伸状态的话,则相反地引起一种朝向绷得最紧一边的均匀运动。① 在人那里,髌骨下面的一次撞击,如果被撞的那条腿交迭在另一条腿上面的话,会引起一种伸展反应,如果它是被动地伸展开来的,则会引起一种屈曲反应。根据女人怀孕与否,垂体萃取物会引起子宫的一些相反的反应。根据被考察时刻贲门是收缩的还是舒张的,迷走神经兴奋会具有一些对立的效应。②

我们在这里还有必要假设一些根据末端器官的状况而禁止这种或那种反射的专门抑制装置吗?只是根据经典方法的那些假定,它们才成为有必要的。我们按照从外周通向中枢来分析机体的机能;我们按照在机体表面获得的那些离散刺激的模式来设想各种神经现象;我们把它们的那些感觉神经末梢的不连续性延伸到神经系统内部,以至于机能最终被表述为一些彼此干扰、相互纠正的自主过程的一种镶嵌。既然我们从假设一些预先确定的反射弧的存在开始,当我们观察到我们的各种反应随着它们将要干预的肌肉状态而变化时,我们就不得不把可以及时抑制它们的一些补充装置添加于常规装置之中。但是,如果一个物理学家在每一

---

① 戈尔德斯坦:《机体的构造》,第 45—46 页。
② 同上。

次新观察中都不得不把与其理论之应用不同的东西作为一项例外条款附加于其理论,我们会怎么看待他呢?真实的情形是,正像一个图形的独具特色的外貌归因于图形突出于其上的背景一样,每一运动在神经系统的整体中都预设了一些积极的和消极的条件,①但是,它们不会单独地获得实现,仿佛它们将被附加到已经预备好的一些反应中,并且在最后时刻修正它们一样。把中枢神经系统看作是机体的一种整体"形象"在那里获得转化、每一部分的局部状态在那里获得表达的位置更符合事实——以一种还需要加以细化的方式。正是这一整体形象控制着各种运动冲动的分布,一下子就为它们提供了我们的最轻微的动作都能够体现的构造,并且在曲肌和伸肌之间分布兴奋,说明那些末梢器官的状态。

同样的假说说明了我们还需要谈论的一个最新事实:每一反射对于那些先于自己它的反射的依赖性(谢林顿)。

我们已经观察到一个给定的反射通常伴随着一个相反的运动,这一现象是通过一些有意义的术语得以来指明的:时而是反冲②,时而又是"连续诱导"(谢林顿)。③

各种反应的时间展开和各种先前效应的影响在反射的扩散

---

① 戈尔德斯坦:《机体的构造》,多处地方,比如第 175 页及以下。
② 我们用这个词翻译德文的"Rückschlag"(尤其参看魏茨泽克:"反射规律",第 71 页)。
③ "在这里,生理学家们仍然寻求通过把部分与部分联接起来以说明事实,而关键的或许是由一种二相形式来刻画其特征的单一的整体反射,伴随的是一些相继定位在两个相反方向中的后果"(同上)。

(谢林顿)和逆向现象中更加明显。一种长时间地、并且以不断增长的强度被运用到一个感受器中的刺激物引起了越来越广泛的反应,以至于整个机体最终都会与它合作。① 依照经典的解释,对于一个相同的刺激物,之所以出现了多种多样的反应(先是一条腿的曲肌,然后是另一条腿的伸肌的收缩,同侧的一些伸肌和对侧的一些曲肌除外),是因为同样的兴奋散布在感受器上,并且持续地通达那些越来越远离最初被触之点的神经区域。但是,这一解释与事实不大相符。在谢林顿从他自己关于神经根兴奋扩散的研究中引出的五条规律中,我们正好找到了一条"空间接近"律,它使得传入神经根和传出神经根之间的功能关系依赖于距离;但第二条规律确认,即使对于那些最微弱的刺激物,运动的释放也是分布在多个片断上的,于是那些运动神经根并不是一些功能统一体;第三条规律是运动器官不仅各自要求一定数量的刺激物,而且要求一种具有某一本性的刺激物(马钱子碱刚好有使各种伸肌装置对于那些刺激各种曲肌的相同的动因变得敏感的效果②)。因此,有可能自最微弱的兴奋起,某些肌肉整体、因而某些神经整体就完全运转起来了。③ 每一波动,哪怕最微小的波动,似乎都会完全传遍整个系统;随着观察方法的改进,我们会发现对于每一兴奋而言的一些

---

① 在某种意义上,这一现象可以被看作是发生在一种运动反应受到妨碍的时候的那些替代中的最极端情况。我们知道,如果我们使一只动物用来抓挠的腿静止不动时,另一条腿会承担起对于第一条腿变得不可能的动作;如果我们使一个动物躺在被抓挠的那边(魏茨泽克:"反射规律",第 93 页),它会在没有被抓挠的那边给自己抓挠,而且我们应该进一步在某些昆虫那里研究各种反射迁移或反射替代的一些更为明显的情形。最后,效应器本身以反射形式呈现出来的影响是同样的派生过程的特例。

② 魏茨泽克:"反射规律",第 80 页。
③ 同上文,第 78 页。

更远距离的效应,而且我们说过这样一些区域的切除将改变所有的反射。① 在扩散现象中,由于基本兴奋扩大到全部环路之中,附加兴奋要达到的效果不只是让一些新的兴奋(它们的指令更加远离最初的兴奋点)起作用。它无疑引起了各种兴奋和抑制的重新分布,引起了一种"对整体状况的重新排序","就像我们摇晃一下万花筒那样"。② 谢林顿的伟大功绩在于将抑制的观念普遍化了,在于搞明白了:所有的反射都根据不同的比例包含着一些兴奋和抑制。随着刺激的持续和越来越强化,发生变化的正是这些抑制活动和刺激活动的分布。③ 抑制在这种意义上作为合作的一个特例出现。另一方面,由于很少出现某一肌肉区域的兴奋在其他区域为单纯抑制所伴随的情况,所以在运动神经元素的机能中,我们既不能够把关于一切的规律看作是既成的,也不能认为没有任何东西的规律是既定的,依据被考察时受系统的整体状况规定的东西,它们中的每一个看起来都能够以一些不同的方式运作。如果我们不是去研究不太适合于脊柱兴奋的情况,而是描述某些皮肤兴奋(尤其是身体最活动部分的皮肤兴奋)的各种后果,这些结论就会得到证实。就耳甲的一种不断增强的兴奋而言,我们在猫那里依次得到了:一些颈背和同侧前爪运动——一些同侧后爪运动——一些尾巴和上半身肌肉的收缩——一些对侧后爪运动——一些对侧前腿运动。因此,所谓的扩散搞混了或短或长的对称反射和不对称反射,并且不会依照运动装置的解剖学排序蔓延到这

---

① 魏茨泽克:"反射规律",第79页。
② 谢林顿,转引自魏茨泽克,同上。
③ 同上,第79页。

些运动装置中去。但是,如果空间接近律不起作用,那么,我们借助这些观察可以使何种规律呈现出来呢?前面谈到,在兴奋被移到一条腿的曲肌上之后,它使另一条腿的伸肌收缩,这似乎是为了不让动物的直立姿势变得不可能;同样,在这里,"是行走活动的各种基本形式而非在神经物质中的空间扩散决定了反射的状态。"①在刺激以一种持续的方式增强的时候,机体不会以那些表达兴奋通过预定环路而持续地扩散的运动来做出反应:兴奋以如此方式被转化,以至于在每一明显的增强中,它都通过各种新的运动在运动器官中获得表达,并且为了启动一种具有生物学意义的动作而分布在它们之间。在反射运动兴奋的图表中的这一非连续形式的变化、一种新的秩序类型(不再被建立在某些环路的持久性的基础之上②,而是在每一时刻通过神经系统固有的活动、并且依照机体的各种生命愿望被创造出来)在神经机能中的出现,在谢林顿的观察中已经超出了他依然迷恋的经典反射观念。③ 就算能够发现一种行为规律,这一规律也不会把观察到的反应直接地与某些局

---

① 魏茨泽克:"反射规律",第 82 页。拉皮克:"神经系统的普通生理学",参迪马编:《心理学新论》,第 1 卷,第 4 章,第 201 页。延长的兴奋总是超出一个肢体而朝向习惯性机能中与之相联系的另一个肢体;在通常以匀称的运动前移的蛙那里,一条腿的伸展将伴随着另一条的伸展;但在其通常运动交替着进行的狗那里,兴奋在引起一条腿伸展之后,将引起另一条的收缩。

② 在指出扩散遵循每一动物生命运动的法则,而不是遵循运动控制的解剖学分布之后,拉皮克立刻补充说道:"如果它依赖的只不过是一种结构的话,这一关系就不会像它实际所是的那样至关重要:我们在此重新找到了可变分流的一般规律。"

③ 在旧的意义中,扩散一词是指一种兴奋的弥漫,它侵入到最临近的那些神经通道中,这只能在一种特殊的例子中——在那些很痛苦和极端的兴奋的例子中——获得证实。这里第一次有机会指出:旧的神经机能观念表达的与其说是生物的正常活动,不如说是某些病理现象或者某些实验室经验。参魏茨泽克"反射规律",第 82 页。我们必须考虑这些特殊例子本身,不得不说明一个机体如何会在人工环境中和自己的生命环境中按照一些不同的规律而活动。

部装置联系在一起;反应依赖于神经系统的整体状况,依赖于对机体的保存而言乃为必要的一些积极干预。如何理解各个部分对于整体而言的这种依赖?我们不能够通过忽略目的论由以引出证据的各种事实来拒绝目的论,而是应该比它更好地理解事实。

某一反射对先于自己的那些反射的依赖,在各种关于反射的反向事实中仍然是明显的。这里涉及的是那些阈限现象的一种极端情形。韦伯定律表明,依据它是在一系列其他兴奋之后起作用,还是相反地遇到了处于放松状态的神经系统,同一刺激会引起或不会引起机体的反应。在反射的反向中,同样的刺激不仅引起一些非连续的反应,而且还引起相反的反应。然而,为这些现象寻找一些物理模式并不困难。按照气体是否接近于实验中气温的最大压力,给气体增加相同的压力会产生一些不相同的后果。在物理学以及各门自然科学中,"相同的原因产生相同的结果"是含糊不清的。但是,就算在物理学中存在着一些"阈限",除非物理的解释必定是机械论的,否则这一事实就不能支持一种机械生理学。经典反射理论把"阈限"现象理解为对那些环路的一种替换:只有具有一种确定强度的某一兴奋才能够进入反射通道,当累加的那些兴奋超出了指定给其中一个环路的阈限时,它们就被转移到另一环路中。各个效应的不连续性通过基质的解剖不连续性、通过各个要素的各种绝对属性而得以说明。反射理论家似乎相信,这种说明方式是唯一"科学的"方式。物理学表明它绝非如此。不管有关状态变化的理论的目前趋势如何,没有哪位物理学家相信科学的命运与一种机械论解释联系在一起——这一解释把气态向液态的过渡看作是那些半固体的、预先存在于气体中的部分的凝固，并且通过预设一些具有各种不变属性的粒子来消除现象外表的不连续。现代物理学有时会考虑一些不连续的、可以说是解剖学的结构，但最通常的是，它把它们纳入到各种力场之中。① 在任何情况下，现代物理学都不认为自己要在要么连续要么非连续、要么力量要么广延的一些存在论断言之间进行选择。如果生理学想从物理学中获得启发，那么就该轮到它超出实在分析的偏见了。因此，没有任何原则的理由、任何科学方法的要求迫使我们用旧的反射理论的语言来解释韦伯定律，也就是说借助于一些不同的神经器官特有的结构把它们的阈限看作是一劳永逸地确定的。至于事实，我们知道各种中枢损伤或者单单是疲劳通常就有提高或者降低那些反射阈限，更一般地说使它们不稳定的后果。因此，阈限是神经系统的一般状态的一些功能。随着血管肌肉中的紧张度增高，少量肾上腺素就足以降低血压（坎农）。但是，如果肾上腺素的作用在胃肌肉放松时产生，它相反地会有一种紧张效应（格鲁茨）。撇开任何预先构想的假设，我们这样来准确地描述这一事实：每一有效的兴奋都在其中引起一种平衡断裂的神经器官，超出某些强度之外就会对外部干预不敏感；如果它们继续产生出来，那么它就将以这样的方式做出反应，以致它们不是引起兴奋的一般状态的增长，而是导致其降低。既然那些阈限本身并不是某些神经器官的不变特征，那么没有任何东西让我们能够用生理学原子主义语言来转达这一描述，来假定：比如被确切地归因于某些装置的紧张反

---

① 参看后面第三章。

射只能在一劳永逸地被确定的某种阈限之下产生,而一旦达到了这一阈限,兴奋就会自动地扩散到承担逆向反射的另一器官中。预先为紧张器官(如果我们设定存在着一个紧张器官的话)规定其暂时阈限的,乃是神经系统的一般状态;关闭这一器官并且相反地为其拮抗装置规定一种时值的(就像轮到后者被兴奋所影响那样),仍然是神经系统的中枢活动。即使假定每一典型的反应都与一种不同的器官联系在一起,我们仍然不能够避开关于一种中枢转化的假说,在这一转化中,机体的各种与生命有关的必要条件事实上获得了表达。一切的发生似乎是,反应围绕着一种优先的兴奋状态产生波动,我们的各种反射把它作为规律来维持,而它也为每一刺激预先规定了其效果。但从这一视点看,反射的反向,不是"被归结为"韦伯定律,而是可以给予它一种我们起初没有意识到的含义。① 当机体面对一种附加刺激时,它不是让反射反向,而是局限于推迟反射,对各种新的兴奋的这一抵制不应该被解释为一种简单的惰性现象。依然是在这里,某些兴奋之所以处于阈下,是因为神经系统以这种方式转化它们,使得平衡状态没有改变(考夫卡的均等律)。当附加兴奋继续增加时,它因为不再与系统到那时为止还一直维持的状态相容而告结束。因此,平衡在高于当前刺激所要求的另外一个兴奋层次上得以重新组织起来(考夫卡的加强律),机体在这一层次会维持一段可以感觉到的时间,与此同时,

---

① 我们在此看到的不过是这一法则的最含糊的、最少得到验证的表述,它使感觉的各种不连续变化与刺激的各种连续变化对立起来。

刺激持续地增长。① 因此，兴奋从来都不是对一种外部作用的被动记载，而是对这些影响的一种转化——这一转化使这些影响事实上服从于关于机体的各种描述规范。②

4. 反应

即使存在着一些特定的刺激、感受器、神经通道，它们也不可能通过它们自身来说明反射对刺激的适应，因为在每种情形下进行的活动都依赖于各个肢体的可变的最初位置。在一种抓挠反射中，根据我的手起初是伸向右边还是左边，把手放回到兴奋点所必需的各种肌肉收缩是完全不同的。我们会设想被抓挠处的那些先定环路与我的手的那些可能的最初位置一样多吗？我们还是不理解，在这些敞开的通道中，为什么神经冲动正好选择了在所考虑的情景中引起适当运动的那一通道；而谢林顿让我们看到，在没有来自被驱动肢体的任何本体感受信息的这一情形中，一种适应运动也是可能的，这阻止我们设想存在着中枢系统依据本体感受性的各种指示而为初始运动带来的一系列纠正。因此，"反射在己地包含着一种正确定位的运动的(各种)条件"。③ 但是，既然这些条件并不是一开始就随着局部刺激而被给予的，那么反射从何处得到它们的呢？我们的各种反射的这一即刻适应并不仅仅相对于我们的身体所占据的空间而发生。外部空间也以同样的可靠性为它们

---

① 考夫卡："知觉，格式塔理论导论"，《心理学通报》，第 19 卷，1922 年，第 537 - 553 页。参看苛勒：《睡眠和平静状态中的身体格式塔》，第 6 页，第 211 页及以下。
② 关于知觉生理学中为这一假说提供论证的那些事实，请参看后面第二章。
③ 魏茨泽克："反射规律"，第 41 页。

所通达。假定一个眼睛被蒙住的被试向后移动一定的距离,随后我们要求他再走向从前的地方,不管正向走还是侧向走,不管小步走还是大步走,他都成功地到达那里了。在这种情形下,是什么在安排和控制他的活动?① 我们如何表现其生理基质?这里不可能涉及一种视觉控制,因为被试的眼睛被蒙上了。华生以一般的方式表明,活动不可能由那些外感受刺激的再现所引导。我们可以说前面的活动在自己后面留下了有助于控制后面活动的动觉印迹吗?但拉什利已经确证:在切除小脑之后,一些老鼠仍然能够正确地穿越它们"学习过"的一个迷宫,这至少阻止我们把各种动觉形象看作是运动仅有的指导原则。② 此外,在我们已经掌握的例子中,一部分接一部分地考虑的话,预备实验中实施的运作和临界实验中要求的运作是不可通约的,因为我们颠倒了步伐的方向而且修正了步子的幅度。在这种类型的一些例子中,通过反射理论来表明一些身体解释原理不充分的作者们,已经尝试着让"智力"起作用。但是,这不仅没有免除把它确定为各种身体工具,而且当前或童年学习期的智力反应还是太不可靠了。如果,在我用右手指向一个对象时,有人蒙上我的眼睛并要求我用左手或者用头来确定这一对象,③我不做判断就成功了,那么智力(假定它起了作用)在此就应该是完成了一件非常费时的活动,对此我在反思它之前甚至就没有想到过。应该相对一种协调系统来确定我的右臂的位

---

① 拜顿迪克:"关于运动控制的试验",《荷兰生理学档案》,第 17 卷,1932 年,第 63 – 96 页。
② 转引自拜顿迪克,同上,第 94 页。
③ 同上。

置,并计算我的左臂为了确定同一对象的方向,相对于同一系统应该占据的位置。事实上,我掌握了各种结论,而前提却没有在任何地方被给出,我执行了提出来的任务却不知道我做了什么,同样,一组肌肉获得的那些习惯能够直接地被转换为另一组的:我在黑板上的书写与我在纸上的书写相似,尽管两个地方涉及的并不是一些相同的肌肉。在我们的各种反射反应中,存在着使它们正好能够进行这些感受器替换的某种一般的东西。当被蒙上眼睛的被试向后退一定数量的步子后,这种活动就必定不是以实际产生的那些肌肉收缩的记录形式,而是以某个"所经过的空间"(可以直接用另一幅度、不一样地定位的步子来表达)的整体形式被记载在各个中枢中。以决定性的方式控制我们的各种运动反应的,乃是并不必然与行为的那些物质方面联系在一起的一般因素。"……就像人一样,动物能够前往并没有在知觉中被给予的一个空间点,而且无需拥有一些指明'路径'的标记。"[①]因此,动物和人以一种适当的方式对空间做出反应,即使没有一些相符的实际刺激或者近因刺激也是如此。"这一空间作为动物肉体的一部分与动物的本己身体连接在一起。当动物在它所适应的这一空间中活动时,一种带有一些空间特征的旋律以一种连续的方式展开并且在各个不同的感觉器官区域中起作用。"[②]科学应该构想一种关于这一"运动意向"[③]——它"最初是作为运动的整体性以之为起点随后产生

---

① 拜顿迪克:"关于运动控制的试验",《荷兰生理学档案》,第 17 卷,1932 年,第 94 页。
② 同上。
③ Bewegungsentwurf.

分化的一个核心被给出的"①——的生理学表象。在运转的身体不能被定义为一种盲目的机械,不能被定义为各自独立的诸因果系列的一种镶嵌。

我们已经试着和生理学家们一道为一个给定的反应找到一些适当的刺激、一些特定的感受器、一些不变的反射弧,也就是说我们不是要对各种事实进行分类,而是冒着某些重复的危险把它们表呈在秩序中:它们在其中被给予一种建立在经典假设基础上的研究。但是,这些重复是有意义的:随着我们希望准确地表达刺激、感受器、反射弧这些概念,我们发现它们彼此相混,反射不再是一系列并置于身体中的事件,我们通向的是我们期望通过总结前面那些篇幅所要表达的一个难题:适当的刺激不会在己地、独立于机体地获得界定;它不是一种物理的实在,而是一种生理的或生物的实在。那必然开启某种反射反应的,不是一种物理化学动因,而是物理化学动因仅为其契机而非其原因的某种兴奋形式。因此生理学家们并没有成功地在他们关于刺激的定义中消除那些已经规定了机体反应的项——比如他们在谈论一些疼痛刺激时。这是因为兴奋本身已经是一种反应,它不是从外部引入机体的一种效应,而是机体固有机能的最初行为。刺激的观念反照各种原本活动:机体借助它们汇集一些局部地、暂时地分散在自己的各个感受器上的兴奋,并且赋予节律、图形、各种强度关系,简而言之一组局部刺激的形式所是的这些理性存在一种有形的实存。既然各个点状兴奋并不是决定性的,兴奋的位置就更不是决定性的了,各个感受

---

① 施尔德:《身体图式》,第65页。

场的不稳定性证明了这一点。这样,根据刺激群以及它超越那些不连续的感觉末梢而产生的转化所预先确定的东西,同一个局部刺激会产生一些可变的效应,而同一个神经元素会以性质上不同的方式起作用。这一转化能否被如此设想,以便反射图式原则上保持有效呢?只需假定中枢活动通过关闭某些环路并且把兴奋引向预先建立起来的其他环路(抑制、控制)而起作用就行了。但是,除非调节被定位在可以与一些反射弧相比较的某些装置中,否则我们就无法坚持经典的看法。可是调节似乎并非排他地与大脑活动连接在一起[甚至在不存在任何大脑-脊柱通道损伤的情形中(在大脑活动在其中并不直接受到影响的一些整体抑制的例子的情形中),也存在着一些关于"自主活动的解除"的事实],此外它也并非在任何地方都可以由一些连接或者分离(相互抑制,连续诱导)的自动装置获得说明。根据这些情况,神经系统的每一部分可以交替地显现为抑制的和被抑制的。我们可以像谈论协调那样谈论抑制:它到处都有其中心,又无处有其中心。① 归根结底,抑制与控制并没有说明神经机能。它们本身假定了一个支配其分布的过程。各种事实使反射不得不服从的那些高级机构本身需要获得说明,而且是出于使它们得以被引入的那些相同的理由。应该放弃把神经活动的最本质的东西设想为不仅被固定在某些确定的通道,而且甚至是在多个预先确定的通道之间进行选择。我们求助于能够分配兴奋、并且整个地构造反射通道的一种整体的神经干预。铁路调度岗隐喻是不适用的,因为我们无法找到它立于何处,

---

① 戈尔德斯坦:《机体的构造》,第61页。

因为它接收它所负责的那些车队的命令,并根据它们的情况临时安排道路或分流的位置。刺激不会在各个感觉器官表面吸引(按照笛卡尔的比较)在反应中控制受到影响的那些肌肉的各种纹理?不存在着"纹理",而且刺激-反应关系即使在其稳定的时候(就像在正常人的足底屈曲反射中那样),也由于神经系统内部的一些复杂的相互作用而成为间接的了。同样,组成一个反应的那些不同的运动并不通过先于这一反应的一种物质联系而被整体地连接起来。如果在机体中一切取决于全体,在某个刺激被给定的情况下,为什么会有它的那些反应的相对稳定性,为什么存在着一些特殊的反应,为什么甚至会存在着一些"反应"而不是一些无效的痉挛?如果秩序不能够被建立在一些先定的解剖结构基础上,为什么会有我们的各种反应的一致性以及它们对于刺激的适应?

这一问题是谢林顿针对扩散的各种事实提出来的。他完全看到了,在这种情况下,一种生物秩序(步行活动的秩序)取代了解剖连接的机械秩序。因此,他承认经典反射是一种抽象。但是,他仅仅把这理解为简单的反射环路事实上被高级机构的干预、被整合复杂化和掩盖了。他始终考虑的是用各种反射关系的一种组合来说明行为,这涉及的只不过是增加它们。他打算通过汇总各种抽象来重构具体。从传统图式到实际的神经活动,差别在他看来只不过是从简单到复杂。① 谢林顿的全部作品表明:秩序(反应对刺激的适应,以及反应的各部分之间的适应)不能够由那些先定的神

---

① 魏茨泽克:"反射规律",第 75 页。戈尔德斯坦:《机体的构造》,第 59 页。

经通道的自主获得说明。然而重叠在那些简单的反射弧上的那些抑制和各种控制装置本身是按照反射弧类型来构想的。我们已经看到,这些新的环路并不比前面那些更自主,而且也将依次接受各种各样的相互干扰。因此,控制本身应该服从于一种高级调节,而我们仍然不会在这一层次上遇到纯粹的反射。但是,同样的推理应该不定地重新开始,而答案将始终被推迟,只有当我们把一种构造秩序而不是压制秩序的原则引入到神经机能中时,它才会被提供。理论上保留反射弧观念又不能把它运用到任何地方乃是荒谬的。就像在我们已经提到的所有的特殊问题中一样,谢林顿在其关于神经机能的一般看法中,寻求保全经典生理学的那些原理。他的范畴不是为了他本人已经阐明过的那些现象而创造出来的。

＊　＊　＊

让我们再一次考虑已经帮助我们界定过经典的神经机能观念的眼睛注视反射,① 即使我们承认最初的注视运动是不完美的,它们应该在随后要么借助学习、要么借助各种神经器官的成熟而获得改进,我们也没有一般地质疑其反射特征,因为它们在生命的最初几天就可以被观察到。说这些运动是反射,也就是在说,像我们已经看到的,视网膜上被那些光线触及的各个点应该与各种运动神经(通过让眼睛转向,它们能够把光的印

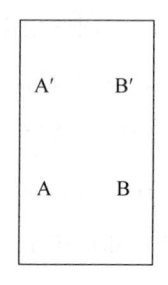

A′	B′
A	B

---

① 参看前面第 1 页及以下(中文版第 15 页及以下)。

象引向黄斑)处于中心联系之中。① 但是,把每一视觉神经纤维与运动装置重新联接起来的这一联系系统仍然是不充分的。实际上,让我们假定一个注视着 A 点的被试之眼睛移向 A′点,随后,在头没有任何移动的情况下,眼睛移向了 B 点。B 点被映照到视网膜上先前 A 点被映照到的同一地方,因为它们彼此轮流充作眼睛的注视之点。当被试的眼睛注视着 B 点时,B′点被映照到当眼睛注视 A 点时 A′点映照到的同一地方。于是视网膜的同一地方依次被光斑 A′点和 B′点所刺激。然而,为了各自从 A 点到达 A′点和从 B 点到达 B′点,将要产生的那些肌肉收缩是非常不同的。如果我们想说预先确定的关联这样的话语,就有必要假定每一视觉神经纤维不仅与一种运动装置,而且还与它根据眼睛在眼眶中的位置必须使之起作用的所有装置联系在一起。② 我们将看到有关各种解剖结构的假设会引向哪些复杂装置。它会不会自己否定自己,我们还是没有把握。因为,一旦承认视网膜上的每一点都拥有所需要的全部连接,那么有待知道的是:在每一特殊情形下,是什么把兴奋引向了合适的通道。局部的光印象明显不能满足这一条件,因为在上面的图形上,在涉及注视 B′点和注视 A′点时,光印象都是一样的。因此,应该承认注视反射是由那些局部的视网膜印象和那些在中枢中表达眼睛的初始位置的本体感受兴奋共同地规定的。如何设想调节兴奋的干预?应该有一种特别复杂的分流机制。承认注视运动不是来自于两个系列的独立兴奋的相加,而

---

① 比如可以参看彪勒:《儿童的智力演变过程》,第四版,1924 年,第 103 页及以下。
② 考夫卡:《心智的发展》,第 79 页。

是来自于一个整体进程（视网膜兴奋方面和本体感受刺激方面在其中是难以分辨的）难道不是更加简单？促动生理学家提出在感觉器官表面的某些点和某些运动器官之间存在着一些先定的解剖连接这一假设的，只可能是偶尔在兴奋的位置和运动效应之间观察到的盲目一致。然而，我们在此遇到一种情形：兴奋的位置保持恒定，功能效应也是恒定的，一些中间现象，或者如果我们可以说的话，反射的那些工具却是不同的。因此，没有任何东西在这里促使我们保留关于各种先定连接的假说，促使我们把那些视网膜印象和那些本体感受刺激作为整体兴奋的一些真正有区别的构成成分对待。

但是，从此以后我们应该如何表达运动反应与制约它的刺激群之间的关系呢？约束和妨碍解剖学观念的，是它们不能够要么借助反射对之做出反应的情境、要么借助反射自己的那些效应轻易地引入一种反射调节。"本能活动，甚至绝大部分的反射活动看起来是高度适应的，动物在其环境中采取对它有用的那些行动，但是，从这一理论的视点看，适应不是这些行为本身的一种属性，它只不过是它们给予旁观者的一种印象。不管在何种程度上，那些活动都不是由情境的内在性质，而是完全由预先存在的那些连接所决定的。情境只不过是作为转动钥匙、揿下按钮、开动机器的一个动因起作用。但是，就像一部真正的机器一样，不管其活动符合还是不符合那些处境，动物都只能够依据预先建立的那些联系的系统进行活动。因此，情境与反应的关系是纯粹偶然的。"① 关于

---

① 考夫卡：《心智的发展》，参看默奇生编：《1925年度心理学》，第130页。

反射的经典生理学要求功能只能是各种现存结构的一个产物或者一个结果，它总的来说否定其固有的、客观的实在：它除了是一种用以指明机制的各种效应的人为方式外不是别的什么。但科学的研究会服从于这一禁忌吗？"说明一种结构——其最令人惊奇的复杂性确保了一种适应功能，而这一功能却无助于引导发展——对于生理学家来说是一件没有希望的任务。"①为了各种生命运动能够在它们自己那里一下子就拥有非常惊人的准确性和灵活性，或者为了它们至少能够借助经验自我纠正，运动的神经支配在每一时刻都应该受到调节，在每种情况下都必须考虑到情境的一些特殊性。"依据我们用大写字体还是小写字体、快速地还是缓慢地、用劲地还是轻松地、用手臂的这个还是那个位置、从左边还是从右边、在纸的很上边还是很下边来书写，书写所要求的肌肉的神经支配——这只不过是文字表达形式的一部分——为各种可能的变化留有充分的余地。"②可是所有这些调节都是在瞬间中进行的。除了在为运动反应做准备的那些传入过程中之外，它们在哪里可以找到自己的起源？有人已经可以提出③：手中握着一支铅笔的婴儿，连续六次把它放到嘴里，即使它每一次都被移开到一个不同的方向上。因此在每一时刻，被本体感受性表达在中枢中的手臂位置，不用学习就足以控制运动反应的方向和幅度。因此，神经系统的感受部分和运动部分不再被设想成是一些在它们进入关

---

① 考夫卡：《心智的发展》，第 79 页。
② 洪·克里斯：《论意识现象的物质基础》，图宾根和莱比锡，1901 年，转引自考夫卡：《心智的发展》，第 272 页。
③ 塞茵："关于儿童成长的笔记"，《加州大学论文》，第 1 卷(1-4)，1893 年，第 99 页。

系之前其结构就预先被确立了的独立器官。"我们形成了把反射弧看作是由一个向心分支和一个离心分支构成的复合体的习惯，这两者被当作是各自独立的部分，而装置特有的特性乃是在它们之间实存着的连接。"① 相反，各种事实告诉我们，感觉中枢和运动中枢作为一个单一器官的部分起作用。比如说我们知道，长久地注视一个处在日光照亮的一处景致中的物体是非常困难的，而相反地，在黑暗中作用于眼睛的一个光点却是一种难以克服的吸引力量；我们还知道，我们眼睛的各种反射活动最通常地是根据被知觉对象的轮廓形成的；最后，我们知道眼睛始终在移动，以便从被注视对象接受尽可能丰富的刺激。② 一切的发生似乎是一种最大值律支配着我们眼睛的各种活动，似乎是这些活动在每一时刻都是它们为了实现某些优先的平衡情景（在感觉区域中起作用的那些力量以这些优先平衡为目标）而应该成为的东西。如果在夜里一个光点出现在边缘区域，一切的发生似乎是感觉-运动系统的平衡被中断了；它由此引起了要靠注视活动（它把光点移动到视网膜的功能中枢）来予以解决的紧张状态；各种运动装置因此表现为重建平衡的手段（平衡的各种条件已经在神经系统的感受器区域中被给出），这些运动则表现为兴奋场的这种重组（可以与重力作用下的那些物体在一个容器中的下沉相类比）的外部表达。如果我们在立体镜中把一条垂直的线呈现给两只眼睛中的每一只，以至于两条线在一种正常的会聚度内看起来是平行的而且彼此非常靠

---

① 考夫卡：《心智的发展》，第71页。
② 同上书，第81页。

近,那么被试马上就会看到它们合并为单一的一条。这是因为我们的两个眼球在我们毫无所知的情况下采用了一种会聚度——就像两条直线在相应的纬线上形成的那样。一切的发生仿佛是,与每一视网膜印象相应的那些生理过程彼此在视觉中枢产生了一种吸引(在运动区,它通过被定向在这些力量的方向上的一些运动而获得表达)。"如果我们从物理学的视点来审视这一情景,这种类型的一个过程似乎真的在起作用。……在过程的一种平衡分布中,场始终充满着一些暂时相互抵消,但代表着一种能量储存的力量。这样,在视觉的例子中,似乎存在着一些试图把两条平行线统一起来的力量。在物理上,如果这种类型的一个场与一些运动部分(其以一种确定的形式呈现的某些运动具有放松仍然实存于场中的那些张力之效应)处于功能关系中,那么由场中那些力量的可自由支配能量起动的这些运动就会即刻产生。如此说来,它们只不过是在'等待'一种契机,以便让它们所包含的能量运作起来,比如在一种最佳平衡状态的方向上作用于那些可以运动的部分。在各种物理现象中,一种最佳平衡总是处在以产生它为目标的那些力量的方向上,但在神经系统的特例中,它们不能够在场的内部直接地达到它。因此,如果有可能的话,它们迂回地达到它:对其能量处在膨胀方向上的那些运动部分(在这里就是眼睛的那些肌肉)施加影响。在这一类型的一种有序的物理过程中,不存在任何超自然的东西,没有任何直接或间接的过程会产生一些不以整个系统的一种更为稳定的平衡状态为指向的变化。如果我们把这一图式应用到大脑的视觉部分以及它与两个眼球的肌肉的各种神经连接中,我们将获得对于注视运动的一种新的说明……"①

趋于一种平衡分布的某一液体,为了被引入到与它所在的容器相通的一个容器中,在最直接的通道被阻塞的情况下,可以利用一些间接的通道;同样,由于一种无论什么样的理由,如果那些习惯的通道不能再用了,反射可以借助一些替代的神经通道而得以产生。但是,这种比较本身是不准确的,因为在相通的两个容器中寻求其平衡的液体沿着的是一些事先建立起来的通道。我们最多可以假定那些最直接的通道的阻塞,通过使液体上升到通常水平之上,借助于一种自动装置启动了那些预备起作用的替代通道。正是在另一意义上,反射相对独立于它通常得以在其间获得实现的那些基质。因为,就像一滴遇到一些外力的水通过内部力量的相互作用,实现了把它重新导向平衡的各元素的一种新的分布和一种新的整体形式一样,反射活动能够临时组织一些接近的补充,这些永远不会是已经成为不可能的反应之精确等价物的补充,将在机体中维持受到威胁的功能。于是,一种接近于守恒的功能效果通过一些可变的"手段"而获得,可以正当地说,正是功能让我们能够理解机体。因此,这些解剖结构,在它们是天生具有的时,应当被看作是最初的机能发展的部位条件,是可以被机能本身所改变的,因此是可以与控制电解现象、反过来又被电解现象所改变的电极相比的;在它们是后天获得的时,应当被看作是最习惯性的机能的结果;而解剖学应当被看作是生理学发展上的一个剖面。最

---

① 苛勒:"格式塔心理学的一个观点",参看默奇生编:《1925年度心理学》,第191—192页。

后,如果我们确认每一情景下的那些神经过程都总是通向重建某些优先的平衡状态,那么这些优先的平衡状态就代表了机体的各种客观价值,我们就有权利相对于它们而把行为分类为有序的和无序的、有意义的或无意义的。这些远非外在的、拟人的命名属于如此这般的有生命者。

然而,在涉及注视反射的方面,这些结论已经通过玛丽娜的那些很早的移植实验获得了证实。① 在一只猴子那里,如果我们把其眼球的那些内部肌肉与通常控制外部肌肉的那些神经末梢相连接,另一方面把那些外部肌肉与习惯上控制内部肌肉的那些神经末梢相连接,被置于一间黑暗房间中的这只动物会正确地把眼睛转向比如出现在右边的一个光点。不管这一适应的工具是什么,很清楚的是,如果那些解剖装置起着决定性的作用,如果前面描述过的那一类型的调节过程无法确保对于各种神经-肌肉嵌入的互换的机能适应,那么,这一适应就不能够获得理解。

苟勒的假说并不仅仅被运用到了注视反射中。为了抓住一个被看见的物品,或者为了把某一触摸到的东西放入嘴中,手会如何移动呢?在研究这样的问题时,我们也会引用这一假说。在这些情形中就如同前面的情形中一样,与四肢和身体位置的那些中枢表象结合在一起的视觉或者触觉印象本身必定支配着运动反应,因为,就像我们已经注意到的,② 儿童如果要抓一个物品,他不会

---

① 玛丽娜:"旧脑的关系不是固定不变的",《中枢神经学杂志》,第 34 卷,1915 年,第 338—345 页,参看考夫卡:《心智的发展》,第 271 页及以下。
② 纪尧姆:《儿童的模仿》,第 123 页。

看他的手而是看物品，如果想把拿在手中的东西放入嘴里，他从来都不需要用他的另一只手来确定他的嘴的位置。我们在说明头朝向某一声源的那些反射运动时，用的还是同样类型的说明。我们知道（卡兹），在这一反应（当其是反射时）中唯一起作用的是时距，它把声音达到右耳和左耳的时刻分割开来，而被试并没有意识到如此这般的时距。因此，需要假定，在这里由两列声音刺激所启动的那些神经过程，仍然趋向于一种平衡状态（两个系列的声波在这一状态中是同时的），并且引起了能够产生这一结果的各种定向运动。①

我们长期以来就知道，在一个或多个趾节被摘除之后，食粪虫可以立刻继续它的爬行。但是，继续存在的残肢的活动与身体整体的活动并不是正常爬行活动的一种简单持续。它们表现为一种新的运动样式，表现为对由摘除引起的新问题的一种解决。如果不是由于地面的性质使然，一个器官的这种重组（umstellung）就不再会发生——在即使截短了下肢也能够找到一些落脚点的不平整的地面上，爬行的正常进行得到了保留；当动物来到平滑的地面上时，正常的爬行就被废弃了。因此机能重组不是由一个或多个趾骨的切除自动地启动的——就像在涉及一种预先建立起来的应急装置时出现的情况一样。这种重组只能是在各种外部条件的压力之下实现的，我们被引向认为它是由那些在神经系统的传入区域运作的力量临时安排的（就像前面谈到的注视反射）。特伦德伦

---

① 考夫卡：《心智的发展》，第85页。

伯格的那些实验证明了这一点。

一只在部分切除适应的大脑区域之后不能够用其右爪抓食物的动物,在用于替代右爪的左爪切除之后,又重新恢复了右爪的使用。如果我们在这一时刻切除控制右爪的那些中枢,在情境非常急切地要求时(比如当食物在笼子之外时),动物仍然能够启用它。几乎不可能给予实验的每一阶段一种新的应急装置(此时此刻的情境就是其适当的刺激);神经支配每一次都会有一种重新分布,都会受到情境本身的控制,这一假说与现象的外观相当吻合。

此外,机能的重组,就像让替换活动(Ersatzleistungen)——一个肢体或一个器官取代了别的肢体或器官的功能——运作起来一样,并不会以一种特有的方式产生,除非切身利益在起作用,而不是涉及一种"依据控制"的行为。这就是说它代表了向神经系统之整体平衡回归的方式,而不是对一种局部的自动装置的启动。但是,机能重组和各种替换活动仍然是一些基本的神经现象,它们还没有达到那些所谓的有意识反应的灵活性:只要肢体不是被切除了而是仅仅不能活动了,它们在狗、蟹或者海星那里就不会出现。在这些例子中,活动被完全用于松解的努力,而这种松解逐渐地退化成了无序的行为。相反地,在人那里,如果肢体绝对不能活动,各种有用的"迂回"就会不加考虑地产生出来。因此,这些事实对我们而言是实质性的,因为它们在盲目的机制与智力行为之间突出了经典的机械论和理智论没有加以说明的一种定向活动。①

但是,那些偏盲症患者的视觉②为我们提供了趋于机能平衡的一种神经活动的最佳例证。如果我们通过测度视力范围来确定各个视网膜区域——它们在偏盲症患者那里能够继续引起一些光线感觉——我们就会注意到,他所利用的不过是两个半视网膜,我们因此期待他的视觉场对应着正常视觉场的一半(根据情况或右

---

① 关于所有这些观点,参看戈尔德斯坦:《机体的构造》,第146页及以下。我们已经有机会指出习惯的迁移现象:严格地说右手被切除者不需要学习用左手写字;不管我们仅用手指肌肉写在一张纸上,还是用整个胳膊的肌肉写在黑板上,我们的字迹都拥有一些恒常不变的特征。能够在不同的活动整体中获得表达的机能结构或者"形式"在脑中的不变性将在第二章中被研究。也有必要把这些活动与那些反射补充加以比较:盖尔布和戈尔德斯坦的一个被试(《脑病理衰亡的精神分析》,第1卷,第1章,第1-142页:"论视知觉与器官识别心理学")借助这些活动模仿呈现给其视觉的那些物体之轮廓,而且这些活动在他那里取代了正趋衰退的知觉诸视觉整体的能力。基本的观点是:被试既忽视了视觉缺陷,也忽视了掩饰它的运动补充(同上书,第5-24页)。因此,在那些所谓的高级神经功能与那些不严格而言的低级神经功能之间,全部过渡状态都是给定的。到此为止,"形式"观念是唯一使我们能够同时说明在后者中已经意向性地有了的东西和在前者中依然盲目的东西的观念。它同时也说明了实存于这样一些反射行为与那些高级行为之间的惊人的平行,在病人那里尤其如此。按照拜顿迪克和普莱西纳的看法("行为的生理学解释:对巴甫洛夫理论的一个批评",《生物理论会刊》系列A,第1卷,第3部分,1935年,第151-171页),我们有机会描绘一种真实的"实验神经症",这是由巴甫洛夫进行的针对狗中的一只一些重复实验所产生的,伴有人类病理学清楚地认识到的各种消极、任性态度或者行为的不稳定性。戈尔德斯坦本人(《机体的构造》,第24页)把那些在交感神经切除之后逃避热风和穿堂风的动物的行为(坎农),与那些由于大脑受损伤从而避开它们无法支配的全部情境并因此缩小了它们实存环境的动物的行为加以对比;"装死"的动物的态度和始终"忙碌"的病人的态度,永远不能够自由地应付环境可能会突然地向他提出的某种任务。或许我们甚至可以在行为的各种"形式"中寻找由伽约瓦指出的,动物生命的某些悲惨事件与最为顽强的一些人类神话之间的类比推理("螳螂:神话的性质和意义研究",《测量杂志》,1937年4月卷)。从我们在那些所谓的基本神经现象中认识到一种定向、一种结构开始,这些无论如何提出了一个难题的对比不再具有任何拟人性质。

② 参看富克斯:"偏盲症患者的假视网膜中央凹",《心理学研究》,第1卷,1922年,第157-186页。富克斯的这些结论是由戈尔德斯坦总结和解释出来的,参《机体的构造》,第32-38页。

或左),连同一个清晰的外周视觉区域。实际上,情况绝不是这样。被试觉得看不清楚,但并没有被缩小到一个半视觉场。这是因为机体通过重组眼睛机能,已经适应了由疾病所造成的情境。两个眼球已经转动,以便让未受损伤的一个视网膜部分呈现给不管来自右边还是左边的那些光线刺激;换言之,保存下来的视网膜区域,并不是像生病之前那样继续被用来接受来自另外半个视觉场的光线,而是被定位到了眼眶的中心位置。但是,肌肉机能的重组(可以与我们在注视反射中所认识到的相比),如果不伴随着视网膜元素和距状区元素的各个功能的一种重新分布(这些元素似乎点状地对应于这些功能),就不会具有任何效应。

我们知道,在正常被试那里,就视敏度、就颜色知觉和空间知觉而言,视网膜的各个不同区域远非是等值的。既然自此以后,某些在正常视觉中处于"外周"的视网膜元素变成了"中心",那么,反过来,在它们之间完全应该发生一种系统性的功能转换。尤其是被排斥到外周的旧的视网膜中央凹已经丧失其清晰视力的优势,并且已经被某种定位在自此以后容易产生兴奋的区域之中心的假视网膜中央凹所取代。富克斯的那些测量表明,假视网膜中央凹的视敏度高出于解剖意义上的视网膜中央凹 $1/6$,$1/4$,甚或 $1/2$。它所获得的光线兴奋是由被试"正面"地定位的。所有的颜色最后都是通过新的视网膜中央凹知觉到的,即使它在一个正常被试那里处在一个红绿色盲的视网膜区域中,也是如此。

如果我们限于那些把视网膜上的每一点的知觉功能与其解剖

结构(例如与解剖结构中锥体和杆状体的比例)联系在一起的经典观念,偏盲症中的机能重组就是难以理解的。只有在视网膜上每一点的属性不是由预先确立的局部装置,而是由灵活的分布过程(可以与悬浮在水中的一滴油的力量分布相比)来进行规定的情形下,这种重组才成为可以理解的。一系列实验[①]为这一假说提供了支持。

如果被试注视我们投射字母于其上的屏幕旁边的一个明显的点,不管他与屏幕之间是一米还是两米远,被注视点与看起来最清楚的字母之间的客观距离几乎没有变化,这一距离差不多与从最清楚地看到的字母到场域边缘的距离相等。最清楚地看到的点并不因此与一个一劳永逸地固定下来的视网膜元素相对应,它在每一时刻都处于被有效地知觉到的视觉场的中心,而这一中心绝不会与客观地投射到视网膜上的世界区域相重合。如果我们让屏幕上字母大小产生变化,那么我们就可以观察到,从注视点到清楚所见点的客观距离,我们知觉所覆盖的客观大小都会随着被投射的那些字母的大小而扩大。就像第三系列的实验所证明的,被知觉物体的特征对于视觉场客观大小的影响远远大于严格的解剖条件的影响。如果我们同时并且按比例地改变字母大小及被试与屏幕的距离,即使在这些条件下每一字母藉以被看到的角度保持不变,我们也会注意到,对于大一些的字母来说,从凝视点到看起来最清楚的字母之间的距离客观上要大一些,被知觉的视觉场的表面也

---

① 据考夫卡的报告,参看《格式塔心理学原理》,第 202-208 页。这些实验预示了下面一章,在那里涉及的是更专门的知觉行为问题。我们在这里引述它们是为了证明"视觉"的生理现象的统一(我们在这里无法孤立地看待各种"眼动反射")。运动神经冲动的组织取决于传入兴奋的组织,而后者也是不能够一部分接一部分地获得说明的。

因此要大一些。由此看来:我们的知觉所包括的空间量和现象场中的最清楚视觉区域的位置表达的远远不止于客体在视网膜上的几何投射,而是与呈现给眼睛的客体的诸特征联系在一起的感觉场的某些组织方式,它们取决于神经系统的某些固有的平衡规律而不止于一些解剖结构。

"视网膜各部分在整体进程中实现的功能,根据机体所面临的任务、根据每一特殊情境所必要的解决方式而发生变化。"①这并不是因为一个客体被投射到了黄斑上,所以它被知觉为是"正对着"我们的或者是被清楚地看到的,相反地应该说,黄斑往往是被知觉客体被正对着地、看得清楚地投射其上的那一视网膜区域,而这些特征依次由生理过程所占据的情景(这些生理过程在该时刻的诸知觉过程群集中与这些特征相符合)、由各种平衡关系(它们是根据苛勒的一般图式在那些知觉过程彼此之间建立起来的)进入到各个现象客体之中。这些关系最经常地把客体清楚地、以正面情形出现当作为目标(客体形象在易兴奋区域的中心得以形成)。② 与意识所认识到的这些现象特征③相对应的应该是作为基

---

① 戈尔德斯坦:《机体的构造》,第 37 页。
② 前面引述的实验却表明:具有最清楚视力的视网膜点并不必然处于易产生兴奋的区域的中心,而是处于那些有效的视网膜刺激的中心,也就是说,处在那些在现象的视觉场中得以表象的视网膜刺激的中心。在当前的认知状况下,以一种没有获得授权的严格性来系统表述这些假定的法则还为时过早。其实质乃在于:我们大体上可以把清晰视觉和混乱视觉同视觉过程中被掩饰和掩饰的部分关联起来,并且把易于产生兴奋的区域之中心地区理解为"图形的意义"(参夫卡:《格式塔心理学原理》,第 202 页及以下),把其边缘区域理解为"背景的意义"。
③ 我们完全可以说"被表达在言语行为中的"。在此没有必要引入意识,我们这样做是出于简便。

础的生理过程的某些特定属性。我们明白这些组织是被它们改变的，因此功能创造出了一些合适的器官，在偏盲的完好的半视网膜中，一种假视网膜中央凹构成了。把这种解释扩展到至目前为止被看作是天生的解剖结构中还为时过早。① 但就涉及后天的定位而言，必须承认借助功能进行的调节。只要关于那些客体的认识并没有被当作是不可能的（比如在偏弱视的例子中），任何功能重组都不会自己产生出来。② 这一根本的功能在被压制之后，反而在病人不知道的情况下开始发挥作用。

既然我们最微弱地意识到的那些反应在神经活动的整体中永远是无法被孤立出来的，既然它们似乎在每种情形下都由内部和外部的处境本身所引导，并且达到能够适应处境特别拥有的东西的程度，那么，我们就不再能够维护经典观念在理论上建立的各种"反射"活动与各种"本能的"或"理智的"活动之间的截然区分。我们不能够把一种意向活动与一种盲目的机械活动对立起来（况且，由于这种意向活动，两者之间的关系始终是模糊不清的）。尽管如此，经典的反射观念也是依据一定数量的必须加以说明的观察而确立的。这是因为所有的等级都实存于行为的构造和整合中。正如电荷按照均衡法则得以在其中分布的一系列内部导体，可以被一些非常纤细的线路连接起来却并不构成为一个单一的物理系统一样，神经活动可以再分为一些局部整体，连接为其相互影响可以忽略不计的一些不同的过程。如果在机体中就像在自然界中一

---

① 考夫卡本人也只是以有待核实的方式才这样做的。《格式塔心理学原理》，第207页。

② 戈尔德斯坦：《机体的构造》，第34页。

样,一切真的依赖于全体,那么就不会存在着法则、不会存在着科学。苛勒的那些整体过程接受一种内部区分,而格式塔理论与一种关于单纯协调(Und - Verbindungen)的哲学、与一种关于自然的绝对统一的浪漫观念保持着同样的距离。① 但它想把依循现象的各种自然连接的真实分析,与一种把它们全都看作是一些事物,也即看作是具有一些绝对属性的各种整体,而不注重它们被纳入其中的那些局部结构的分析区别开来。在各种经典观念中被界定的那样的反射并不代表动物的正常活动,它代表的是:当我们让一个机体发挥作用,可以说是让它以一些散开的零件的方式回应一些孤立的刺激而非一些复杂的处境时,我们从它那里获得的反应。也就是说它相应于一个病态机体的行为(各种损伤的最初后果是中断了神经组织的功能连续性)、相应于"实验室行为"(动物在这里被置于一种拟人情景中,因为它不是与某一事件、某个猎物所属的自然的统一体打交道,而是被限定在某些区分之中,必须对某些只是在人类科学中才有单独实存的物理、化学动因做出反应②)。任何器官反应都假定了对一系列兴奋的一种转化,这一转化给予其中每一兴奋以它并不独自拥有的一些属性。我们甚至在实验室中也很少发现纯粹的反射,这并不奇怪:只有在感受器和效应器之间存在着直接关系,只有涉及各个器官在其间可以说对它们自身产生作用的自动调节反应(戈尔德斯坦的自反射),我们才能够发现那些符合经典定义的反应,也就是说对于一个给定刺激物的那

---

① 参看苛勒:《睡眠和平静状态中的身体格式塔,一种自然哲学的研究》,第156页及以下。

② 戈尔德斯坦:《机体的构造》,第106页及以下。

些恒常反应。这些反应的形式是有特点的：它总是涉及一种相对于刺激物的简单的定向运动，最多是涉及一种执行和捕获的运动。机体于是达到了对于各种危险刺激物的中性化，而恒常反射因此是一种出现在各种"极限情景"①中的"灾难"反应，如果我们愿意的话，可以把它与逃避人的病理的那些单调反应相比。经典的生理学，当其寻求在实验室中获得一些恒常反射时，有时会观察到对于同一种刺激的一些相反的反应，或者对于各种不同刺激的相同反应。被它视为正常的反射之伪守恒和似乎与它相矛盾的那些任意变化，实际上是机能的同一种反常的两个不同的方面。这是因为，这些反应并没有在机体的整体活动中被牢固地"放在中心"，以至于尽管发生了刺激的各种改变，它们仍然可以表象这种单调不变；相反地，如果在刺激保持不变的情况下，一种反应可以突然地替代另一种，这是因为，不管此一反应还是彼一反应都没有被纳入到要求、并且只要求该反应的一个动态整体中。② 关于高级行为的病理学也认识到了在同等地表达了被试对于控制情景的无能为力的刻板症和"怎么都行"③之间的这一交替。生理学自从想要分析不那么基本的一些适应方式——不再是某些器官的一些简单的自我调节（自反射），而是解决由环境提出的一个问题的一些反应（异反射）；不再是一些单纯的补偿过程，而是一些真实的行动（抓挠"反射"已经是这种意义上的一种行动）——以来，既没有发现前面那些反应的恒常性，此外也没有发现其极端的不稳定性。尤其

---

① 戈尔德斯坦：《机体的构造》，第112页。
② 同上书，第106页。
③ 皮亚杰。

是，如果我们把动物置于一种自然的情景中，我们所观察到的将是另一种类型的守恒与另一种类型的变化。在走路时，如果我伤到了脚跟，脚的那些曲肌突然就处于松弛状态，而机体通过突出这一将会让我的脚放松的松弛来做出反应。相反地，如果在下山时我脚步出现错误，脚跟先于脚掌猛然触地，这一次仍是曲肌突然松弛，但机体立刻以某种收缩做出反应。这里涉及的是这样一些反应，它们"在刺激物的一种整体情景范围内产生，而当刺激物在一些不同的整体情景中起作用时，也就是说当它对于机体具有不同的意义时，它们可能就会有所不同"。① 面对一些类似的刺激，反应的变化在此与它们出现在其中的那些情景的意义联系起来，反过来可能会出现的是，看起来各不相同的一些情景（如果我们依据物理-化学刺激来分析它们）可以引起一些类似的反应。那些实验室反射和一个在夜晚走路的人的动作相似，各个触觉器官、两只脚、两条腿可以说是孤立地起作用的。② 在动物的个体发生中，通过各个单独部分而动作代表着后天的获得：我们只有在成年蝾螈那里才能够找到一些严格意义上的反射，胚胎进行的是一些整体动作，全面的、没有分化的游动。③ 或许是在人那里，我们才能最容易地找到一些纯粹反射，因为或许只有他能够让自己身体的如此部分孤立地接受环境的影响。当我们在一个人类被试那里考察其瞳孔反射时，我们可以说被试把他的眼睛"借给了"实验员，那时且唯有那时我们才为一种给定的刺激观察到了一种差不多恒常的

---

① 戈尔德斯坦：《机体的构造》，第 111 页。
② 同上。
③ 拜顿迪克："大脑与智力"，《心理学杂志》，1931 年，第 357 页。

反应；我们在视觉的生存运用中是找不到这种规律性的。① 于是，作为一种病理解体的后果，反射并不是有生命的东西的基本活动的特征，而是我们用来研究它的实验装置的特征——或者，在个体发生及系统发生中的过多的、后来才有的活动，只是根据一种拟人的错觉才会被看作是动物行为的构成要素。② 这更不是一种抽象作用，就此而言，谢林顿错了：反射实存着，它代表了行为的一种非常特殊的情形，在一些确定的条件下是可以观察到的。但它不是生理学的主要对象，并不是要借助于它我们才能够理解其余的东西。我们不应该把通过考问一个有病的机体在实验室里获得的或者在各种人工条件下获得的任何反应都视为一种生物实在。生物学的目标是抓住使一种有生命的东西成为一个有生命的东西之东西，也就是说，不是按照共同于机械论和活力论的实在论假说抓住各种基本反射的重叠或者一种"生命力量"的干预，而是抓住各个行为的不可分解的结构。正是借助于各种有序的反应，我们才能够在退化的名目下理解自动反应。就像解剖学求助于生理学一样，生理学也求助于生物学。"反射活动的诸形式乃是生命的一些

---

① 我们已经有机会指出（参看前面第41页，中文版第63页），在偏盲患者那里，对视觉区域的测量及自然运用中的视觉功能的观察也给出了一些不一致的结果。一种功能重组在第二位的姿态中起作用——这种姿态不会在实验室的考察中形成，因为我们要求机体对适时刺激做出反应。反射学的规律让自己被心理-生理学规律所转换，而且，我们很快将看到，被心理学规律所转换。

② 在谈及感觉这一观念时，实在分析的要求与被研究现象的要求之间的同样冲突也会碰到。感觉远不是意识的初始的、基本的内容，也就是说对一种纯粹性质的知觉，它乃是人类意识的一种迟来的、例外的组织模式，那些打算构建感觉意识的学说源于拟人的错觉。在行为中，就如同在知觉中一样，从时间上看在先的既不是外在部分的镶嵌，也不是分析使之得以可能的精确统一，而是人们经常所说的混沌状态。

木偶戏(……),是一个机体在其站立、行走、格斗、飞翔、抓拿与吃喝时,在活动与繁衍中实现的各种运动的诸形象。"①

* * *

概括地说,对反射理论的批判和就几个例子进行的分析表明:我们必须把神经系统的传入区域视为同时表达了机体内部状态和各种外部动因之影响的那些力量的一个场;这些力量根据某些优先分布模式趋向于自我平衡,并且从身体的各个运动部分获得这一结果所固有的各种运动。这些运动随着其进行引起了传入系统的状态的某些改变,而后者反过来又引起了一些新的运动。这一动态循环过程确保了人们为了说明实际行为所必需的灵活调节。

按照苛勒的说法,我们为这一过程给出了多种物理学模式,尤其是一种电子学模式。人们已经就这些"冒险的生理学假说"指责过苛勒。这是因为人们没有在他理解它们的意义上理解它们。他并不认为几个类比就足以让我们把神经机能归并为一种电子分布过程。他让假说接受实验的裁定,他并没有特别地维护这一模式。他感觉到存在着一些"物理系统"(其属性类似于我们在神经系统中认识到的那些属性):它们一直演化到一种优先平衡状态,而且在各种局部现象之间存在着循环依赖。② 如果我们在神经系统的

---

① 魏茨泽克:"反射规律",第 37 页。
② "可以起作用的能量之数量对于被把握为一个整体的系统来说应该是最小量,熵是最大量,而其组合构成为系统的那些矢量不应该在每个被单独地把握的部分中获得为它们自己规定的价值和位置;它们应该通过它们的整体组合、彼此相关地产生一个持久的整体。每一地方的状态或者事件都由于这一理由主要取决于在系统的全部其他区域中被给定的那些条件。如果相反地,我们可以单独地为一个物理组合物的每一单独把握的部分表述各种(平衡状态)规律,那么它们就不构成为一个物理系统,而单独地把握的每一部分对于它而言就成了这种类型的系统"(苛勒:《身体格式塔》,第 XVI 页)。

视觉区域辨认出了比如一种一般物理系统的特征,①那么我们就说明了我们已经描述过的注视反射。问题不在于从其他假说中冒险提出一种假说,而在于引进一个新的范畴,即"形式"范畴,它在非有机领域和有机领域有其应用,它在没有活力论假说的情况下使得韦特海默所说的②、观察证实了其实存的那些"横向功能"出现在神经系统中。因此各种"形式",尤其是各种物理系统被界定为其属性并非各个孤立的部分所拥有的那些属性之和的一些整体过程③,——更准确地说被界定为或许彼此难以分辨,但它们被一一比较的那些"部分"在绝对大小上有着差异的一些整体过程,换言之,被界定为一些可以转换的全体。④ 我们要说,在一个系统的各种属性由于系统诸部分中的一个单独部分产生的任何改变而发生变化的所有地方,反过来,在这些属性在诸部分任何改变但在它们之间保留了同样的关系时保持不变的任何地方,都会存在形式。这些界定与那些神经现象是相符的,因为我们刚刚看到,我们不能够在它们那里把反应的每一部分与一种局部条件联系起来,而且在一方面是各种传入兴奋,另一方面是各种运动冲动之间,最终说来是在它们全部之间存在着相互作用和内在联系。不管苛勒的那些模式的命运如何,它们据以确立起来的那种类似都存在着,而且我们可以把它看作是既得的。我们还需要研究构成那些物理形式的区别性特征的东西,还有我们原则上是否同意将那些"生理形

---

① 苛勒:《身体格式塔》,第 XIX 页。
② 韦特海默:"对运动视觉的实验研究",《心理学杂志》,1912 年。
③ 这是埃伦菲尔斯的第一条标准。参看苛勒:《身体格式塔》,第 35 - 37 页。
④ 埃伦菲尔斯的第二条标准。

式"还原为各种"物理形式"。

但是,为了理解神经现象,真的有必要引入一个新的范畴吗? 格式塔理论通过批判生理学中的"解剖精神"为"形式"观念提供了辩护。这一观念的必要性在一种"机能"生理学——它把那些神经通道建立在一些暂时的连接,诸如不考虑形学地建立在一些共振器之间的连接(谢夫;韦斯)或者一些同步神经元之间的连接(拉皮克)的基础之上——中难道不是更加不明显吗? 就像谢林顿本人一样[1],拉皮克已经针对扩散现象提出了秩序问题。如果溢出一个肢体的兴奋,没有考虑各种运动控制的接近就移向在动物生命中与前一肢体协作的另一肢体,那么在这一"选择"中就不再存在任何的神秘:正因为某些通道是暂时地[2]同步的,所以它们独自向兴奋开放。然而,难题只不过被转移了。现在的关键是知道各种合适的同步在机体中是如何被稳固的。按照拉皮克的看法,它们

---

[1] "某一给定的皮肤区域的那些感觉神经纤维,就算它们非常小,却分散在许多根束中,甚至分散在两三个相近的根部,从而在骨髓中面对既属于伸肌又属于曲肌的整个一系列运动纤维而形成它们的入口。为了被观察到的动作能够获得实现(把曲肌扩展到曲肌却从来不通达伸肌),就必须承认,他(谢林顿)应该问问:在骨髓灰质中,那些脚掌感觉纤维是搜寻曲肌的运动细胞(细致地把其他肌肉,尤莫是伸肌的运动细胞置于一边)的通道吗?"(拉皮克:"神经系统的普通生理学",参迪马编:《心理学新论》,第1卷,第4章,第149页)

[2] 实际上,我们谈到的关系不是刻板的,时值联系刚好很容易地说明了其灵活性。我们要想到:当某一孤立的神经被纳入神经系统中时,该神经的时值(就成分而言的时值)就被修正了。"在正常状态的,也就是有效地构成一个功能系统的神经系统中,无疑处处存在着这种类型的一些干预,成分的时值(孤立的、处于放松状态的神经元的时值)让位于可以按照各种各样的影响而调节的从属关系的时值"(拉皮克:"神经系统的普通生理学",参迪马编:《心理学新论》第1卷,第4章,第152页)。尤其是,"脑真正地拥有修正那些外周神经运动时值的能力"(同上)。抑制的观念由此是相当简明和准确的:这就是各个神经通道由于时值的简单改变而断开。反射的各种中止和反向现象很容易借助同样的语言而获得表象。

依赖于一些外周因素和一些中枢因素。肢体的位置由于各个时值的一种重新分配可能引起反射的反向。已经进行的一个最初动作或者相反地对抗这一动作的那些障碍可能借助同样的方式引起"起作用的那些肌肉的一种完全移位"。① 尽管如此，这些关系，就像在扩散中起作用的那些关系一样可能不是刻板的，不会一劳永逸地摆脱各个脑中枢的"控制"。② 但这些中枢的分流能力同样不是一种绝对的能力。作者把一系列神经导体看作是一个"功能系统"。③ 大脑由一些神经元组成，就像所有其他神经元一样，这些神经元可以在临近的那些神经元的作用下，并且逐步地在外周神经的影响下改变时值。因此，那些皮质运动中枢的时值是可变的。我们可以通过加热、冷却和电刺激凸出在被考问区域的身体部分来改变时值。主要依赖于迷走神经和甲状腺器官，有人（卡尔多）为从一个时刻到另一个时刻的同一中枢找到了非常多样的一些时值。因此，各个时值的分布和各种神经通道的构造取决于脑；脑借以分布各个时值的活动本身只不过是一些外周神经或植物性神经影响的一个结果，并且在这一意义上是由那些先前的同步产生的。"……我们给予大脑的通过改变时值而分流的能力，并不是隐藏在我们把它作为这一能力的工具提出来的那种机制背后的一种拟人的想象力，在这一类型的各种研究取得一些充分进步的时候，这一

---

① 拉皮克："神经系统的普通生理学"，参迪马编：《心理学新论》，第 1 卷，第 4 章，第 151 页。
② 同上。
③ 同上，第 153 页。

能力将自动地从这一机制本身中产生出来。"①但是,如果各个时值的分布和各种神经通道的构造由此依赖于既内在又外在于机体的多重条件——如果中枢求助于外周且外周求助于中枢,那就应当向拉皮克提出他本人曾向谢林顿提出的问题。时值说明的乃是整合,是"在外周神经的最多样的那些点产生兴奋的情况下,神经控制的集合能够使身体的全部肌肉都做出反应"②这一事实。我们还应该明白,在全部这些可能的连接系统中,为什么通常只有那些具有一种生物学价值的系统获得了实现,为什么原因和结果的这种循环导向了(重新采用拉皮克的术语)"一个动作",而不是一些"无效的痉挛"。③ 时值理论强调,各种新通道的构造在任何时候都是神经系统固有的功能。它由此本身只不过使有待于说明的东西更为明显。为了确保一种产生运动而不是痉挛的时值分布,我们不再指望任何解剖结构、任何稳定的装置、任何自主的中枢。如果这一分布不受任何地形学引导,另一方面又服从于一些不定地可变的条件,那么如何理解它决定着一些相对稳定的典型活动、一些恒常的对象知觉、一些每一局部兴奋在它们那里可以说都考虑到了同时产生的和后来产生的各种兴奋的动作,最后,还有一些按照引起它们的那些情景而被塑造出来的活动?

但是,我们可以把"秩序"问题作为拟人的而予以抛弃。就算格式塔理论不是"活力论的",只是因为它把一些人类规范投射到

---

① 同上。
② 拉皮克:"神经系统的普通生理学",参迪马编:《心理学新论》,第1卷,第4章,第148页。
③ 同上。

各种现象中,并且预设了一些"有方向的"或者"有序的"过程,它也会把拟人倾向和目的性引入到物理学和生理学中。显而易见的是,在谈论一种与刺激"适应的"反应或者一连串"协调的"动作时,我们表达的是由我们的精神设想的一些关系,表达了由它在刺激的"意义"与反应的意义之间、在反应的"整体意义"与构成反应的那些部位动作之间进行的一种比较。我们借以界定秩序的意义关系恰恰是从我们自己的构造中产生出来的。它们因此不需要借助于一些不同的原则来获得说明。如果我们借助单纯的统计频率,以一种明确的方式来界定秩序,那么在整个机体中的"一些优势行为"的实存(也就是说比我们逐一考虑行为的外部与内部条件所期望的还要频繁)就不再要求任何特别的说明。因为"频率"仍然属于我们的精神的一种认定,在各种事物中存在的不过是每一次都需要一些特殊的原因来进行说明的一些独特事件。因此没有必要问是什么在引导时值机制,并且把它引向一些"有序的"运动。既然它产生了它们,那是因为它们的各种必要条件被统一起来了。既然疾病或者情绪以及它的各种"解体反应"没有呈现出来,那是因为它们在那些给定的条件中是不可能的。有序行为之所以被保持,是因为只有它是可能的。假定一种"分流能力"(它"掩藏在"它借以获得实现的那些大脑机制"后面")是无用的;而且,如果我们使秩序问题变成又一个因果问题,秩序问题就失去了意义。这就是说,并不是一种原因的"分流能力"是一种结果吗?或者,还是像拉皮克所说的,是机制本身的一种"自动的结果"吗?在科学足够先进的状态下,神经系统的机能可以被一点一滴地、从局部现象到局部现象地重构。时值分析可以夹杂着一种综合。可是,这一真实的综合是难以想象的。如果我们从时值分析给出的神经机能的形象出发(可以说从一种在己地实存着的实在出发)，就将发现一些从属的时值，它们没有终点、没有障碍地彼此依赖，每一时值在被考虑的时刻都预设了其他亦预设了它的所有时值，借助各部分的组合的全体的发生是虚构的。它任意地断开了相互决定的链条。这种情形与一个温度控制器的情形并不一样，在后者那里，内部温度的一种变化预设了调节阀的一个位置，而调节阀本身亦预设了一种内部温度状态，永远不会出现同样的现象针对同样的现象既是调节者又是被调节者的情形。相反地，任何时值都不过是整体过程的一个方面，我们通过抽象思维把它看作是一个局部事件，而在神经系统中只存在着一些全体事件。甚至在系统的一个区域似乎"为了自身之故"而运作时(比如，在各种热刺激或内感受刺激的一些重要变化几乎没有让眼跳反射被触动时)，时值概念也表明：这一隔离是功能性的，它取决于一定数量的时值分离，并且应当被整合到系统整体的时值群中。神经机能的统一、尤其是把它与一些简单地循环的现象区别开来的那种相互决定的统一乃是它的一种客观特征。由于把这种统一设想为一种"结果"，也就是说使它从它内在于其中的大量局部现象中产生出来，人们就中断了它。另外，由此本身，人们使回归一种外部的"秩序原则"成为不可避免的——就像拉皮克本人用各个脑中枢的"控制"这一术语所表达的那样。因此，有一次进行的时值分析所给出的神经机能形象既不会在己地被设定，也不会脱离各个时值借以相互决定的过程。形式的概念表达的就是这一自动分布。这并不涉及一种会纠正这一机制的二阶因果性：这种异议或许可以针对关于那些协调

54

中枢的理论。形式的概念只不过使某些自然整体的各种描述的属性得到了表达。它的确使得运用一份目的论的词汇表有了可能。但是,这一可能性本身在神经现象的本性中是有根据的,它表达了它们实现的统一的类型。如果就像应该做的那样,我们在放弃目的论的实在论的同时放弃了机械论的实在论,也就是说放弃了因果思维的全部形式,那么那些"优势"行为,也会像时值分析能够做到的一样客观地界定机体。

第二章　高级行为

知觉行为分析最初是作为对反射理论的补充和延伸发展起来的。① 巴甫洛夫已经考虑的难题是要知道,机体如何能够进入到与一种比以物理和化学刺激的形式直接作用于感觉神经末梢的环境更广泛、更丰富的环境的关系。但是,环境的这种拓展是通过把那些自然刺激物的力量转化为一些新的刺激而获得的。问题只不过在于增加我们的各种天生反应所依赖的那些控制,尤其是要把它们重新集合为一些自动反应链。在任何时刻,人们总是企图借助各种在场的本体感受刺激和外感受刺激(包括条件制约赋予它们的各种能力)的总和来理解行为。神经活动的本质始终保持为相同的:这是一个可以分解成一些实在部分的过程。②

既然"情景"始终是一些物理和化学刺激物的一种组合,既然各种新联系产生自在这一情景中遇见到的一些事实上的接近,那

---

① "……各种先天性反射对动物生命来说是不够的,日常生活要求动物与其周边世界之间有更为细微、更为特殊的关系……各种事实是以下面这种方式发生的:大量的自然动因通过它们的呈在场,把信号传递给制约着各种先天性反射的为数相对不多的动因。通过这种方式,在机体与周边世界之间的一种精确的、微妙的平衡就达成了。我把这种大脑半球的活动称为信号活动"(巴甫洛夫:《大脑皮层活动教程》)。

② 巴甫洛夫接着写道:"这种信号化表明了被命名为反射的神经活动的所有特征。把这些习得性的反射称之为条件反射或者接触反射将是正当的"(同上书)。

么它们一开始就会在各个方向上不加选择地被建立起来。对于巴甫洛夫来说,正如学习对于心理学的经验论来说一样,成长由一系列补偿性的错误构成。任何与一种无条件刺激联合作用于机体的刺激都力图为自己获得后者的促反射的能力[①](扩散律)。由此产生了儿童反应和动物反应的混沌情状。在某个时段内,一个条件刺激物甚至能够把它力量范围内的某种东西传递给与绝对刺激物还没有联合起来的一种无论什么样的刺激物。但是,这第一条规律还不足以用来说明我们的各种行为对于一个情景的各个本质方面的调节。一种选择应该在那些可能的条件刺激物中做出,而反射应该"集中起来"。[②] 因此,我们被引导去构想一种反力:它将减轻扩散的各种效应,并阻止一种无论什么样的刺激引起该刺激与之联合在一起的那些反应中的无论哪一种。这样,在巴甫洛夫那里,正是抑制将被设想为能够对扩散的各种无序效应做出补偿的一种积极过程。

举例来说,假定一种声音 S[③],它从未与肉末联合在一起过,但是,它多次与已经成为胃分泌物的条件刺激的一种光刺激物 L 同时出现。它最初由于扩散获得了一种微弱的促反射能力,但很快又失去了:条件刺激在没有与绝对刺激物连接在一起时,与它联合的一个刺激就成了抑制剂(条件抑制)。此外,就像任何一个被引

---

① 巴甫洛夫:《动物的高级神经活动》,第 311 页。
② 德拉波维奇:"条件反射与时值",《哲学评论》,1937 年 1-2 月卷,第 104 页。
③ 巴甫洛夫:《条件反射》,第 78-87 页。皮埃龙:"条件反射",参迪马编:《心理学新论》,第 2 卷,第 35 页及以下。

入通常情景中的新刺激一样,这一声音从它首次起作用开始,就已经拥有了一种抑制力量(外在抑制)。尤其让我们感兴趣的条件抑制的各种效应,乃是决定性的:由于条件抑制而成为抑制物的这一声音,将以完全阻止反射而告终;当光和声音一起呈现时,任何胃分泌物都不再能够被观察到。如果我们在这一组刺激物中再加上节拍器 M 的敲击,并把这个新的组合与肉末联合在一起,我们就会观察到胃分泌物,但比较微弱,不到实验开始时由光刺激物单独产生的一半。这是因为,像这样的一种新刺激物 M 有一种抑制作用(外在抑制),它将既作用于 L 的刺激能力又作用于 S 的抑制能力。作为抑制的抑制,如果 M 与此同时没有削弱 L 的刺激能力(正如在一个控制实验——在此,单独与光联合的 M 足以减少光能够引起的胃分泌物——中所显示的那样),那么它在这一意义上应该增强 L+S 组合的促反射能力。但是,如果我们继续将这三个刺激物一起与肉末相联合,我们最后将得到下面的各种结果,其中的数字指的是收集到的唾液的滴数:

$$L=10 \quad L+M=10 \quad L+S+M=10$$
$$M=4 \quad\quad\quad S+M=4$$
$$S=0 \quad\quad\quad L+S=0$$

如果我们想用巴甫洛夫所界定的概念体系来解释这一结果,我们就应该说:S 在其与 M 相结合时不再产生抑制影响;而经常连同 L 和 S 一起与肉末相结合的 M 获得了某种促反射能力。由此可得到如下结果:M=4,S+M=4。但在另一方面,在与 L 这样一种非常有效的刺激物相结合时,S 就恢复了一种它不再显示出来的抑制能力(L+S=0)。因此,这一切的发生就如同是刺激物 M 扮演了不能被目前已经表达出来的那些规律所预见的一种角色,就如同它的出现突然改变 S 的力量达到了这样一种程度:虽然 S+L 是没有效果的,但 M+S+L 却相反地产生了 10 滴唾液。一组刺激的各种结果看起来不能够被视为单独看待的每一刺激的结果的代数和。正是在这里,巴甫洛夫求助于"我们不可能更加精确地确定其本性的某一类别的神经平衡"。① 确实,我们还没有使一个可能填补理论与实验之间鸿沟的第三规律(如果它碰巧存在)产生作用。迄今为止,兴奋的或抑制的力量并不依赖于神经系统本身,而只是依赖于由实验所实现的一些联合,即简而言之,依赖于物理的自然进程。巴甫洛夫本人也使一些"横向功能"以"相互诱导"②的方式(这的确是完全机械的)起作用。在大脑皮层一个点上的任何兴奋都能引起各个相邻区域的一种抑制,反之亦然。这一新规律对皮层中的各个兴奋区域和抑制区域具有强化界限的效果,因此也将补充前面两条规律的各种结果。③

巴甫洛夫感觉的在每一时刻都用一条规律去修正另一条规律的必要性无疑证明:他没有发现全部事实能够在那里被协调起来的中心视点。假定刺激物 L 被定义为分泌物的一种条件刺激,刺激物 S 被定义为一种条件抑制,最后刺激物 M 被定义为一种条件性抗抑制,那么由 L+S+M 这一整体所引起的反应,就应该是以

---

① 巴甫洛夫:《条件反射》,第 83 页,引自皮埃龙:"条件反射",第 35 页。
② 巴甫洛夫:《大脑皮层活动教程》,第 349 页及以下。
③ 与兴奋一样,抑制也逐渐在时间和空间中扩散开来。在一定的时间或空间距离之外,这种活动让位于同样在时间和空间中起作用的相互诱导活动。

它们中的每一个的诸属性为起点的一种真实的综合构成的。然而我们刚才看到,这种说明仍然留有余地。与 M 联合,刺激物 S 失去了自己的抑制力量,但是,与 L 相联合,它却保留着这种力量。这就是说,在 L+S 和 S+M 这两种"情景"中,刺激物 S 并不扮演同样的角色,或者换句话说,它们并不是我们可以在其中找到共同元素 S 的两个整体。但是,从这以后我们就会觉察到,巴甫洛夫由此出发的行为描述本身就已经是一种理论了。[①] 存在着一个初始的立场,那就是承认,在机体里,一个复合刺激把每一基本刺激启动的那些过程作为其实在部分包括在内,或者还有,每一局部刺激都拥有自己的一种功效。正是根据这一假设,如果单独呈现的 L 是一种积极的条件刺激物,那么我们就会假定,当它与 S 结合时,它固有的能力保持为相同的。由于新的集合没有产生任何分泌物,那就应该把一种积极的抑制能力归因于 S。但是,当 L+S 将进入到一个更广的集合中时,相同的实在论假设将要求我们保留 L+S 这一组合单独具有的抑制力量。相应地,由于组合 S+L+M 产生了一种分泌物,新集合的第三项将被设想为一种抗抑制因素。被理解为一种积极过程的抑制观念(以及由于它而带来的我们刚刚指出的那些困难)之所以变成不可避免的,是因为采取了这样一种立场:把一种整体兴奋看作是由每一局部刺激所产生的兴奋的总和。但是,巴甫洛夫本人不会坚持这样的原则,而且我们已经看到,为了说明 M+S 这一组合的各种效应,他诉诸他并没有

[①] "巴甫洛夫及其弟子的所有说法都已经充满着理论,这些事实可以用另外一些形式表达出来"(皮埃龙:"条件反射",参迪马编:《心理学新论》,第 2 卷,第 33 页)。

提供任何细节的一种神经平衡规律。因此,他本人指明了他的分析应该在什么方向上被修正。一种给定的客观刺激,依据它是单独起作用还是同时与这样或那样的其他刺激联合起作用而在机体中产生一些不同的效应。如果 L 引起了机体的某种反应,为了说明 L+S 没有产生它,并不需要假设 S 那里有一种抑制能力。L+S 不是促反射的,这是因为,对机体来说,S 的加入并不是一种简单的增加,甚至不是一种代数上的增加。L+S 没有让先前的刺激物 S 继续存在,它以 S 不再是其一部分的一个新情景取而代之。以同样的方式,L+S+M 这一集合可以通过与肉末联合而成为促反射的,但这一属性没有被传送给对机体来说性质上不同的 L+S 组合。① 这就是说,真正的刺激就是如此这般的集合。② 我们可以把一种条件性的能力赋予给一组在单独起作用时保持为抑制性的刺激物。高音频-低音频光线系列的接触可能是促反射的,而低音频-高音频系列光线的接触却并不是这样的。音高相同、强度不等的两个前后相继的声音,当其从较不强烈向较为强烈变化时,我们会产生一种反应,而同样的声音以相反的顺序变化时,则不会产生任何效应。只要我们保持声音间的强度差别不变,即使我们改变

---

① 皮埃龙:"知觉问题与心理生理学",《心理学年鉴》,第 27 卷,1926 年,第 6-7 页。
② 无疑,巴甫洛夫其已经考虑到了儿童和动物反应的混沌特征(扩散律)。但是,巴甫洛夫的扩散是一种疏导,一种强烈的兴奋藉此把所有同时呈现的兴奋引入到它们的输出通道中。因此,它说明了这些兴奋中的任何一个随后都能引起矫饰的反应,而不是说明了这种能力属于某些确定的集合(例如 L+S+M),而且仅仅属于它们(L+S+M+X 并不是促反射的)。各种混沌反应回应的是一些混杂的集合,而那些条件作用的实验为我们呈现的是与一个精确的结构相联系的一些反应。

这些声音的绝对音调,反应也会持续下去。① 一篇旧作②表明,在章鱼对它在其中找到食物的一个大容器已经形成一种积极的反应,而从表面上看它对与前者同时出现的较小的容器形成了一种抑制之后,在较小的那个单独出现时,它仍然会光顾较小的那一个。引起各种条件反应的真正刺激物既不是被当作个体的一个声音或一个物品,也不是被当作既是个体的又是混合的一些集合的声音或物品的汇集,而毋宁说是一些声音在时间中的分布,是它们的连贯的旋律,是一些物品的各种大小关系,更一般地说,是情景中的精确结构。

条件反射理论远不是对行为的忠实描述,它是一种受到实在分析的各种原子论假设的启发的构造。它把适合于事物世界的那些区分模式搬到机体活动中,而且在任何层次上都不代表一种科学研究的必要工具。③ 我们可以很容易地为这些假设确定时期:它们属于生理学和心理学的一个已经过去了的时期。如果我们试图从内部分析知觉,我们将会重新恢复这些假设——巴甫洛夫本人做过这种对比。④ 一些探讨物品表观大小的守恒的心理学家,如赫尔姆霍兹假定:一种无意识的结论使我们能够在那些随距离而改变尺寸的形象背后去发现真实的大小。巴甫洛夫打算承认,当物体在可以触及的距离之内时,由这同一个物体在不同距离所

---

① 皮埃龙:"条件反射",第 28 页。

② 同上,参《心理学年鉴》,第 20 卷,1913 年,第 182－185 页。——参同一刊物,第 27 卷,1926 年,第 1 页。

③ 皮埃龙:"知觉问题与心理生理学",《心理学年鉴》,第 27 卷,1916 年,第 6 页。

④ 《大脑皮层活动教程》,第 100－101 页,转引自皮埃龙:"条件反射",第 34 页,注释 1。

引起的那些视网膜兴奋变成了所进行的各种触摸运动反应的条件刺激。这两种情形中的思维过程是相同的。我们开始于做出如此假定：对于距离发生着变化的一个物体的任何知觉而言，不同大小的一些个体形象"在"意识"之中"是给定的，或者说，一些没有共同尺度的生理过程在机体中是给定的。随之而来的问题是在一种理智活动或者某种联想关系中找到能使这些心理的或生理的个体恢复统一的手段。但是，如果我们不是开始于分别把同一个物体的那些"心理形象"或者它在神经系统中所引起的那些生理过程当作同样分离的实在，如果我们已经在心理学或生理学中选择结构而非原子作为指导观念，那么问题就不会这样被提出，而这些答案也就没有必要去考虑。①

我们可能觉得惊讶的是：在决定建立一种关于行为的科学时，在决定为了更接近事实而采纳一些生理学说明时，②巴甫洛夫已经在他的研究中引进了旧心理学的那些假设。这是因为，实际上，无论在他那里，还是在别处，生理学说明都不可能是直接的。就巴甫洛夫而言，他的那些生理学图式的任意性在我们借以描述它们的简单事例中并不十分明显。但是，当我们把它们与巴甫洛夫本人寻求将它们予以运用的某些复杂行为相对照时，这种任意性就变得一目了然了。

---

① 皮埃龙指出，在他于1929年在纽黑文心理学大会上与苛勒相识之后，巴甫洛夫就已经准备承认各种情结和各种结构固有的作用。

② "……不是心理学应该帮助关于脑半球的生理学，完全相反，对动物身上的这些器官的生理学研究，应该充为关于人的主观世界的精确而科学的分析之基础"《大脑皮层活动教程》。

他在那些接受各种重复实验的狗身上观察到了一些出乎意料的举动。① 只要我们一放置可以用来收集分泌物的装置，动物就进入一种类似于催眠的状态中。让一种条件刺激出现，狗就以一些通常的分泌反应做出回应，但从另一方面说，运动反应却没有发生。让无条件刺激物（比如一块肉）出现，动物却不像通常那样做出反应：有时唾液分泌是正常的，但咀嚼动作却没有发生；有时出现相反情形，狗吃了食物，但唾液分泌却要等到十至二十秒后才产生。我们来检查一下巴甫洛夫对这后一种情况所做的说明。在他看来，条件反射的合成是由建立在皮质中枢（它接受条件刺激、控制各种咀嚼动作）与各种食物分泌所依靠的皮下中枢之间的联系构成的。因此，这种行为障碍将被确定为"运动的和分泌的反应的一种脱节"。为了透过这些不同的症状去发现行为的某种一般变化，人们并不寻求把它放回到其生物学语境中。② 人们将这样来表达上面提到的那些姿态，指出：分泌中枢受到了抑制，而运动中枢却没有。但是，这种选择性的抑制本身需要获得说明。此外，还由此形成了两个我们没有任何理由接受的假设：首先，巴甫洛夫假定了大脑的一种一般抑制，开始于与各种人工条件反射相应的那些点，它被扩展到了控制唾液分泌的皮下中枢和皮质运动分析器中。在引进未被观察揭示出来的一种整体抑制之后，巴甫洛夫承认，看到肉最初没有让分泌中枢的抑制受到损害，并且克制了在他

---

① 巴甫洛夫：《论狗的催眠状态的生理学》（在彼德洛娃博士的协助下完成），第183页及以下。拜顿迪克和普莱西纳对这项工作提出了异议，参"行为的生理学说明——对巴甫洛夫理论的一个批评"，《生物理论学报》，系列A，第1卷，巴黎，1935年3月，第160页及以下，我们在后面的批评中将借鉴它。

② 拜顿迪克和普莱西纳：《行为的生理学说明》，第164—165页。

看来比前者更为机动的运动中枢的抑制。这种更大的机动性之所以被假定,是由于需要原因。巴甫洛夫在让它起作用时,没有说明该现象;他所做的只是命名它,只是用一些解剖学和生理学的术语描述一种本身被假定的抑制解除,并且"用一种更成问题的语言记录一种在自身中成问题的过程"。① 刚才谈到这些障碍的生物学背景,我们暗指的是巴甫洛夫也描述过的那些违拗的姿态,但他寻求对它们做出一种截然不同的说明:当我们一次、两次、甚至三次把一块肉展现给处于催眠状态中的狗时,它把头转向一边。然而,只要我们把食物拿走,它却反把头转向盘子移走的方向,眼睛紧随着盘子。在那些最顺利的例子中,它最后以非常吃力地张开和闭拢嘴巴结束,抑制消失了。为了说明这些姿态,巴甫洛夫让一个由各种兴奋、抑制和抑制解除构成的复杂系统起作用。他开始于把催眠或抑制状态界定为一个"悖谬"阶段:脑细胞的那些阈限在这一阶段降低了,以致一个有力的刺激作为一个过于有力的刺激起作用,并且引起一种抑制。另一方面,他承认,与各种反应都相关的运动中枢包含一个积极的神经支配点(它引发了那些指向肉的运动)和一个消极的神经支配点(它相反地控制着那些外展运动)。这些假设一旦做出了,那些违拗的姿态将通过如下方式得到说明:由肉引起的那些视觉兴奋按照各种既定的条件制约通向积极的神经支配点,但它们是在一种悖谬状态中发现它的,并因此在它那里引起一种抑制。与相互诱导律相一致,积极支配点的抑制引起了消极支配点的兴奋。动物背离了肉块。当操作员把肉块移远时,

---

① 拜顿迪克和普莱西纳:《行为的生理学说明》,第166页。

直到那时还受到强烈抑制的积极支配点,将从它本身过渡到与内在的相互诱导律相一致的兴奋状态。同样,在第一阶段受到刺激的消极支配点,将过渡到一种抑制状态,并且会通过相互诱导引起积极支配点的兴奋。受到双重刺激,当肉块撤离时,狗首先产生的是它朝向肉块的运动,而在向它展现肉块两三次之后,产生的则是正常的运动反射,伴随的是违拗姿态的结束。

这些例子阐明了在可以观察到的行为与人们借以说明该行为的各种解剖学-生理学假设之间的差距。条件反射一词如果要有一种意义,它就必须指明与某些刺激相关联的一种相对稳定的反应。然而,对各种动物的观察相反地表明,它们的反应是变化多端的,可以彼此分离甚至相互颠倒。但是,借助于抑制和相互诱导这些概念,巴甫洛夫为自己提供了一些原则,它们使他能够弥合其理论的所有裂缝,能够建构一种让条件反射观念不受损害的说明。①只要我们没有从其他途径获知有关脑生理学过程的知识,他援引的刺激、抑制和抑制消除的机制就必然表现为一种权宜之计,注定要掩盖理论和实验之间的不一致。假定了相反方向上的一些力量的没有实验支持的理论,显然避免了被实验所否定,因为它总是能够在两个原则中的一个无效的情况下,及时地让另一个起作用。基于同样的理由,它也不可能获得任何实验的证明。巴甫洛夫的那些范畴不是各种事实的模仿,而是被强加给了它们。兴奋、抑制

---

① "人们将如何看待这样一位物理学家——他确信以太的存在,并且像米歇尔松那样,着手进行研究以便证明它,而且他用以太的一种特殊性质或用一种抵消其结果的反力来说明实验的否定性结果?"(拜顿迪克和普莱西纳:《行为的生理学说明》,第167页)

和抑制消除这些术语,恰当地规定着我们的内部和外部经验使我们认识到的行为的某些描述性方面。相反,像巴甫洛夫界定的那样的抑制——即作为由某些刺激所引发的一种积极的神经过程——是一种不应该享有同样的明显优势的机械物理符号。① 巴甫洛夫由于把在行为观察中找到的一些描述性概念直接搬到了中枢神经系统中,因而能够相信他运用了一种生理学方法。这实际上涉及的只是一种想象的生理学,而不是其他的生理学。因为,一种看起来依靠最佳的科学精神的生理学方法,实际上是一种更加要求猜想、完全缺少直接性的方法。"生理学事实"②这个术语的意义存在着歧义。有时,它被用来指示在大脑中直接观察到的那些现象,有时,而且更一般地,它被用来指示行为分析让我们假定的、隐藏在动物或者人的各种活动后面的那些现象。人们把"生理学事实"一词只是在其第一种含义中的、而且由于一种实在论偏见才具有的客观性优势转移到了它的第二种含义中。如果我们以一种准确的方式认识神经系统为其所在地的那些生理现象,那么在行为的分析中让自己接受它们的引导就是合适的。但在事实上,我们就神经机能直接知道的东西很少被归结为事物。我们或许有权问一问:在生理学知识中,客观性是不是与各种物理的和化学的度量方法混同起来了。③ 那些物理的、化学的刺激物之运用和各

---

① 拜顿迪克和普莱西纳:《行为的生理学说明》,第 166 页。
② 戈尔德斯坦:"大脑皮层定位",参贝特选编:《正常的与病态的生理学手册》,第 10 卷,第 639 页。
③ 戈尔德斯坦:《机体的构造》,第三章,案语,第 81－86 页。参拜顿迪克和普莱西纳:《行为的生理学说明》,"如果我们说兴奋只是神经细胞表面紧张的一种变化,那么,我们由此不仅在理解这一现象本身方面毫无所获,而且还错过了把兴奋看作是生理现象。完全同样的是,把声音定义为一种空气震动无疑使物理声学成为可能,但也封闭了直接性的入口,并因此封闭了音乐理论的入口"(第 163 页)。

种时值测量,使我们能够注意到神经活动在一些限定的、非常不同于其正常运作的那些条件的条件下的某些效应。我们无法确定神经功能是不是能够以一种充分的方式获得如此刻画。无论如何,在我们目前的认识状况下,不管我们通过对行为的观察,还是通过对某些物理和化学动因在机体上引起的各种反应的测量来考问机体,我们从来都只能抓住神经功能的表现,而且两种方法都同样是间接的。推论在这里和那里也都是同样必然的。在这种情境中,人们越是意识到生理学知识的间接特性,犯错误的各种危险就越是不那么大;因此,我们可以推定,它们在像巴甫洛夫那样声称从生理学开始的人那里是最大的。因为事实上没有人能够从生理学开始,巴甫洛夫是从研究行为开始的,是从描述机体面临某些情景的各种反应开始的(而没有顾及他自己的那些原则);由于他没有充分地意识到自己的生理学的建构特性,他就把它建立在旧心理学的那些最不牢靠的公设的基础上了。一种特意心理学的、描述性的方法提供了更多的保证。

在分析那些关于中枢神经机能、关于行为发展的现代研究的几个结论时,我们还需要证明这些原则的批判,还需要引出一种积极的观念。

* * *

迫使巴甫洛夫把复杂刺激物看作是一些简单刺激物的总和的各种原子论假设从神经生理学中排除了感受协调的观念。他在把一个简单反应与一个孤立过程联系起来的"基本"过程中寻找神经活动的样式。由于在两者之间存在着项与项的对应,他依据连接(或分离)的形式来让反应的生理学基质形象化,而且他在大脑图谱上标示出兴奋到达的那些点,他在一些积极的与消极的神经支配点观察到了那些获得证实的积极的或者消极的反应。如果他进入那些更为复杂的反应,一些不同的刺激就会在这些点的层次上处于竞争状态。但是,它们的既得的力量只不过是通过一种代数式相加组合起来的,它们的统一只能够容许或禁止、加强或减弱受神经支配点控制的反应,而不能够从质量上改变它。① 巴甫洛夫的生理学以同样的方式排除了运动协调的观念。我们刚才谈到的那些神经支配点的兴奋或抑制完全取决于在皮质的其余部分发生了什么,相互诱导和一种反应被先于它的那一反应的本体感受调节确实是一些"横向功能"。然而,就算相互诱导赋予了一种局部现象以抑制另一局部现象的能力,它并不允许前者从质量上改变后者,因此,它并没有提供一种灵活调节的工具。就算前面的反应对该反应进行的调节使我们明白行为的一些实在的断片可以彼此连接或者分离,它也不会使各部分之间的相互适应得以可能,不会使比如说言语行为中的让人惊叹的韵律结构得以可能。"由于处在醒觉状态的这两个过程(兴奋和抑制)互相限制,所以在大脑半球中形成了一个巨大的嵌合体,我们在这里发现,一方面是一些兴奋点,另一方面是一些处于暂时休眠状态中的抑制点,它们彼此临近。这些混杂在一起的、时而兴奋时而休眠的点的呈现,决定了动物的整个行为。"② 正像在旧的定位概念中那样,神经现象构成为

---

① 在巴甫洛夫学派内部,伊万诺夫-斯莫伦斯基已经指出了一个皮质整合过程在各种刺激的感受方面的必要性(转引自皮埃龙:"条件反射",参迪马编:《心理学新论》,第 2 卷,第 34 页)。

② 巴甫洛夫:《动物的高级神经活动》,1926 年,第 311 页,转引自拜顿迪克和普莱西纳:《行为的生理学说明》,第 158 页。

一个嵌合体,而神经活动则从来都不是一个自主分布的过程。针对条件反射理论,就像针对经典反射理论一样,有必要提出拜顿迪克的问题:实际上,在各种神经现象中,"我们要处理的是结构的功能还是功能的结构"?① 巴甫洛夫承认,在各种刺激、中枢神经系统和行为之间存在着一种点状的、单值的对应。尤其是,神经系统通过一种类似于船之舵或汽车之方向盘的活动来引导行为②:定向器官发挥着一种准机械的作用,而对于一个给定的行进方向而言,这一器官的独一无二位置是可能的。这一神经机能概念无论如何只能适用于大脑皮层,各种传入神经纤维和传出神经纤维在这里准时地凸伸出来。在没有大脑皮层的鱼类那里,甚或在无脊椎动物那里,直至在原生动物那里③,各种运动条件反应的实存都暗示,这些反应不与任何一种特殊的解剖装置关联在一起,而且它们应该表达了一些神经现象甚或一些生理现象的一种一般属性。④ 但是,就涉及皮质自身的机能方面而言,现代生理学将在巴甫洛夫的方向上进展吗?

尽管始终仍然可以有争议(要么在涉及这个或那个中枢的各种界限方面,要么在涉及局限于每一特殊情形中的那些心理功能的定义方面),但在关于一般地说各个定位的方向、关于位置在神经物质中的含义等问题方面,一种共识似乎已经达成。⑤ 我们打

---

① 拜顿迪克和费歇尔:"关于狗的听觉",《荷兰生理学档案》,第18卷,1933年,第267页。
② 拜顿迪克和普莱西纳:《行为的生理学说明》,前引文章,第163—164页。
③ 皮埃龙:"条件反射",第35页。
④ 同上。
⑤ 比如可以参看皮埃龙的《大脑与思维》和戈尔德斯坦的《依据病人的经验对大脑皮层进行定位》的共同结论,参《正常与病态的生理学手册》,贝特选编,第10卷。

算表述既有结论中的某几个，因为它们使我们能够认识到行为的"中枢区域"，并且懂得它在身体中的融入。

1. 一种哪怕局部的损伤也能决定一些涉及行为整体的结构障碍，一些类似的结构障碍可以由位于皮质的不同区域的一些损伤所引起。

从前的定位理论低估了两个事实上的困难——为损伤定位的困难和为功能定位的困难——，莫纳科夫已经强调了它们①，但还有第三个困难，即对所研究的疾病及其相应的正常功能进行界定的困难：不进行一种方法论反思、不具有一种关于生物学认识的理论，它是不可能被克服的。人们很久以来就知道，对于病理学而言，这乃是一个构成"疾病分类学个性"、发现基本障碍（多种可以观察到的症状由此派生出来）的问题。但是，在普通病理学中，症状有些时候是毫无歧义地给定的：这涉及一些重大的缺陷，通常，机体不再在所有环境中对某些物理-化学刺激做出反应，障碍影响到了行为的某些实在的部分。或者更严格地说，由于正是这些相对于生命环境的基本适应受到了损害，环境的各种诱发通常就足以揭示疾病并刻画其特征了。因此，病理行为往往可以通过列举被保留的反应和那些被废弃的反应的实在分析而获得界定。为了

---

① 一种损伤可能扩展到远离它可以被解剖学定位的那些区域。——它可以使一种功能变得不可能，而我们却无权在那些受损伤的区域内定位这种功能。一些特定的通道完全应该把来自各个感觉器官的那些刺激引入大脑，或者把那些离心的兴奋输送到肌肉中（参戈尔德斯坦，前引著作，第636页）。因此，将存在着机体外周向着大脑皮层的一解剖学投射。但是，不应该由此得出结论说：在运作中，投射区域的各个所谓的中心就像一些自主治理一样运转。"投射"和"联想"的解剖学区分并不具有生理学价值。一种枕部损伤产生了眼盲，但这并不意味着我们是"用"枕叶来看东西的。

在它们之间把各种症状联接起来,并且为一种疾病分类学的实体规定界限,我们通常会发现原则上可以观察到的原因与结果之间的真实连接,它从一些表面症状引向根本的障碍。因此,这可以被确定为疾病的因果起源,而且,即使它改变了整个机体的机能,它仍然有一个确定的所在地,仍然可以在身体图上获得定位。——被移植到心理病理学中之后,这种实在分析和因果说明的方法已经导致了用某些划定的障碍、用行为的某些内容的缺失来界定失语症或更一般地说各种无辨觉能症。人们认为心理疾病的症状学本身也可以满足于注意到了一些缺陷。人们没有认识到,症状乃是机体对环境所提出的某个问题的反应,症状的表格因此随着人们向机体提出的问题而变化。① 症状总是与精神的一种期望相对应,为了使症状具有意义,这种期望必须是确切的。重新采纳在语言中已经给定的那些混乱的分类,医生只是要问:病人是否能够说话、理解、写作和阅读。而在心理学家方面,尽管他们已经放弃了"说话官能"或"记忆官能",但他们只是局限于为它们提供一些经验主义的等同物,而言谈的或诉诸过去的具体行为被归结为对于某些特殊的意识内容、对一些"表象"或一些"形象"的拥有。这样,失语症和遗忘症注定一开始就必然被定义为心理状态的某些积聚的丧失或失控。医生们不知不觉地在失语症患者的行为中勾勒出那种能够被解释为一种言语形象障碍的东西。如果其他的症状呈现出来,人们要么把它们归属于一些补充性的损伤,把它们当作改变病例的"纯粹性"的东西置于一边,要么,既然对病人的观察差不

---

① 戈尔德斯坦:《机体的构造》,第9—11页。

多总是超出疾病的理论框架之外，人们于是寻求把各种干扰性症状从"原本障碍"中推导出来：例如把言语错乱从心理聋中推导出来，把各种书写障碍从"言语形象"的破坏或失效中推导出来。①

事实的限制和理论的矛盾已经迫使心理学和生理学意识到在经典的定位概念中指导着它们的那些理论假设。就像关于各种官能的哲学一样，关于言语形象的理论既是实在论的（因为它把各种行为分解成一些实在的片断），又是抽象的（因为它把各种行为从它们的背景中孤立出来）。解剖学精神寻求在一些可见的联系中和一些有限的区域内认识神经机能。相反，各种现代研究通过具体的描述和理想的分析来进行。皮质的损伤很少引起一些孤立地影响正常行为的某些片断的选择性障碍。② 通常，机体不会变得无条件地对物理-化学环境的某些区域无动于衷，不会丧失进行一定数量的运动的能力。我们知道，失语症患者或运用不能症患者能否有某些言语行动或实际行动，取决于它们是定位在一个具体的、情感的背景中或者它们是"无根据的"。观察表明，在一些遗忘性失语症中：被试严格说来并没有失去词，他仍然能够运用自动语言；他失去了命名的能力，因为在命名的行为中，物体与词被理解为一个范畴的代表，因此是从命名者所选择的某一个"视点"来考

---

① 戈尔德斯坦：《机体的构造》，第 9 – 11 页。
② 各种选择性障碍只会发生在"那些连接大脑皮层与外周区域的通道的限定损伤的情形中，或者只会发生在这些通道与之处于直接关系的那些大脑皮层区域的各种损伤中"（戈尔德斯坦：《大脑皮层中的定位》，第 63 页）。除了一些限定缺陷外，每一种创伤甚至某些震荡，都会引起大脑机能的一些一般障碍（应力、注意力或"神经紧张"水平的降低）（皮埃龙：《大脑与思维》，第 54 页）。

虑的；因为在一个处于具体而直接的经验状态中的被试那里，这种"范畴态度"不再是可能的。① 因此，难以理解的并不是某种运动储备，而是某种行为类型，某种行动层次。我们由此明白了，为什么障碍并不局限于一个特殊官能，而是程度不同地在所有那些要求无根据的姿态的官能中存在。② "(病人)每当被迫脱离现实以便进入到仅仅是'可能的'或'被设想的'东西的领域时，就会失败"③，而只要涉及行动、知觉、意志、情感或者语言，情况就会这样。因此，一个特殊障碍总是应该被重新置于整体行为中。从这一视点看，失语症图表和其他疾病图表之间的比较成为可能。在某个限度内，处处涉及的都是一种基本功能——盖尔布和戈尔德斯坦称为"范畴态度"，海德称为"符号表达"能力，而沃尔康姆称为"中介化功能"(darstellende Funktion)④——的缺陷。既然病人的行为比正常人的行为更加密切地依附于环境中的各种具体而直接的关系，那么，基本障碍仍然可以被定义为"没有能力抓住一个过

---

① 盖尔布和戈尔德斯坦："论颜色名称遗忘症"，《心理学研究》，第 6 卷，1925 年，第 127－186 页。

② 在戈尔德斯坦研究的被试那里，颜色名称遗忘症伴随着根据一个给定的分类原则(时而根据明亮度、时而根据基本色调)来调配颜色的能力方面的一些障碍。这是因为，为了能够正确地完成，这一活动要求命名一个对象所必需的同样的范畴态度。应该拿一个样品作为一种颜色范畴的代表。病人自己只能够根据相似性的一些具体印象来分类——与其说由他来控制它们，不如说它们在他那里得以形成。他因此无原则地进行分类，所以，不管给予他什么样的指令，他都凭着自己对一致性的各种印象，时而把明亮关系上彼此相似的样品放在一起，时而(而且出乎意料地)把那些只是在基础色调方面有共同处的样品放在一起。盖尔布和戈尔德斯坦，前引著作，第 149 页及以下。

③ 戈尔德斯坦：《机体的构造》，第 18 页。

④ 同上。

程的本质性的东西"，①或者最终被定义为没有能力把被知觉、被设想或者被表演的一个整体作为图形清楚地显现在被当作无关紧要的背景上。② 病理变化发生在更少分化、更少有机化、更加全面、更加不定形的一种行为的方向上。③ 在失读症中，病人能把他的名字作为词读出来，却不能读出组成该词的那些被单独对待的字母；在运动性失语症中，他能够发出融入某一言语整体中的一个词的音，但在词被孤立出来的情形下则不能。在偏瘫中，各种整体运动、"连奏运动"有时仍然是可能的，但各种细节运动、"断奏运动"却受到了损害。④ 很清楚的是，这里的疾病并不直接涉及行为的内容，而是涉及其结构。因此，它并不是某种被观察的事物，而毋宁说是某种被理解的事物。病人的行为并不能够通过简单地排除一些部位从正常人的行为中推导出来；它代表的是一种质的改变；某些行动只是在它们要求被试不再能够有的一种姿态时，才会选择性地出现了障碍。因此，在这里出现了一种新的分析类型，它不再在于孤立一些元素，而是在于理解一个整体的状况及其内在法则。疾病根据共同表象不再作为随后会带来某些结果的一个事物或一种能力，病理机能更不会根据一种太过宽泛的观念与正常机能同质。这是共同于多种多样的症状的行为的一种新含义；基本的障碍与各种症状的关系不再是原因与结果的关系，而毋宁说是原理与推论或含义与符号的逻辑关系。

---

① 戈尔德斯坦：《机体的构造》，第19页，同时参《大脑皮层的定位》，第666页。
② 同上。
③ 同上书，第20页。
④ 戈尔德斯坦：《大脑皮层的定位》，第667页。

盖尔布和戈尔德斯坦的著作非常清楚地揭示了伴随各种皮层损伤而来的那些障碍的结构特征，为在各种不同的大脑疾病之间进行比较的观念提供了辩护。他们在一个战争伤员（施耐德，在他们的著作中用他的名字的第一个字母来称呼）那里发现了一些障碍，同时影响到视知觉、视识别和视回忆①，触觉材料的空间性和触觉识别，运动机能（病人不能够闭着双眼开始或完成一个动作）②，最后还有记忆、智力和语言③。对于大脑不同部位的一些扩散性的损伤，各种经典看法准许在病人身上同时诊断出一种心理盲、一种实体觉缺乏和一些智力障碍。但涉及的是一个战争伤员，他似乎表现了由炮弹弹片造成的一种独特损伤，另外，基本的感受性和运动机能的完整性，实际生活中的身体行为和精神行为的正常外表，使得关于多种机能损伤的假设几乎是不可能的。那些障碍都具有一种系统性特征。然而，要使这些不同的缺陷从它们其

---

① 盖尔布和戈尔德斯坦："关于视知觉和识别过程的心理学"，参《脑病理衰亡的心理学分析》，第 1 卷，第 1-142 页（第 1 章）。

② 同上书，第 157-250 页（第 2 章），"关于视觉表象能力的完全丧失对触觉认知活动的影响"——参戈尔德斯坦："关于运动对于视觉行为的依赖性"，载《精神病学与神经病学月刊》，第 54-55 卷，1923-1924 年，第 141-194 页。

③ 盖尔布和戈尔德斯坦选编：《脑病理衰亡的心理学分析》；本纳利："对一个精神性盲病例的智力的调查研究"，《心理学研究》，第 2 卷（1922 年），第 209 页及以下；霍赫默尔："从语言角度对一个精神性盲患者的分析"，《心理学研究》，第 16 卷（1932 年），第 1 页及以下。——所有这些研究都是围绕着同一个研究对象 S 展开的，它们要么由盖尔布和戈尔德斯坦进行，要么由他们的学生进行；对最初被收容在一个脑损伤者收容所里的病人进行的观察，随后在美因河畔的法兰克福诊所里对他进行的周期性的检测，持续了几年时间，并且针对了他的行为的方方面面（包括他的性行为，参施泰因费尔德："关于性功能分析的一个报告"，《神经病学与精神病学丛刊》，第 187 卷，1927 年，第 172 页及以下），这构成了一份独特的文献。在另一部著作中，在涉及各种严格的知觉障碍和各种思维障碍之间的关系方面，我们需要利用盖尔布和戈尔德斯坦学派的那些令人赞赏的描述。在这里，我们从这些工作中只需要接受对于提出在神经物质中的各种定位以及位置的含义的问题来说所必需的东西。

中一种——比如说从视知觉障碍（它最先被观察到，人们因此首先①赋予给它一种它并不具有的重要性）中派生出来似乎是不可能的。所有的缺陷看起来都表达了行为的一种根本改变："在为了正确地做出反应，有必要把一种材料一下子就作为一个连贯的整体来掌握的所有地方，病人都没有能够做到；而每当一个连续的过程足以完成其任务时，他都迅速而愉快地采取行动。"②我们因此面对的是一种限定的损伤所决定的一种结构障碍。这种关联已经被海德观察到了，③他把它当作神经机能的一个一般规律。

我们刚才概述的观察通过戈尔德斯坦本人与其他作者所提供的、在这种情况下对一些失语症的观察形成了比较。鲍曼和格林鲍姆④研究的病人表现出一些乍看起来非常不同于 S 的障碍的情形。盖尔布和戈尔德斯坦的病人尽管有其视觉障碍，但有时能够通过某些有特征的细节辨认出一个物体，比如，他能够通过印在一个骰子上的某些黑点认出这个骰子。相反，鲍曼和格林鲍姆的被试却没有知觉到这些细节，这些作者由此得出结论说，不应该在这两个例子之间做比较。但实际上，之所以出现了 S 被一些太精微的细节所困惑的情况（例如，他不能从一个画得不好的圆中认出这是一个"坏圆"），这始终是因为他的知觉无法通达对象的最重要的

---

① 在他们的第一部著作中（参看法文版第 70 页注释 3，中文版第 101 页注释②），盖尔布和戈尔德斯坦已经诊断出了一种"格式塔盲"（Gestaltblindheit）或形式盲。随后的研究扩大了该诊断。

② 戈尔德斯坦：《大脑皮层定位》，第 665 页。

③ 海德："言语和大脑定位"，《大脑》，第 42 卷（1923 年），第 355 页。

④ "关于失语症和语言错乱症的实验心理学研究"，《神经病学与心理病学丛刊》，第 96 卷，1925 年，第 481 页及以下。——参戈尔德斯坦，同上。

方面;不能超出各种细节和不能从中知觉到任何东西其实是属于同一形式的障碍①;在这两个病例中,病人都同等地远离了正常人的有条理的知觉:既能够抓住一些整体(毫不混淆它们),又能够阐明一些细节(在它们具有一种含义时)。两个病人表现出的是同样的关于"图形和背景结构"的根本性的缺陷。在 S 那里,各种细节没有作为最重要的、纳入到整体中的东西被予以选择,——它们没有被适当地知觉到。尽管他能够辨识一个物体的高度和宽度,但这些属性并没有被直接抓住,而是从某些混乱的迹象中重构和推导出来的。② 因此,在盖尔布和戈尔德斯坦的被试的知觉障碍与鲍曼和格林鲍姆的被试的知觉障碍之间实际上只存在着一些表面差异。此外,后者表现出注意、思维、自发语言、阅读、命名和发音方面的障碍,其形式共同于、相似于 S 所具有的那些障碍:在所有这些领域,"心理的或心理运动的过程被固定在从对无定形整体的一种印象通向一个更加分化的结构化(Ausgestaltung)的发展的一种原始阶段……"③

在盖尔布和戈尔德斯坦的观察与沃尔康姆对失语症所做的观察之间进行比较更加具有示范性。④ 这两个病例之间的差异是显而易见的:在视觉领域,沃尔康姆的病人掌握的那些材料远比 S 掌

---

① 我们知道,这些正是儿童知觉的特征,比起成人知觉来,既更加混沌,有时又更加细微。

② 参比如盖尔布和戈尔德斯坦:"关于视知觉和识别过程的心理学",第 69 页及以下。

③ 戈尔德斯坦:《大脑皮层定位》,第 668 页。

④ "论失语症病人的思维障碍",参《精神病学与神经病学月刊》,第 59 卷,1925 年,第 256 页及以下。

握的有条理,它们被归并为一些既没有轮廓也没有精确大小的色斑。反过来,S远比沃尔康姆的病人说得要好,他掌握着更为丰富的表达,而且语法正确在他那里始终如一。这些差异——我们在后面的一节中还将回到它们——不应该掩盖在这两种观察中完全一致的那些特征。两个被试同等地不能根据简单的语言指示进行一种行动;为了能够完成这一行动,他们必须把自己置于相应的心理情景中(S通过重复已经给予他的命令获得了这种情景)。他们两人都不能指出一个声音是从哪个方向来的,除非使身体朝向该方向。两者都能够通过触摸的方式在他们身上确定一种疼痛的位置,但他们同样都不能够把他们的手停留的地方用图表报告出来。沃尔康姆强调了S在语言运用和概念使用上的优势,而他的病人在这一方面存在着诸多缺陷。但是,为了准确评估S在这方面的状况,必须考虑到那些在他身上掩盖了其种种缺陷的严重性的补充因素。实际上,举例来说,一项专注的观察表明,加法在他那里被还原为一种不带有对数字的任何直观的手工操作。[①] 至于语言,不管表面现象如何,在S那里绝不是正常的。被试不能够掌握布道或演说。他只是在回应某一具体情景的各种激发时才流利地说话,在任何其他情形中,他必须事先准备好他的语句。为了朗诵一首歌曲的歌词,他不得不摆出歌手的姿态来。他不能把他刚刚说出的一个句子细分为一些词,反过来,一些连贯的、但由于停顿而分离开来的词对于他来说永远不能构成为一个句子。对于一个

---

① 参本纳利:"对一个精神性盲病例的智力的调查研究",《心理学研究》,第2卷(1922年),第209—297页,尤其参第222—224页。

作为整体的词，他能够正确地发音，但他既不能拼读它的各个字母，也不能单独地写下它们，于是他拥有的是作为一个自动的运动整体的词。这透露了他的语言在何种程度上是有欠缺的，尽管它的种种不足尤其在对一些同时性整体的直观中被标记出来。①

由拜顿迪克重新进行的拉什利的那些实验②，证实了这种对于各种皮质中枢损伤中的病态行为的描述。在烧灼大脑皮层的中心区和前部区之后，看起来 不管"构成"老鼠之行为的种种基本动作（行走、跳跃、蹲坐在自己的后腿上等行为），还是调节它们的各种感觉辨识似乎都没有受到损害。但是，动物变得笨拙了，它的全部动作都变得缓慢而僵硬了，而它在正常状态下是活泼而敏捷的。如果老鼠必须在一块数厘米宽的木板上行走，它的爪子经常会向边上滑，而当它想转身或下来时，它就会掉下来。事情的发生就如同那些"在正常状态下通过它们的时空关系、通过它们的构形来调节各种动作的印象，不再（能够）充分地控制动过手术的动物"。③它的各个动作之间不再连贯：它叼一块饼干，但咬到的却是放在饼干边上的香烟，它用牙齿控制住食物，但不能同时进行各种必需的爪子动作。为了回到鼠窝，那些正常的老鼠很快就学会朝着亮光跑下楼梯，在犹豫片刻之后，就适应了在一个朝向相反方位的楼梯底下找到它们的窝；相反，在动过手术的老鼠那里，学习需要花费更长的时间，而且一旦获得之后，不会轻易地被转移到不同的情景

---

① 戈尔德斯坦：《大脑皮层定位》，第 670 - 672 页。
② 拉什利：《大脑机制与智力》，芝加哥，1930 年。
③ 拜顿迪克："关于大脑皮层损伤对老鼠行为的影响的实验研究"，《荷兰生理学档案》，第 17 卷，1932 年，第 370 - 434 页。参《大脑与智力》，《心理学杂志》，1931 年，第 345 - 371 页。

中。这一切的发生就好像是动过手术的动物不再受楼梯与巢穴之间的空间关系的支配，而是受空间结构似乎消失于其中的具体集合的支配。一些未受损伤的动物毫不困难地适应了在一个T字形的迷宫中选择将引导它们回到巢穴的右路，如果在右路的终点不再能够找到其目标，它们也会迅速地适应选择左路。相反，动过手术的那些老鼠即使在历经6天、接受了25次不利实验之后，仍然固守它们已经获得的习惯。因此，它们对右路的适应与正常老鼠并不属于相同的本性。我们可以说，在动过手术的动物的例子中，右路以它的各种特殊的、具体的属性决定了行走的方向；而相反地，在正常动物那里，适应是通过与某种典型结构的关系获得的，这说明了为什么它能够容易地转向与最初情景实际上不相同的另一个情景。最后，一些习惯于穿过一条长长的L型路径去获取它们的食物的老鼠，也会选择另一条更短的路径，假如目标在其终点显而易见的话。相反，动过手术的那些动物仍然继续利用那条较长的路，仿佛对象之间的那些空间关系在它们那里已经不再是促反射的①。我们可以总结这些观察说：动过手术的老鼠就像大脑受损的人，不再依据在一种情景中是本质性的、在其他类似情景中会同样存在的东西来调节自己的行为。②"各种功能的一般

---

① 参拜顿迪克和费谢尔："老鼠的结构协调行为"，《荷兰生理学档案》，1931年，第16卷，第55页及以下。

② "正如格林鲍姆、戈尔德斯坦、海德和其他人所描述的那样，大多数被观察到的障碍完全类似于在皮质损伤的一些人类被试那里出现的那些行为变化"（拜顿迪克："关于大脑皮层损伤对老鼠行为的影响的实验研究"）。

障碍是由削弱了的整体（格式塔）知觉①和削弱了的行动分化构成的。"②

在做了各种病理现象的这一描述之后，我们如何能够向自己表象神经活动的机能呢？各种结构障碍的存在暗示了行为构造的一种普遍功能的障碍。这种功能应该刻画皮质的中枢区域（人们长期以来称其为"联想区"）的特征。我们不应该期待在这一区域发现众多的、每一个都被指定给了某种动作的解剖装置，而毋宁应该去发现能够为各种行为提供一些整体进程（它们可以说模仿了我们已经描述过的那些障碍的结构特征）的调节系统（各种行为取决于它的某些一般特征）。在这里，结构应该优先于内容，生理学应该优先于解剖学。在这里，一种限定的损伤是通过中止一些过程而不是通过截去一些器官起作用的。在这个中枢区域内，损伤的位置可能会变化，而疾病的临床方面的指数并没有什么明显改变。神经物质在那里并不是这些那些反应工具被存放其间的容器，而是一个性质上可变的过程在那里展现自己的舞台。不过，这种假设获得了各种事实的证实。拉什利③已经指出过，中枢损伤的后果（我们已经明白，它会瓦解行为并损害它的连接机制）更多

---

① 不言而喻，在前面整个的进展中，尽管为了简便起见我们使用了拟人式的语言，我们并没有假设意识存在于动物那里。我们局限于客观地记录能够对正常的动物和对动过手术的动物产生作用的那些刺激之间的差异：在前者的情形中，各种情景的形式是促反射的，在后者的情形中，仅有刺激的那些个体的、物质性的属性才是有效的。
② 拜顿迪克，同上。
③ 拉什利：《大脑机制与智力》。

地取决于损伤的广度而非其位置。中枢损伤病例中的各种缺陷，非常不同于我们在外周损伤的病例中所观察到的那些缺陷，以至于我们不能假定在前者和后者那里具有一种相同类型的机能：在做了眼球摘除术后，一个动物只犯 6 次错误就能够重新走出迷宫；而皮质的视觉区域损坏后，它要经历 353 次错误后才能够重新恢复习惯。① 如果神经系统的那些中枢区域像它的各种感受器末梢一样，只是一簇自动导体，则由中枢损伤引起的那些障碍和源于外周区域的那些障碍就应该具有相同的情况：它们应该比我们实际观察到的那些障碍有更多的选择性，同时有更少的持续性；普遍的学习姿态障碍是不可想象的。但是，我们谈到的构造的一般功能不应该被局限于皮质的最中心区域，它已经假定了整体的完整性，而一些偏离中心的损伤会损害到它。在某些章鱼那里，一些非对称的损伤，除了它们的一些特殊后果之外，②还决定了类同于切除脑淋巴结和一部分中枢淋巴结后所引起的一些一般障碍：可以与人的各种运用不能障碍相比的活动不全，③身体两半部分之间的不充分协作，两臂动作之间的不协调，或扩大或减弱的一般兴奋性，以及行为的不稳定性。④ 我们在戈尔德斯坦的被试与鲍曼和格林鲍姆的被试那里看到的那些类似的结构障碍，在前者和后者那里对应于定位在不同区域的损伤：在前一病例中，很可能涉及的

---

① 拉什利：“大脑控制与反射学”，《发生心理学杂志》，第 5 期，1931 年，第 3 页。
② 在手术后的最初时间内，动物出现了"倾斜"的姿态、各种交叉动作、不对称肤色——双臂向身体的一半合拢作防卫姿态。拜顿迪克："章鱼在'脑'局部损伤后的行为"，载《荷兰生理学档案》，第 18 卷，1933 年，第 24 - 72 页，第 55 页及以下。
③ 同上，第 52 页。
④ 同上，第 53 页。

是与弹片在距状外视觉区域中引起的一种独特损伤,而后一病例涉及的是一种左额损伤。

2. 然而,我们不能把神经机能看作为系统的所有部分在那里以同样的名义起作用的一个整体过程。功能从来都不会无关于它借以实现自身的基质。

这些相同的作者事实上一致地认识到了:各种损伤的位置可以说决定了结构障碍的主要适用点以及它们的优先分布。① 与后脑区(临近视觉区)的各种损伤相对应的是一些尤其在知觉领域中被标记出来的缺陷(就像在施耐德那里一样)。相反,当损伤位于前脑区(就像在沃尔康姆的病人那里一样)或听觉区时,各种障碍尤其会对语言产生影响(心理聋、失语症)。因此,把所有的行为与一种未经分化的活动联系起来不应该有问题。② 尽管战争病理学只有一些比较仓促的观察,我们还是能够看到,在大脑皮层的一个专门区域瓦解后,存在一些功能的替代③,但从来没有看到功能的恢复。④ 戈尔德斯坦所描述的那些重组和替代掩盖了缺陷却没有使之消失。⑤ S 总是不能抓住视觉整体,他藉之能够通过追忆视觉整体的主要线索而辨认出它们的各种模仿性动作,并没有改善这样的视觉材料。反过来,在触觉辨识不能症情形中,各种视觉形式

---

① 戈尔德斯坦:《大脑皮层定位》,第 672 页。
② 戈尔德斯坦排除了"整个皮质的扩散活动"这一观念(同上书,第 673 页)。"(皮质不同区域的)活动把某些确定的因素赋予给了整体"(同上书,第 672 页)。——皮埃龙摈弃了这一论断:"根据它,大脑在心理机能中只不过扮演着一种普通的角色,作为能量的储存库,或者作为未分化的基质"(《大脑与思维》,第 61 页)。
③ 皮唉龙:《大脑与思维》,第 55 页。
④ 戈尔德斯坦:《大脑皮层定位》,第 684 页及以下。
⑤ 同上书,第 693 页。

承担了一些触觉整体的功能,而没有恢复它们。① 在偏盲症那里,失明的半个视网膜始终是失明的。② 最经常地,如果使用效果对机体来说保持一样,替补就代表了一种迂回,替换活动在其本性和起源方面就不同于原始活动。③ 就所谓的大脑的一个半球的各种功能被另一个半球承担来说,除非第一个半球完全损坏了、除非我们确信第二个半球在这一受损前已经在某种程度上无法与受到影响的活动相协调,否则是无法承担的。然而,如果正像大量的事实告诉我们的,④两个半球在儿童那里确实是同时起作用的,如果它们中的一个在成人那里的优势并不因此排除关于另一个参与协作的假设,那么,这后一个条件就永远不可能被满足。

但是,皮质的这些专门区域本身是如何运作的呢?"毋庸置疑,一些位于不同区域的病灶不会通向同样的症状表,(损伤)的位置在一张确定的症状表的构建中具有一种实质性的含义。整个问题就在于发现这种含义具有何种本性,一个确定位置的损伤以何种方式导致了一系列确定的症状的出现。"⑤使我们不得不承认各个大脑区域的专门化的那些事实,并不能消除这些区域与整体之间在机能方面的联系。各位作者还一致承认,这些区域的专门化并不是在某些内容的感受方面,而毋宁是在它们的结构化方面。

---

① 戈尔德斯坦:《大脑皮层定位》,第 687 页。
② 在偏盲症患者那里,未受破坏的距状区的不同点确实接受了一些新的"空间值"和颜色值(参看本书前面,法文版第 42 页,中文版第 64 页),而没有通过建构拥有任何确定的值。我们稍后将重新考虑镶嵌功能和结构功能在大脑中的这一重叠。
③ 戈尔德斯坦:《大脑皮层定位》,第 686-687 页。
④ 在只是电刺激两个上肢之一时、在随意地使用两只手之一时,两个上肢会同时收缩;大脑的这个或那个半球的损伤会导致失语症症状,接下来是一种迅速的修复。
⑤ 戈尔德斯坦:《大脑皮层定位》,第 661 页。

一切的发生就如同这些区域转而不再是某些自动装置的所在地，而真的是适用于某种类型的质料的一种构造活动的发挥场所。我们说过，在盖尔布和戈尔德斯坦的被试那里，受损伤的枕叶的状况带来的是知觉障碍（它们被承认为需要分析的一些首要的东西①）的主导地位。一系列的研究已经表明，更一般地说，在 S 那里欠缺的是对各种整体的共时直观。② 我们应该从最初被观察到的知觉障碍中推导出这种识别障碍吗？正是因为各种视觉形式脱位了，所以对各个整体的共时直观也变得困难了吗？它是由各种视觉形式构成的，一如一座房子是由一些石头构成的一样？相应地，皮质的整体机能是各个局部机能的总和吗？心理学的经验论和生理学的原子论勾结在一起了。各种事实没有为它们提供任何有利的征象。既然存在着一些替代，既然对各种共时的多样性的直观在借助一些视觉材料是不可能的时，勉强能够借助于一些连续的触觉材料获得实现，那么，它就不会如此绝对地受各种视觉形式的实存之制约，相应地，也不可能被定位在受损的枕叶区内。相反的假设变得更有可能：在正常人那里，各种视觉形式的构成依赖于构造的一种普遍功能，该功能同时也制约着对那些共时整体的拥有。枕叶区的自然机能要求皮质的中枢区的协作。但是，另一方面，我们已经看到，一些替补从来就不是修复；当视觉内容暂缺时，对各种共时整体的统握就成为根本性的了，这并非因为它就像结果依赖

---

① 参看前面第 70 页（中文版 100 页）以及盖尔布和戈尔德斯坦：“关于视知觉和识别过程的心理学”。

② 参看前面第 72 页（中文版 102 页）以及本纳利：“对一个精神性盲病例的智力的调查研究”，第 290 页及以下。

于原因那样依赖于这些共时整体,而是因为只有它们能够为它提供合适的符号表示,并且在这个意义上成为了一些不可替代的补充。因此,我们既不能严格地把视觉形式的构成归因于枕叶区,就好像它并不需要中枢区的协作,也不能把对共时整体的统握定位在中枢活动中,就好像它一点也不需要视觉区的那些专门质料似的。通过取消中枢活动的那些最合适的工具,枕叶损伤损害了对各种共时整体的统握。局部机能和中枢机能的各种关系在皮埃龙那里是以同样的方式获得理解的:各种枕叶损伤引起了一些视觉思维障碍,各种左颞壁损伤导致一些言语思维障碍[1],不是因为这些区域是相应的思维方式的所在之处,而是因为它们在那里找到了它们得以实现的最有利途径。"各种思维方式和各种联想过程可以围绕着一个占优势地位的感觉器官中心而进行,带有随各个个体而来的、在一个给定的个体那里,则带有随情景而来的一些差异。"[2]

3. 因此,位置在神经物质中具有一种模棱两可的含义。我们只能接受一种关于定位的混合观念和一种关于平行论的功能观念。

某些行为依赖于中枢皮质,并非因为它们是由一些在这里有其插销和缆绳的相同的基本运动构成的,而是在隶属于相同的结构的范围内,它们在一种相同的观念下被归类、被定位在相同的人性层次。正常人的性主动和对数字的清晰使用(在 S 这一病例中

---

[1] 皮埃龙:《大脑与思维》,第 61—66 页。
[2] 同上书,第 66—67 页。

同等地受到了损害)没有任何共同的基本运动,没有任何共同的实在部分,它们只有借助于某些"拟人的"谓词才可以被比较,甚至被定义:比如我们可以说这两类行为都是"对潜在的适应"。因此,机能在这一中枢区域内不能被理解为一些专门机制的激活(每一机制对应于空间中的一种运动),而要被理解为可以赋予一些事实上不相同的运动以同一种典型形式、同一种价值谓词、同一种含义的一种整体活动。从一种行动到另一种行动,这一中枢机能并不随着利用的装置的数量发生变化,相同的基质可以在两者那里以性质不同的方式起作用。如果我们把一堆细胞和导体称为"大脑"的话,那么各种高级行为就不被包含在按这个意义理解的大脑之内,它们只能隶属于作为功能性实体的大脑。如果我们把空间理解为大量的一些外在于另一些的部分,那么它们就不在空间中。我们可以总是在由一些同质部分的相互外在性所规定的空间中来考虑大脑。但应该知道,大脑的生理实在性不能在这一空间中被表象出来。皮质中枢区域的损伤引起了各种可见的结果,这不是因为它破坏了这些或那些细胞,这些或那些连接,而是因为它影响了这种类型的机能或那种层次的传导。因此,不管这些损伤的位置在哪,发展如何,我们都将观察到功能的一种系统性的解体。这些定位就是人们在"垂直定位"的名称下所指的定位。——另一方面,很清楚的是,在各个导体(它们把通过感官获得的那些信息提供给大脑,或者把那些合适的兴奋分配给不同肌肉)的层次上,神经组织的每一部分都起到了确保"机体和外部世界的一个确定部分之间的各种关系"①的作用。与神经物质的每一点、与在这一点上形

---

① 戈尔德斯坦:《机体的构造》,第166页。

成的各种现象相对应的是各种可感表皮或各种肌肉上的一个点,以及空间中的一种外部刺激或一个动作,至少是身体动作的一个组成部分。在这个层次上,各种损伤将产生这样的后果:使机体不受某些刺激的影响,或者减少一定储量的运动,但不会存在任何系统性的感觉或运动缺陷。在这里,与被知觉的不同内容或进行的不同动作相对应的是基质的各个不同区域(各种"水平"定位)的激活。① ——尽管如此,在正常机能中,除各种外周损伤情形之外,各个神经导体对整体行为做出了任何可以孤立地确定的贡献吗?没有,因为,正如我们已经看到的,它们与中枢维持着一种功能关系。在各个感受器上,基本刺激的状况并不以一种单值的方式决定相应知觉的各种空间或性质特征(它们也依赖于同时呈现的刺激群)。在各种基础视觉(颜色和光)障碍中,我们将要遇到的不是一种取决于损伤位置的缺陷,而是视觉功能的一种系统性破坏(它从更为"整全"且更为脆弱的颜色视觉延伸到不那么整全但更为稳定的光视觉中)。因此,应当在被界定为"水平定位"的视觉区(它被理解为在机能方面与中枢相联系)的内部接纳一些从属的垂直

---

① 我们在此借鉴良多的戈尔德斯坦的看法与奥姆伯里达因的那些结论完全一致。"语言应该……既在合力保证其运作的感觉和运动因素的水平面上,又在进行的各种表达活动的复杂性与差别化程度的垂直面上被考虑。处于核心的大脑中枢的损坏会导致两个平面上的一些解体。可以说对失语症的说明不应自称有一种纯粹心理学学说的合理统一;但是,除了在那些被抑制的表达活动的层面上的那些考虑外,它应该承认一些不可还原的经验因素:它们在空间中维持着各个感觉和运动器官(它们的这种联结机能为语言提供了其物质工具)之间的、与任何逻辑无关的关系"("语言",载《哲学杂志》,1931年,第217-271页,第424-453页和第252页)。因此,全部的转变存在于表情缺失或构音障碍的极限情形(缺陷在这里指向的是某些内容)和处于对立一极的整体缺陷的情形(它让各种具体情景的知觉和运用完好无损,——这取决于损伤是定位在"各个感觉和实践器官的大脑神经末梢"层次,还是远离它以便接近于中枢)之间(同上文,第252-254页)。

定位。正是基于这一点,投射区与联想区的经典区分就不再令人满意了。分布在各种感受器之表面的那些局部兴奋从它们进入皮质的各个专门中枢开始,就接受了使它们从它们实际参与的各种空-时事件的背景中脱离出来的一系列的结构化,以便根据机体的和人的活动之原本维度来整理它们。

关于各种定位的这一混合概念,皮埃龙似乎与其他研究者完全一致;在没有运用这套语言的情况下,他描述了在神经机能中纵横交错的一系列水平定位和垂直定位。他承认严格意义上的触觉和深度触觉,对冷的感受性和对热的感受性,"疼痛"感受性,骨质感受性,最后还有关节肌感受性——心理生理学的分析将它们区分开来,它们的各种导体在各个脊髓束和中途站的层面上保持为各不相同的(《大脑与思维》,第 94-95 页)——在皮质中并不拥有各不相同的表象。各种皮层感受器对应于身体的各个不同区域而不是各种不同类型的感受性。在损伤的情形中,后者根据它们的"敏感性"的程度受到影响;这等于说,看起来它们并不对应一些局部地不同的神经器官,而毋宁对应于同一基质的大量的不同机能模式。同样地,当病理学使我们可以把对各种颜色的感受性(偏色盲症),对各种容量的感受性(偏实体觉缺乏)和对光的感受性(偏闪光幻觉症)区分开来时,枕叶视觉区被证实与视网膜是点对点对应的。因此,在视觉区内部为颜色视觉指定一个专门中枢,为形状视觉指定另一个专门中枢,为光视觉指定第三个专门中枢,看来是完全不可能的(《大脑与思维》,第 151 页);而且,如果由于一种损伤,这三种感受性中的一种选择性地受到了损害,这不是因为视觉区的一个特殊区域已经不再起作用,而是因为这种损伤,依其严重性程度,从最脆弱的形式开始,有步骤地破坏了视觉功能(《大脑与思维》,第 147 页)。就涉及语言方面而言,皮埃龙采用了一系列比玛丽的那些定位(言语、各种书写活动和语言思维之间的协调中枢,以及在后者内部,各个读出的词和听到的词之间的协调中枢)更为精确的水平定位,至少对各种辨识不能症来说是如此。但在这些中枢的每一个那里,机能都是根据一种双重原则来构想的:一方面作为一种镶嵌机能,另一方面作为一种整体机能。从后一视点来看,脑生理学的统一恰好是跨越"各协调中枢"的边缘而重建起来的。举例来说,人们认为,既然存在着一些单纯的识字盲,那么对各个词的"视觉形象"的回想就利用了某些专门的装置,而为了这种功能,也就存在着与一般地保证那些不在场的对象的视觉回想的协调中枢相区别的一个协调中枢(关于提到的所有这些定位,参看《大脑与思维》,第 213-214 页和第 248 页及以下)。但是,这一协调中枢并不是各个不同的词的"皮质印记"被并置在那里的一个大脑位置,而其他视觉形象的皮质印记则被置于另一个大脑位置,最后,一些"知觉中枢"则应该在这些"形象中枢"之外被寻找。这一切都促使我们把伴随着知觉和记忆回想的各种生理过程设想成在一系列独特的感受器上面演奏一些相似的旋律:因主动因素在第一个例子中是外周系统,在第二个例子中则是中枢系统(《大脑与思维》,第 242 页)。把关于各种言语视觉形象的一个中枢和关于各种一般视觉形象的一个中枢区别开来更不成问题:已经在前面被列举出来的那些协调中枢,只能够是经过皮质一直延伸到被定位在视觉区中的那些相同的感受器的过程的各个起点和各种调节器官(《大脑与思维》,第 243 页)。更不用说,我们不能够为每个词都假定一些个别地区分开来的痕迹。当一个词被回想起时,局部协调中枢局限于按一种特有的节奏分布神经冲动,以便于在各个视觉感受器上演奏与这个词相应的旋律(《大脑与思维》,第 245 页)。这样,我们称其为协调中枢的各个大脑区域的功能是与那些外周导体的功能完全不同的一个类型。它们的活动涉及各种行为的结构、构造和构形。① 在这里,回想起的那些不同的词不再对应于一些局部地区分开来的神经活动,而是对应于同一基质的一些不同的机能样式。功能看起来压过了解剖学装置,构造压过了并置。作者看起来甚至认为那些解剖学规定——如果它们存在的话——是后来的,是从机能本身中产生出来的,因为他指出(就运动协调中枢而言,这是真的),协调中枢不是天生的,它们是从把一些个体差异包含在内的一种逐步合成中产生出来的。

因此,从前的生理学置神经活动平行于各种意识活动并没有错。但是,那种把全体分解为一些实在部分之总和的基本分析方法,却把神经机能分裂为一些并列过程的镶嵌,将之分布在一些自动中枢之间,把各种意识行为还原为一些实在内容的联结或者一些抽象官能的组合作用。已经形成的平行论是虚幻的。我们仍然可以使一些局部兴奋与一些孤立的感觉相对应。但这是以在实验室实验的人工环境下起作用为条件,这样获得的各种兴奋和感觉

---

① 对一个词的回想的生理学支撑是"各种回想过程的复合,它在一种特殊的集合中,使有助于可能的全部组合的一些因素都运作起来:前后相继的那些音素的秩序构成了一个词的听觉形象,而按照另一种秩序,这些相同的音素给出的则是另一个词"(《大脑与思维》,第 243 页)(重点号由我们所加)。

不是正常的神经机能或活的意识的一些不可分割的要素。心理学和生理学不信任实在的分析，因而用功能的或结构的平行论代替了要素的或内容的平行论。① 人们不再把"各种心理事实"和"各种生理事实"成对地集中在一起。人们认识到，意识生命和机体生命并不是由许多彼此外在的事件构成的，心理学和生理学两者都在研究行为的各种构造方式和它的整合的各个层次：前者是为了描述它们，后者则是为了确定它们的身体支撑。②

我们到此为止只限于总结作者们一致同意的那些看法，简言之，就是批评心理学和生理学的原子主义。还需要知道的是，由这

---

① 戈尔德斯坦：《大脑皮层定位》，第 641 页："经典学说的错误并不在于它努力要使心理学建立在定位理论的基础上，而在于它的心理学分析的不充分。它更不在于为神经学事件与心理学事件假设了一些相同的规律，也不在于依据之从神经学出发理解心理学是可能的这一假设，——而在于它对神经事件进行的表象的不充分。"同上书，第 659 页："知觉、表象、运动过程和思维并不是一些部分内容的偶然并置；每一心理整体都显示出一种系统性的结构，各个部分内容在它那里都或多或少根据它们在那一时刻对整体过程所具有的含义而突显出来，但它们总是处在整体的框架之内……至于整体过程的那些纯粹性质的和纯粹运动的要素，我相信可以把它们定位在各个运动场和感觉场中。但是，对于独自为这些性质的和运动的要素提供严格意义的心理特征，并且在对象意识、概念、思维和真实的语言意识的建构中获得揭示的过程来说，我认为应该让全部皮质，尤其是位于运动中枢和感觉中枢之间的整个区域发挥作用。"参皮埃龙：《大脑与思维》，第 60 页："被设想为一些独立个体或各种心理状态的一些积聚（它们只能居于各个心灵隔离间或各个大脑隔离间中）的官能观念绝不承认神经机能与心理机能之间的对照……对精神的实验研究所引出的动力学观念已经独特地接近于对神经功能的实验研究强加给解剖学家的那些动力学观念——解剖学家不再能够把他们的思维限于脑叶的各种人为的形态学个体性，也不能限于通过固定液得以浸透保存的、在显微镜的范围之内出现的尸体的集合。"

② 我们需要问问自己，从这一视点看，应该谈论的是否还是平行论，比如说，我们是否可以期待在将来发现心理学所描述的行为（如为精神分析所认识的所有情结）的全部结构的一种确定的生理学基质。我们并不这样考虑（参后面的第三章）。然而，我们在这里只需要记住作者们同意的那些要点；就眼前而言，已经表明生理学分析和心理学分析都是一种理想的分析对于我们来说就够了。正是从这一视点出发，我们随后可以探究能否使一种生理学的"观念"对应于每一种心理学的"观念"。

一批评所揭示的那些现象在哪些范畴下能够被积极地加以思考。在中枢机能理论和反射理论中,大多数作者都表现出:仿佛借助于整合和协调的观念就足以纠正原子主义。按我们的意见,这些观念仍然是模棱两可的。它们可能代表了心理学和生理学理解的一次真正的变革,但也可能是原子主义的简单反题或对立面。这就是我们通过分析三个分别借自空间知觉、颜色知觉和语言生理学的例子寻求确定的东西。

那些最迫切地要求整体机能假说的事实,是按照最不可能摆脱原子论解释的方式获得解释的。我们知道,一个被知觉点的定位不仅仅取决于兴奋在视网膜上或者相应的过程在距状区中所占据的位置。一种正常视觉在一个斜视的被试那里的简单存在表明,视网膜上的那些点以及与它们一一对应的距状区中的那些点的空间值可以被重新分配。更为简单的还有,对深度的立体知觉表明,由某些"不一致的"点起动的两个过程会产生对一个单一点的知觉,其定位不是由各个兴奋点所固有的任何"局部记号"规定的,因为它只不过取决于它们的间距。对于各种局部记号在这种类型的一些情形中的转换,皮埃龙是用一种纯粹解剖学的语言来解释的。① 他假定,一种空间值是通过距状区的那些神经元在一个确定的联想和反射环路中的整合而被赋予给它们的。因此,它们的空间值的变化只能被理解为各种新的连接的建立。关于能够引起并调整同步的这种重组,从而使同一物体投射到两个视网膜上的那些点被成对地连接起来的各种原因,他没有告诉我们任何

---

① 《大脑与思维》,第152页,注释3。

东西。在这里，他大概会诉诸于各种刺激的影响本身：同一物体的形象在视网膜的两个不一致的点上的投射——用经典用语来说，即各种形象的不一致——以某种方式引起了这两个点在同一个联合环路内的整合。但是，考夫卡已经有道理地指出了在视网膜上的不一致这一观念中存在着的拟人的东西。一个知道同一个真实的点被投射为视网膜上两个不一致的点的外在观察者可以谈论不一致；但是，眼睛并不知道这两个形象来自同一个物体，而问题恰恰在于理解知觉如何使两者合而为一。我们会说两个刺激由于它们的相似（它本身是一种客观的特性），从而一下子就被指示为是相同的吗？但赫尔姆霍兹的一个实验却表明，并不是两个视网膜形象的相似导致了那些一致的过程在同一个环路中的整合。

假定我们把一张上面标有两个黑点 B 和 A 的白纸呈现给立体镜的一面，把一张上面标有两个彼此更靠近的白点 B′ 和 A′ 的黑纸呈现给它的另一面，当左眼注视 B 点而右眼注视 B′ 点时，A 点和 A′ 点则被看成了位于平面 B-B′ 后面的另一个平面上的一个单一的点。可是，在这种情形中，右视网膜上与 A 点所投射的点相对称的点像 A 点本身一样是黑色的。左视网膜上与 A′ 点所投射的点相对称的点则像 A′ 点一样是白色的。A 和 A′ 这两个点并没有表现出任何共同的性质上的特征。① 它们的共同处只不过在于：都是一个同质的背景上的点。因此，由一种刺激在它加入其中的群里所完成的功能才是决定性的。

---

① 考夫卡："有关空间知觉的某些问题"，默奇生编：《1930 年度心理学》，第 179 页。

可以说，各个局部记号在距状区的转换并不是我们可以逐点地加以说明的一种现象：它在每一点上都遵循整体的要求而发生。如果我们愿意的话，可以说，恰恰是形象的不一致成了其原因。但是，除非借助于一些倾向于把各种相似的兴奋关联起来的力量，这种不一致在视觉区域获得了表象，否则它就不是一种生理学的实在；而这种相似只是相对于这些兴奋中的每一个在它构成为其部分的整体中分别实现的功能才存在。两个相同的形象在视网膜的两个不一致的点上的投射，作为局部现象永远不足以产生一种结果。

考夫卡所解释的杨施的一个实验表明，一个黑色背景上的两条明亮的丝线，即使在它们与被试的距离不相同的时候，还是被看成是位于同一个平面上。但是，一旦我们把它们置于充分的亮光之下，它们就按深度排列了。把结果的差异归之于环境的不同，在后一种情形中，把深度定位归之于与两根丝线同时投射到视网膜上的那些物体的一个背景的呈现，这是有道理的。这一背景强化了到那时为止效应还不明显的丝线的两个形象之间的不一致。这样，被指定给丝线的深度定位及由它引起的兴奋的空间值最终取决于场域的整体的定位和空间值。由于这同样的推论可以用到我们认为"构成了"这个场域的整体的每一个点上，所以可以得出结论：视网膜形象的不一致和一种空间值的分布并不是一些点状现象，而是一些结构现象，不是取决于每个位置或所有位置上的兴奋的各种属性,而是产生自如此这般的整体的各种属性。①

因此,在斜视者的矫正知觉中或者在对于深度的立体视觉中,如果我们要使来自两眼的那些兴奋之间的一种"不平衡"产生作用——就如同为了说明偏盲症中的功能重组,我们可能会考虑各种视觉兴奋和其他感受器提供的那些兴奋之间的不平衡一样②——那么,我们就只有通过排除其拟人特征才能够发展关于形象不一致的经典观念。在距状区表象了视网膜的一种点状投射、在人们把视网膜看作一束自主的神经末梢的范围内,"视网膜同距状区一样,似乎只具有中介化各种刺激的作用……整体视觉场的建构显然不是距状区活动的表达:它只不过是一种提供一些质料的中间环节,借助于它们,整个视觉场才通过大脑的基本功能得以建构起来。"③在一些联合环路内的整合就足以使这种空间场的建构成为可能吗?心理-生理学早已设想要赋予两个视网膜上的每一点一种确定的"局部记号";实验证明,各种局部记号不是不变的,皮埃龙不再把它们的分布归因于两个视网膜中的一些先定的解剖学装置,而是归因于一些协调环路;这样一来,我们可以明白,两个视网膜上的被纳入同一个联合环路的两个不一致的点,可以进入到功能关系中并且获得相同的局部记号。但哪一种呢?进而,联合环路又是从何处获得它传递各种局部兴奋的那种局部特

---

① 考夫卡:"有关空间知觉的某些问题",默奇生编:《1930年度心理学》。——杨施:"论空间知觉",《心理学杂志》,增刊,第6卷,1911年。
② 戈尔德斯坦:《大脑皮层定位》,第685页。参看前面第一章。
③ 同上书,第683-684页。

性的呢？如果我们认为这种特性是通过建构而归属于它的，那么我们不过是把关于局部记号的解剖学理论移入到了一个高级机构中，而我们将会遭遇这一理论已经碰到过的那些困难：一个确定的刺激物的空间定位，由于把一些附加的点引入场中而被改变了。一个联合环路的局部特性并不归属于它，并不内在于它，而是取决于它与其他联合环路——它们在同一时刻把一些一致的局部记号分布到视网膜的其他点上——的各种关系。因此，我们已经求助于一个高级的协调机构了。关于协调的整个解剖学概念通过不断地推迟说明而始终使这种说明处于未完成状态。这只不过涉及一种功能性的概念。也就是说，这些局部特性在任何时刻都根据整个群集的平衡之要求被分配给各种联合环路。人们可能会问，两个客观上相似的点的、或在两个色块中执行相同功能的视网膜形象，是通过什么样的机遇正好与它们借以获得相同的局部记号的相同联合环路连接起来的。从各联合环路的局部特性在每种情形中都是由整体结构分配给它们这一刻开始，这个问题就消失了。因为空间场在那时的建构不再是一种向心现象，而是一种离心现象。这不是因为两个视网膜的兴奋被纳入到了同一个联合环路中，从而使它们的那些心理对应物在被知觉的空间中获得了相同的功能；相反地，正是这种相同的功能规定着它们，以便被一种联合环路联接起来。① 协调本身是作为一个结果出现的，它是一种结构或"形式"现象的效果。

---

① 我们暂时让这一问题保持开放：即要知道神经机能的这种显而易见的目的像格式塔心理学认为的那样是由结构的一种生理现象支撑的呢，还是（参后面的第三章）应该完全干脆地承认不存在关于空间场的构造的任何生理学分析。

对颜色知觉的各种生理学条件的分析将得出各种相同的结论。我们这里还是选择皮埃龙的相关陈述作为范例,我们要问一问:协调或整合的观念是否足以消解生理学原子主义的种种困难。尽管皮埃龙抛弃了关于各种颜色视觉的一个专门中枢的假说,但他仍然假定:视网膜上的那些感受器锥体与一个颜色神经元键盘(其中每一个都是用来知觉一个色调的)相关联。光刺激物的波长本身确保神经冲动分流到与光的色调相应的颜色键盘的每一个按键上。① 至于各种颜色的集约程度,它们的生理基质仍然可以处在环路的开通中:一种差别阈限被跨越时,这是由于到那时为止一直通向某个解剖学装置的神经冲动突然被切换到了另一个环路。② 我们不是被带回到了一些把部分色盲的功能,甚至是这一功能的不同程度定位在一种特定的神经区中的解剖学表象,——虽然与此同时,该作者希望,在损伤的情形中,部分色盲、立体幻觉和闪光幻觉将会按它们逐渐降低的脆弱性次序而受到影响?③ 我们着手处理的是把某些区域分配给某些内容的水平定位。正如前面关于各种"局部记号"一样,我们可以问问自己:被指定给投射在视网膜上的那些客观点的每一个的各种颜色值,是不是真的取决于局部的传入神经冲动的一些独特的属性。

---

① 皮埃龙:《大脑与思维》,第154页。
② 同上。
③ 皮埃龙补充道说(同上):"对颜色深浅变化的这种细腻展现要求……传导各种冲动的那些神经元,尤其是与颜色键盘同步的那些神经元的一种完全整合,因为神经元特有的系数已被它受到的最小的损伤改变了。"我们显然寻求重新引进对性质的各种考虑。无论如何,这一工作在一些器官(它们在解剖学上不同于局部记号的分布在其中获得实现的器官)中获得实现。

如果我们可以坚持经典的解释的话,对比现象不会构成为对被指定给场域的每一部分的那些颜色值的点状分析的阻碍。因为,比如说海林的理论,只不过是假设在起"图形"作用的平面和起"背景"作用的平面之间的那些最复杂情形中存在一种相互作用:每一平面内所特有的那些效应在其中都被加在一起了。如果我们以明亮对比为例,我们将按照如下方式推理:一种白色诱导出围绕着它的黑色;在黑色背景上的一种灰色将会显得非常明晰,因为这种诱导效应已经强化了背景固定的颜色;在灰色背景上的一种灰色将显出深灰色来但显得不那么明晰,因为这个灰色平面相互使对方变暗。在黑色背景上的一个大的灰色盘比在同样背景上的同样色差的一个小的灰色盘显得更不明晰,这是因为,由于同样的机制,"内部对比"造成大的色盘的不同部分彼此使对方变暗。在这一观念中,对比只取决于刺激的大小及几何分布,整体效应是各局部效应的一个总和。① 因此,在大脑生理学中,现象只要求这种关于局部神经冲动相互作用的假设——这一假设似乎与皮埃龙的方案是相容的。

但是,在颜色对比的例子中,我们已经能够阐明某些似乎不能够在相同意义上加以解释的现象。我们知道,一个在黄色背景上的灰色纸圈看起来是蓝色的,而另一方面,在一间由黄色的电灯光照亮的房间里,被中性的日光照亮的一扇窗户看起来则是近蓝色的。这两种现象乍一看是可比的,但实际上并非如此。当灰色纸圈被放入后,第一个例子中的黄色背景仍然保持一种非常强的饱

---

① 考夫卡:《格式塔心理学原理》,第133页。

和度,相反地,被电灯照亮的各面墙壁看起来脱色并接近于白色。只是当我们透过一个减光屏的洞孔观察它们时,它们才会呈现出一种明晰的黄颜色。因此,在第一个例子中,对比只影响到图形,在第二个例子中,它同时影响图形和背景;相应地,在第一个例子中,对比突出了人们在分别观察灰色和黄色时发现的它们之间的差别;而在第二个例子中,在日光下的明显蓝色和电灯光下的微白黄色之间的差别,并不比看起来中性的日光和呈现为饱和的黄色的电灯光之间的差别大。这是因为第二种现象服从的是与第一种现象颇不相同的一种规律。一切都表现得好像背景的有色(黄色)光趋向于显现为中性的,而"图形"的客观地中性的光则趋向于呈现为背景的客观色的互补色——换言之就好像是,由于灯光担负了背景或中性光的功能,客观地中性的光便呈现出如此一种外观,以致各种客观色之间的差别被改变了,但被保留在我们的知觉中。① 这涉及的是一种"水平变化"(shift of level),扮演背景角色的颜色借助它变成为中性的,而图形的颜色则以背景和图形之间的差别仍然保持不变的方式被改变。"如果视网膜的两个部分接受不同的刺激,那么在现象场的每一部分与相应的局部刺激之间将不会存在不变的关系。相反,在某些条件下,在现象场两部分的差异与各种刺激的差异之间将会存在一种恒常的关系。"② 或许最好为这一新现象寻找一个与前面的名称相区别的新名称,要不就借用杨施的"转化"这个术语。无论如何,这里不再像在经典的对

---

① 考夫卡:"对颜色恒常性理论的一些评论",《心理学研究》,第 16 卷,1932 年,第 334—335 页,该实验在《格式塔心理学原理》中被更精确地加以重复,第 255 页及以下。

② 考夫卡:"对颜色恒常性理论的一些评论",第 335 页。

比现象中那样涉及颜色差异的增加,而是其变化。在海林的理论所依赖的那些实验中,一种颜色作用于邻近的一种颜色;海林假定背景的黄色就这样作用于图形的灰色以改变其外观。相反,在考夫卡的现象中,我们既不能把转化与呈现出来的这两项中的任何一项关联起来,也不能把它与一种颜色叠加于另一种颜色的一些作用关联起来。

  对我们来说至为重要的这一点可以通过一个判决性实验来阐明。如果图形的蓝色真的产生自背景的黄色,那么,我们就应该通过强调背景的着色来强调图形的效应。因此,让我们把一个不透光的物体置放于由漫射的日光和一只灯泡来照亮的房间里的一张白纸、一个成了光的屏障的不透光的物体上。在物体投射的阴影区的中心,日光独自穿透,而这一阴影显现为一种饱和的蓝色。如果我们用黄纸覆盖住围绕着阴影区的整个表面,那么,我们就强化了中部的着色;如果经典理论是正确的,对比现象就应该获得了加强。事实上,在这些条件下,阴影区的蓝染隐没了,使用的黄纸越是饱和,隐没得也就越是完全。如果我们设法不考虑在阴影和黄纸以及黄色纸张的各个内部边线(不利于进行对比的因素)之间的明亮差别,实验的结果并不会发生变化。不管所用光的颜色如何,其结果仍保持一样。在经典论题是无法获得说明的这一结果反过来为"颜色层次"这一观念提供了证明。在实验开始的时候,构成背景的黄色光在知觉中趋向于表现为中性光,相应地,客观地中性的光则看起来是蓝色的。当我们使其黄色回到背景色时,我们就使整个"转化"现象的条件消失了。[①]"被覆盖场域的表观颜色并

[①] 考夫卡:"对颜色恒常性理论的一些评论",第340—342页。

不像各种关于对比的理论所主张的那样取决于它(客观地)映照出来的光,以及与此一致的(客观地)映照着覆盖场域的光,也就是说,并不取决于以累积的方式组合起来的这两种现象,而是取决于把两者区分开来的差异(梯度),取决于覆盖场域的明显颜色。"①

在这些条件下,我们还能坚持皮埃龙的方案吗?在知觉中将被指定给视觉场中的这样一个点的颜色值,并不仅仅是局部兴奋和一些同时分布在视网膜上的兴奋的一种复合效应。它还取决于被指定给背景的颜色值,后者依据神经系统特有的平衡法则趋向于中性色,不管获得的是何种刺激。这就是说,在各种传入神经冲动之间的任何累积性组合②,都无法说明那些代表"背景"的颜色值将在颜色键盘上寻找"中性色"按键,也因此无法说明其他颜色值将在相同的键盘上寻找由"颜色层次"的这一变化所规定的颜色。这种"横向功能"插入到了各种传入神经冲动和"键盘"之间,视觉场的结构借助它而得以保持,各种绝对颜色值却被改变了。

但还不止于此。一个给定的刺激的颜色值不仅仅取决于整体的颜色结构,它还取决于它的空间结构。

画在半绿半红背景上的一个灰色圆环,当它被知觉为单一的图形时,看起来是灰色的;如果一条直线从两半背景的分界线上切

---

① 考夫卡:《格式塔心理学原理》,第 259 页。
② 或许这就像皮埃龙在使刺激物的"占优势的波长"起作用时对它的设想那样(《大脑与思维》,第 134 页)。

割圆环,使它看起来像是由两个并列的半圆组成的整体的话,它就看起来一半是淡红色的,一半是暗绿色的。① 只要一个圆盘被知觉为处在它突出于其上的背景的前面,就不会有任何对比现象发生。但是,当圆盘被看作是放在背景上的时,对比的效果就显现出来了。有关各种透明现象的新近研究表明,一个保持局部不变的颜色兴奋,按照眼睛一览无余地看到了装置的全部,还是透过一个减光屏的洞孔去观察它,会在知觉中产生一些非常不同的颜色效应。如果我们在黑色背景(在面板下部放置一个黄色的长方形)上转动一个由一些空区和一些漆上蓝色的实区构成的轮子,那么透过一个减光屏的两个洞孔进行的观察,在黑色面板层面上呈现的是一种饱和的深蓝色,在黄色长方形层面上呈现的则是产生自黄绿两种互补色之混合的灰色(塔尔博特定律)。这些表观颜色代表着在视网膜上客观地引起的各种兴奋。然而,我们一旦不通过作为中介的减光屏来观察,就能透过一个透明的蓝色表面看到一个黑色表面和一个黄色长方形。因此,深度排列具有区分在视网膜上客观地被给出的颜色之效应。② 人们可以确认:黄色的长方形之所以被看作是黄色的,不是因为它确实是黄色的:根据塔尔博特定律,它向视网膜发出的只不过是一种灰色的光。在黑色面板层次上可见的轮子上的蓝色被传递给了这个轮子的中心部分。因而,中性灰色将被分解成的那些色素之一是由此被给出的。另一色素同时被决定下来了。这实际上似乎已经成为一个知觉定律,

---

① 考夫卡:《格式塔心理学原理》,第134页。
② 富克斯:"关于同一视觉方向的同时连续的实验研究",《心理学杂志》,第91期,第145—235页。

即"如果一个中性刺激引起了对其中之一为有色表面的两个表面的知觉,那么另外一个表面必定带有其补色。"①海德②已经指出,如果我们把一个红色图形放置在黄色长方形的下部,把与前面的轮子类似、但其各个区域为绿色的轮子(或更简单一些,一个其各个区域交替地为黑色的和白色的实轮子)放在这个背景之上,那么红绿混合或白黑混合而获得的灰色色调,在我们不用减光屏进行观察时,根据塔尔博特定律,被分解为透过一个蓝色平面看到的一个黄色平面,完全就像前面的例子一样。这就是说,两个平面的着色,远远不能通过各个局部刺激的属性获得说明,而是整个地取决于场域的整体的构造,也就是我们前面已经讨论过的各种空间值的分布。——此外,反过来说③,深度构造受到各种颜色刺激的某些客观属性的制约:要使透明现象能够产生,在背景与透明的平面之间必定存在着一种颜色差别,或者只是一种明亮差别;背景越明晰,轮子颜色越深,它的那些空区越大,则透明性越理想。

因此,正如作者们应该放弃为距状区的每一个点指定一种局部特性,并且使之依赖于这个点在一些联合环路中的可变的融入一样,我们在这里也必须放弃从神经冲动在每一个传递它的神经元中的局部特征出发来建构针对各种颜色的视觉。作用于颜色键盘的并不是各种传入神经冲动和各种外部刺激。各种颜色的旋律

---

① 考夫卡:《格式塔心理学原理》,第262页。
② 海德:"对透明、颜色和形状的新研究",《心理学研究》,第17卷,1933年,第13-56页。
③ 图尔多-哈特:"关于透明、形状和颜色的研究",《心理学研究》,第10卷,1928年,第255-298页,尤其参第263-264页。

依赖于把其暂时的颜色值分配给兴奋的每一部分的横向功能。——但我们应该坚持这一结论吗?我们在前面已经看出,如果人们局限于把原子主义归因于视网膜上的每一点的那些绝对的局部记号转到一些联合环路上去,那么空间知觉的生理学问题就没有获得解决。同样,我们在这儿应该为光的每一色调假定一种颜色神经元吗?这将承认在环境的各种不同颜色与大脑皮层的各个不同点之间有一种一一对应。但与此同时,我们被迫把神经功能固有的活动借以获得显现的那些分配过程与外部世界在皮质中的实在论投射重叠起来。在神经系统的这两种表象之间,不需要进行选择吗?前者不会使后者变得无效吗?既然空间知觉和颜色知觉就它们被单独地把握来说都不仅仅是一些有关结构的现象,而且正如我们在研究对比和透明时所表明的,还是一种整体机能的两个抽象方面,那么,假如我们希望这些有关形式的现象在一个颜色键盘上(和在具有一种固定的局部特性的一系列神经环路中)表达出来,我们就不得不假定一些其复杂性难以想象的功能性联系,而且我们尤其需要考虑使这一要求合法化的东西。关于一个颜色键盘的假设或关于各个联合环路的局部特性的假设,只有当它们与之保持联系的、地形学地获得了规定的各种装置能够单独赋予那些传入神经兴奋一种确定的颜色和空间含义时,才有理由存在。然而,既然无论如何都不再是物理刺激物以及它自己对于神经系统的作用决定着被知觉的颜色或空间位置,那么就不再有理由假定在皮质中存在着一个仅仅准备作为接收一些合格的外部刺激之用的颜色键盘或空间位置键盘。既然各种颜色和空间规定性都是整体的一个动力结构(它把某种系数指定给整体兴奋的每

94

一部分)的环节,就没有理由把这些系数与各种颜色和各个位置的渐进的梯度联系在一起。实验揭示的唯一点状投射是皮质上的那些感受器表面的投射。关于一个颜色键盘的假设与关于内容的平行论的先前概念关系密切,而与关于神经机能的和心理机能的平行论的现代概念不大一致。

最后,在语言生理学中,整合与协调的观念将再一次作为与原子主义的一种妥协而不是作为对它提出的问题的解决而出现。各个协调中枢不是一些储存各种完全既成印迹的仓库,它们是一些能够在一个单一的音素键盘上实现各种完全不同的组合的操纵装置,正如同一架钢琴能够弹奏出无限多的曲调一样。因此,人们相信,属于它们自己的(正如属于钢琴师的)乃是对强度和音程的分配,是对各个音符的选择和对它们的连续次序的规定,一句话,是对知觉或运动的各种结构属性的转化。[①] 同一位作者在其他地方还谈到了配属某些词的一些键盘"按键"[②],或者一些控制着它们的启动的、已经准备好的"插头";[③]为了说明语言错乱,他诉诸与那些混杂的词相对应的各个"按键"的接近[④];并且,甚至在损伤不是选择性地破坏一个词或一种确定的语言类型,而是影响它的整体功能(从最不自动的部分到最自动的部分)的情形中,他看来也根据一些地形学考虑确立了分解的逻辑秩序。[⑤] 这难道不是忘记

[①] 在损伤的情形中,"因此不是一种旧有形象的利用,而是形象的实现、联想的活力受到了损害"(皮埃龙:《大脑与思维》,第243页)。
[②] 同上书,第237页,注释2。
[③] 同上书,第246—247页。
[④] 同上书,第256页。
[⑤] 皮埃龙:《大脑与思维》,第254页,注释2。

了,在每一时刻进行一些必要的临时协调以便在音素键盘上弹出它涉及的词,乃是我们赋予各个"中枢"的主要功能?这难道不是预先认识到了词的结构,简言之回到了我们与此同时想要超越的各种"大脑痕迹"的观念?① "印刷的纸张"有一种要求其自身协调一致的个体性,而树叶则有另一种个体性。② 如果协调中枢不是实现对各个音素的各种协调,而是有多少词就在它自身那里拥有多少调节装置,那么,我们就不再能够完全明白是什么把它们与"大脑痕迹"区分开来。之所以有人认为相似的词在大脑中拥有控制着它们的展现的一些邻近按键,是因为他根据先前的平行论的习惯,还没有放弃把各个词之间的各种逻辑关系或相似关系移到脑图上。最后,之所以有人认为那些最不自主的过程和那些由各个器官产生的过程以同样的方式与神经物质联系在一起,是因为他还没有真正地采纳功能的视点。

整合和协调的观念可以用来确定某些固定的组装,一些局部活动借助它们而成为相互依赖的。这一协调的真正名字是"自动性"。这是当一列火车所有的门被关上后保证发出出发信号的机制。当我们承认感受协调中枢中的一个独特的"插头"与每一个词甚至与一些同音异义词相一致时,我们似乎想到的就是这种类型的协调。电话线的插头只能把一条或一些预定的线路与另一条或另一些预定的线路联系起来。那么,为什么轮番记录在各个听觉感受器上的声音所引发的各种基本神经冲动,能够精确地作用于

---

① 皮埃龙:《大脑与思维》,第 246—247 页。
② 同上书,第 247 页,注释 1。

按键,一下子就找到我们假定预先就为它们准备好了的通道,而词首的音素可以归属于许多不同的词,且这些词的相似性在同音异义的情形中还可以扩展到它们的所有构成音素中呢?甚至关于在我们这里已经完全预备好了的协调装置的那一假设,也免不了让我们在词或句子的实际组合中寻求,是什么在指引和引导着这些与各个音素或词相一致的基本神经冲动通向那些已经准备好的通道。人们会说,那些神经环路不过是由一些暂时的同步构成的。随着一个词在一个被试面前被说出,是什么东西保证这些神经冲动会在它们前发现能够将它们引向语位中枢的各个合适按键的那些同步?它们需要自己产生出这些同步。一切好像是这样发生的:我们在与一个自动中枢打交道,一条先前的信息在这里自己为那些沿着预留路径而来的振荡开辟了通道。但这里涉及的是能够应答无限多的呼号、能够应答已经收到的那些呼号的一些新组合的一个中心,它并不局限于只把它们当作它们所是的东西来总计它们,而是要把它们当作它们所代表的东西来解释它们。一台机器只能产生它为之而被构造出来的那些操作,一台能够应答无限多样的刺激的机器的观念是一种矛盾的观念,因为自动性从来都只能通过使操作的启动服从某些选定的条件来达到。这样,我们就被引向了与前面已经获得界定的协调非常不同的一种协调。在这里,协调一致的元素不仅仅相互联接在一起,它们还通过它们的联合本身一起构成为一个整体:这一整体有它自己的规律,并且只要刺激的那些最初元素被给出,就把这一规律显现出来,就如同一首曲调的那些起始音符为整体规定了某种解决方式一样。单独来看的各个音符具有一种不明确的含义,能够进入到无限多的可能组合之中,但在曲调中,每个音符都受制于前后音符,都从自己方面有助于表达不是包含在它们任何一个之中,而是把它们内在地连接起来的某种东西。相同的音符在两个不同的曲调中是不会被这样承认的,相反地,同一首曲调只要进行变调,就可以被弹奏两次却不包含任何共同的因素。协调从此以后是对在那些并置部分中被表达出来的一个意义整体、对并不取决于它们所联接的各项的物质性的某些关系的创造。语言生理学所需要的正是这一类型的一种协调。同音异义词必定产生一种消除歧义的转化,一个词的某些音节必定毫不含混地指示它,就像大多数时候在日常语言中所发生的那样;如果它们在神经系统中引起的那些神经冲动,就像一首曲调的那些终止符一样,只会确认已经在其整体中被勾勒出来的一个结构的各种细节,那么,这将是可能的。同样,一个演说家的句子可以说应该完全独自地被组织起来(就像在语言的正常使用中实际发生的那样),对作为表达手段的各种表达手段的意识,对各种"言语形象"的冥思已经是一种病理学现象了。开头的那些词应该以一种适合于句子结尾的方式被赋予节奏、被予以强调,但句子还没有被确定下来,除非可以说曲调的最后音符在其整体结构中被演奏了出来。如果我们想在心理学的"动力论"和现代生理学的动力论之间建立皮埃龙认为应该承认的平行关系,那么,就应该把不管感受的还是刺激-动力的协调构想为格式塔理论所构想的那样,也就是说,构想为各种"形式"或各种功能结构的构造。

简而言之,不管涉及对一个词的理解还是对一些颜色或一些空间位置的知觉,除非各种刺激根据它们的客观属性从外部来启动,否则我们就不可能在神经机能中看到一些预先确立的装置的运作。与被知觉的颜色或位置、与词的含义相一致的生理过程应该是临时性的,是在知觉时刻才被活跃地构成的。因此,功能具有一种积极而适当的实在性,它不是一些器官或基质的实存的简单后果。兴奋过程形成了一种不可分解的统一,它不是由各个局部过程的总和构成的。伴随着这样一些视网膜兴奋而确实被知觉到了的颜色或位置,不仅仅取决于这些兴奋的各种属性,还取决于神经机能的一些特有的规律。并不是各种刺激引起了各种反应或者决定了知觉的内容。并不是实在的世界构成了被知觉的世界。如果生理学分析想要抓住神经系统的真实机能,它就不能从心理生理学通过把一些孤立的刺激应用到各个感受器中所获得的结果出发来重新组织建这一机能。在不受约束的观察中产生透明现象的同一个装置,透过一张减光屏的洞孔看会显现为一个独特的灰色表面。① 我们只有从一些现象材料出发,才能够理解关于神经系统的充满活力的生理学。

消极地看,得出结论是容易的。巴甫洛夫的看法是与现代病理学和现代生理学不相容的。如果说它们的不足已经在我们最通常所处的层次上呈现出来的话,那么在对知觉的完善的分析中,它就更为明显了。我不仅仅知觉到了一些"事物",而且还有一些有用途的物品,比如说一件衣服。在置放到我面前的衣服的实际外观、它在空间中能够占据的那些位置(比如说,当我拿起它并把它放到我背后以便穿上它时)与我自己的身体的左右区域之间,一系

---

① 参看前面。

列有规律的对应关系被建立起来了,它们使得一个正常人毫不犹豫地使用衣服,而辨识不能症患者则未能这样。神经机能提供的不仅仅是一些空间值和颜色值,而且还有一些符号值。条件反射理论迫使我们把这些系统的转化看作为各个局部转化(它们在皮质的每一点上都可以由刺激的条件性的有效性来说明)的总和。如果我注视着放在我面前的一件西装上衣,我拿起它并穿上它,原先位于我右边的左衣袖穿到了我的左臂上,而且我应该放进左衣袖的正是我的左臂。根据条件反射理论,"曾在我右边的袖子"与"将在我左边的袖子"两者在我的行为中的明显的相关关系,在实验过程中的每一局部刺激所获得的促反射能力中获得了说明。但是,当我实际地知觉这件上装的袖子时,它被标明的"在右边"的标志不可能来自于通过那时受到刺激的视网膜点所获得的一些条件制约。这些条件制约实际上是多样的,因为同一个视网膜印象,根据眼睛的位置,可以对应于以极其变化多样的方式处在客观空间中的一些刺激。只有那些把我眼睛的当前位置表象给中枢系统的本体感受兴奋,才能够在由视网膜印象获得的各种条件制约中,选择那种能在每一情形中都被展现的条件制约。这就是说,按右和左被知觉到的情景,远非取决于如此这般的视网膜刺激,而是取决于既是本体感受、又是外感受的一个刺激群。又一次地,兴奋作为纵向和点状的现象变成为一种横向和整体的现象。但是,一种适应行为要求某种另外的东西:实际被看到的具体广延的每一点应该不仅拥有一个在场的定位,而且还拥有一系列潜在的定位——当我的身体移动时,它们将根据我的身体来确定这个点;以至于,比如说,当上装被放在我面前时,我毫不犹豫地把我的左臂伸进在我右边的那条袖子里。换句话说,在我做这些动作的过程中,由我的视觉场的那些界线划定其具体范围的一些片断(每一片断都有它自身的空间结构)依次呈现出来是不够的。这些视角中的一个的每一点都应该与那些把它在其他视角中表现出来的点相对应、相一致。这些新的空间指标或许不如前者那样产生自一些单独的视网膜刺激以及它们引发的一些条件反应。我们刚才就那些空间视角中的每一个进行的推理,在涉及它们在一个空间中的整合方面更加是有价值的。因此,表观位置以及它的各种潜在变化是有两个变量的函项:各种视传入神经兴奋,另一方面是把我的身体的现时位置表象在大脑皮层上的那些兴奋的集合。因此,这一位置的任何变化都有空间场的一次重组与之对应:举例来说,如果我向后转,原先"在右边"的东西将立即带上了"在左边"的标志,并在这个新的位置上被识别。由此可知,无论对生理学还是心理学来说,行为的空间场都不能逐点地被建构起来。每一"局部记号"都取决于一个整体的兴奋过程——除了各种视网膜兴奋外,其他来自动眼肌、起平衡作用的器官和全部身体肌肉的兴奋也都参与到了这一过程中。每一被知觉的位置只具有融入到一个空间框架(它包含一个实际被知觉到的可感的区域,还包括可感的区域只是它的一个暂时的外表的一个"潜在空间"①)中的意义。这样,尽管各种眼睛和身体动作每一时刻都在感受器的表面上搅乱各种局部刺激,知觉主体还是能够在一个稳定的空间中活动。条件反射理论(它不仅假设了一个漫长而艰难的学习阶段,而且还与我们的各种

---

① 该表达出自瓦隆:《儿童心理活动的与心智的发展诸阶段及障碍》。

空间适应的早熟不相一致)什么都没有说明,这是因为,无论怎样,那些已经获得的条件制约都应当借助于一种结构化的兴奋过程才能被启动,这就使得关于它们的假说成为多余的。

如果病理学和生理学排斥生理学的经验论——根据其论题,那些由神经活动实现的功能结构可以被归结为在实验过程中产生的一些接近联想——那么,它们同样也不支持知觉与感觉、形式与质料的二元论。被指定给基础视觉的大脑区域代表的只是一些中转站,我们没有任何理由使行为的一个第一层次或"心理事实"的一个第一层级与之相一致。① 一些像音乐聋或失歌症②这样的障碍表明,在正常人那里存在着与在视觉秩序中分配一些颜色值和一些空间值相类似的听觉构造功能。但是,如果不可能以一些"定位反射"或一些点状局部记号为起点来建构行为的空间场或知觉的空间场,那么,就更加不可能把这种构造与一个更高级的机构连接起来。存在着一些辨识不能症,它们破坏了我们提到过的潜在空间,但并没有损害视觉场内部的空间结构。它们也许会改变之,但不会使之成为不可能的。在我们的视觉场内部被抓住的具体空间和正常知觉可以融入其中的潜在空间,属于两个不同的构成层次,尽管后者整合了前者。我们或许会在潜在空间中迷失方向,在具体空间中却不会这样。我们或许不能够把空间想象为普遍场

---

① "传统上把纹状区的距状区规定为视觉中枢。但该表达是不严格的。视觉行为不是完全在这一感受联结站中进行的,它还包括启动有时甚至扩展到大脑的另一极的那些联合环路"(皮埃龙:《大脑与思维》,第154页)。

② 戈尔德斯坦:《大脑皮层定位》,第758页。

所,但围绕着明显可见范围的潜在空间的地平线并不会同时被消除。超越关于神经机能的原子论概念,却不把它还原为一种弥散的、未分化的活动;拒绝心理学的经验论,却不走向唯理论的反题,这正是形式这一观念的兴趣之所在。知觉分析将导致鸿沟的恢复——既不是在感觉和知觉之间,也不在感性与理智之间,更一般地说,也不在诸要素的混乱状态与组织它们的高级机构之间,而是在组织的不同类型或层次之间。

就涉及行为与大脑的关系而言,前面的那些分析可以有两种意义。或许它们需要做的只是改变生理学的一些范畴,把形式观念引入其中。在我们界定过的意义上的形式,相对于我们可以把它与之分开的各个部分的各种属性而言,拥有一些原本的属性。每一环节在那里都被其他环节的组合所决定,而它们各自的价值取决于一种整体平衡状态(其样式是"形式"的一种固有特征)。在这一意义上,它似乎满足了说明神经机能所必需的全部条件。因此,把它界定为"图形和背景"类型的一个过程应该是可能的。①这些形式对于一些地形学条件的依赖②在全部层次上都存在着:从一张绷紧在金属框上并承受着它藉以获得一个平衡位置的一些压力的膜片的例子,直至一滴在没有任何地形学支持的条件下实现了一个稳定的结构的水中之油的例子。还是在这一意义上,形式看起来能够说明位置在神经物质中的含混性(从外周神经的各种水平定位到中枢神经的各种垂直定位)。这些无可争辩的定位

---

① 戈尔德斯坦:《大脑皮层定位》,第 650 页。
② 戈尔德斯坦:《机体的构造》,第 166 页。

代表了实质性过程在那里得以展开的各个皮质点,即整体过程中的"图形",人们却永远不能够把它们与就是皮质的其余部分之活动的一个背景完全分离开来。这样的话,只要我们把形式引入神经机能之中,一种严格的平行论或"同型论"①就能够被维持。

  为了描述这些"生理学形式",我们应该从现象世界或者被知觉世界借用"图形"和"背景"这些术语,这一事实本身正如前面有关旋律的隐喻②一样,引导我们发问:它们是否还是一些生理的现象,我们是否能够合理地设想一些仍然是生理的过程,它们以一种适当的方式象征着内在于我们通常称作"意识"的东西中的各种关系。例如我们已经看到,两种不一致的兴奋只要在两个着色面上实现了相同的功能,即"在一个同质背景上的点"的功能,它们就在视觉中融合了。但是,如何来理解这种功能一致能够成为使它们融合的原因呢?"在一个同质背景上的点"这一功能,或更一般地说"图形和背景"这一功能,只有在被知觉的世界中才有意义:正是在它那里,我们才能够知道一个图形是什么、一个背景是什么。被知觉者只有通过被知觉者本身,而不能通过一些生理过程获得说明。对知觉进行生理学分析是完全不可能的。从作为物理现象、作为一系列空气振动的词出发,我们不可能描述大脑中任何能够充作词的含义之基质的生理现象,这是因为,我们已经看到,在听力还有发音中,作为一系列运动兴奋或传入兴奋的词,预设了作为旋律结构的词,而后者又预设了作为含义单位的句子。随着我们

---

① 考夫卡:《格式塔心理学原理》,前言。
② 参看前面第 96 页(中文版第 134 页)。

向大脑中枢推进,行为的诸种条件不再像在外周神经中发生时那样处于神经物质中,而是越来越处于中枢的整体机能的那些性质上可变的样式之中。各个功能层次的逻辑等阶代替了那些外周神经导体的空间并置;在机能损伤的情形中,一些结构障碍代替了内容的缺陷。举止结构就是作为举止之基础的、只能够用借自被知觉世界的术语来设想的大脑机能,因此被知觉世界就不再作为与各种生理现象的秩序平行的那些现象的一种秩序,而是作为比它更丰富的一种秩序出现。不借助于心理学,生理学不可能获得完整地思考。那么,归根结底,一种关于空间知觉的生理学的失败意味着什么呢?意味着:我们既不能够在"实在的"空间中,也不能够在一些实在的"心理事实"中,并且通过各个部分的组装来建构出如同知觉所揭示的那样的一种空间模式;或者意味着:就像康德说过的,一些部分外在于另一些部分的实在的广延以已知的广延为前提。因此,这些简短的评论导向的是空间的观念性。只有在对形式这一观念进行更严格的分析之后,才可以得出各种确定的结论。

*　*　*

前面一段表明,由于一些原则的理由——把行为的整体还原为各个实在部分的总和的不可能,——生理学不应该从借助一些时值测定,或更一般地借助一些物理学方法认识到的大脑机能出发对行为进行还原;相反,正是对病态行为的心理学分析(与损伤的推定的范围和位置相对照)使我们能够建构一些涉及它的"中枢区域"的假说。因此,我们刚才就它们的生理基质所说的只不过预示着对一些高级行为的直接考察,而我们之所以尚未由此开始,是为了表明,所谓的生理学方法让我们求助于行为。从现在起,有必要把巴甫洛夫提供的它的形象与新近的各种研究成果加以比较,不用在这一探讨中包含关于大脑的任何生理学假设。

既然条件反射理论已经寻求首先说明动物的促反射场的扩大,那么对它来说,关键点应该是说明一种新的、适应性行为的习得。作为学习理论,它与"试错法"的原理相遇了。面对一种新的情景,动物将通过不需要看到任何意向性特征,也即与情景的任何内在关系的一系列尝试对它做出反应。被关在笼子里,外面放着其食物,动物迫于需要做了许多动作(抓住或摇动笼子的围杆,等等),其中可能存在着关键性的动作(咬或拉控制着门的开口的撬棍)。尝试中不会取得成功的那一些将在未来的行为中被淘汰,其他一些则成为确定的、习得的。但是,在一些最初的尝试失利的情形下,同样的情景如何能够唤起一些新的尝试?那些顺利的反应通过何种机制被确定,并且唯有它们被确定?针对第一点,有人(桑代克)诉诸在一种传入通路与多种传出通路之间事先建立起来的多种多样的联结的存在,我们已经看到,这与现代生理学的材料几乎是不相容的;至于第二点,有人以拟人化的方式求助于成功带来的快感,以便说明那些有效反应的确定。条件反射理论为严格的行为主义提供了一种更令人满意的说明。在一次失败之后,机体准备一次新的尝试,这是因为,根据相互诱导和内部诱导的原则,皮质上到那时为止被抑制的那些点进入到了兴奋状态。一只老鼠之所以可以被训练得在一个迷宫中总是选择由一块白帘布标记的道路(它在其尽头会发现自己的食物),从不选择一块黑帘布标记的道路(该路被阻塞,而且它会在那里遭到电击),是因为白帘布已经成为对目标做出各种"积极反应"的条件刺激。① 相反,在我们第一个例子中笼子上的那些围杆和第二个例子中的黑帘布产生的则是一种条件性的抑制。已经习得的反应的优势将通过重复而获得确认,因为在每一系列的实验结束时,有时在其开始时,它都要比任何其他反应更为频繁(华生)。确切说来,行为的学习和发展并不实现任何新的东西。它们只是把启动某些运动(其动力条件被看作是事先给定的)的力量转化为某些刺激而已。行为的发展只不过使一些预先实存着的要素以另外的方式联结起来而已。

但是,各种顺利的反应之频繁就足以说明它们在行为中牢固地树立起来了,而不是相反,正因为它们具有优势,所以才成为了持久的习得吗?依据"尝试"的各种条件本身来断定它们比其他反应更经常地产生(在实验室正如在生活中一样,这一尝试只会在这些反应出现时才结束,而且一旦它们出现就结束)是不正确的。人们忘记了,那些徒劳无益的尝试在像桑代克所做的那样的一些实验中,在动物求助其他办法之前已经被多次重复过。② 此外,频繁也不会在抑制中起作用,对于那些危险的刺激来说,只要一次就习得了。那些条件性的抑制,应该会由于它们预防了各种痛苦经验的重复这个事实本身而被弱化;③ 而且,随着训练的继续进行,人们会看到各种"愚笨的"反应重复出现。最后,正像运动学习中一

---

① 托尔曼:"符号-格式塔还是条件反射?",《心理学评论》,第 40 卷,1933 年,第 246 页。
② 考夫卡:《心智的发展》,第 174 页及以下。
③ 纪尧姆:《习惯的形成》,第 51 页。

些曲线的突然上升充分证明的那样，那些顺利的反应似乎可以在一次单一的试验之后就被确定下来。① 这些事实暗示了积极的或消极的行为之价值以某种方式在它的确定中起干预作用这一观念。但是，各种价值的这一干预作用如何被表象出来呢？也就是说，在机体中是什么东西可以说能对它们进行评价呢？为了问问我们自己它是否能够被理解为一种偶然的联系，让我们重新回到行为的习得本身上面。

　　行为主义通过假定，在我们前面的例子中，控制着门的撬棍不仅可以成为目标出现时产生的一些抓握和咀嚼反射的条件刺激，而且还可以成为已经先于门的打开的一些操作的条件刺激，已经使任务变得容易起来。同样，人们满足于断言，白帘布成了那些"积极"反应的条件刺激，并且在这一名义下，人们把在经过训练后的老鼠实际上可以进行的那些对于目标的反应，与对于它不能够确定的解决办法的那些预备反应相混淆了。② 实际上，困难是原则性的。条件反射理论把在一个机体中前后相继的各种刺激和反应，表达为一系列彼此外在的事件，在它们之间，除了那些时间上的直接接近关系外，不会建立任何其他关系。动物针对撬棍进行的那些操作就其本身而言只不过是一些大脑机制的结果；这些操作事实上带来了解脱和成功，但它们无论如何与对食物的"知觉"没有任何关系，除非它唤醒了需求，并因此诱发了一种有利于激活那些预定的条件制约的躁动状态。但在这一点上，那些有用的操

---

① 参苛勒：《高等猴类的智力》，多处地方。
② 托尔曼："符号–格式塔还是条件反射？"。

作并没有任何优势：它们和那些先于它们的无效尝试一样，或多或少应该归因于所追求的目标。目标（因为它已经被达到了）随后应该能够再次引起它们。人们取消了各种准备性的姿态与目标之间的任何前瞻性的关系，希望通过一种回溯性的效应，能够重新回到那些已经使得达到目标得以可能的条件。但是，如果学习真的只是物理因果性的一种特殊的情形，那么我们就看不出时间流逝的顺序如何能够被倒转，结果如何能够成为其原因的原因。为了从对撬棍和目标的"知觉"回到那些有用的操作中，它们在客观时间中先于它是不够的。那些导向目标的姿态或者它们的生理基质，要么在动物"尝试"它们之前，要么在它们成功之后，必定拥有为了成功而规定着它们、并且把它们整合进对目标的"知觉"中的某个独特属性。还需要理解的是建立在目标与那些准备性的行动之间的关系：它给予它们联合起来的多种多样的基本活动一种意义，并使它们成为一种严格意义上的行为、一种自此以后行为的历史在性质上就被改变了的前所未有的创造。

另外，严格地被描述，学习看起来不是把这些刺激和这些运动之间的某些确定的联系增加到那些旧有的行为中，而是对体现在多种多样的行动中（其内容是可变的，其含义是不变的）的行为的一次整体改变。条件制约只能像有效反应第一次产生出来那样来确定它们。这不是我们所能观察到的东西。一只通过拉动一根绳子来获取食物的接受过训练的猫，在第一次成功的试验中，会用自己的爪子去拉，而在第二次中则用自己的牙齿。[①] 就算在第一次

---

① 考夫卡：《心智的发展》，第 174 页及以下。

顺利的尝试中混杂了一些无用的动作或一些局部错误（像经常会发生的那样），这些偶然的因素在后来的那些反应中也将消失。①学习，因此从来都不是让自己能够重复同样的姿势，而是能够以各种不同的方式对情景做出一种适应反应。反应更不是针对一种个别情景习得的。这毋宁涉及以一种新的才能去解决具有相同形式的一系列问题。我们知道，在儿童那里，针对各种颜色的一种区分行为的习得是缓慢而困难的。当儿童成功地区分并正确地命名了红色和绿色之后，他所习得的严格地说不是对像这样的两种性质的分辨，而是比较和区分各种颜色的一种一般能力。全部成对颜色都得益于对红色和绿色的区分，区分行为不是通过一种与另一种的区分，而是通过针对全部颜色的越来越精细的分辨发展起来的。②

拜顿迪克的那些实验在鱼类那里发现了这种系统性的学习。假如我们让红眼鱼习惯于时而吃黑面包，时而吃白面包，这种习惯一旦习得，当我们把一些粉笔块和白色面包混合在一起时，它们就能逐渐习得对于作为视觉刺激的粉笔和面包的一种区分行为。如果我们接着把黑色橡胶和黑色面包混合在一起，经过一段时间的"不知所措"后，一种区分行为在这里再次被习得，而且比前一情形要快得多。如果我们重新回到用白色面包，则重新适应只要更短的时限就能形成。这样一来，针对粉笔块的习得性抑制能使动物

---

① 考夫卡：《心智的发展》，第174页及以下。
② 同上。

更快地习得针对橡胶的抑制,反之亦然。因此,动物适应的并不是某种物质,而是——用一种人性的语言来说——某种类型的"欺骗"。事实上习得的学习不应该被理解为在如此的视觉刺激(粉笔特有的颜色或者橡胶特有的颜色)与否定性结果之间的一种联想。在动物那里确立起来的是一种选择的才能、一种"选择的方法"。①

有关习惯迁移的各种事实将会证实这种解释和任何学习的一般特征。条件反射理论确实并非必须假定:学习针对着各种刺激的个别特征,通过准确地重复第一次顺利实验所产生的那些动作而获得表达。习得的条件制约可以被浓缩,行为可以被简化,因为它的每一阶段经过重复都变成了后继阶段的条件刺激。恰恰是行为主义学派阐明了某些动物反应的"抽象"特征:引起蜘蛛的各种反应的适当刺激既不是苍蝇的视觉形状,也不是它所发出的声响,而只是它在蜘蛛网上挣扎时传给蜘蛛网的振动。所以,如果我们把一只苍蝇放入蜘蛛的巢穴中,蜘蛛不会把它当作一个猎物。它的本能行为不是针对这只苍蝇的一种反应,而是针对某个一般的振动物的一种反应;如果我们把一个音叉放入蜘蛛网的中央也能引起同样的反应。此外,几乎在所有物种中,感受器的结构本身都以同样的方式决定了一种自动的"抽象作用"。这些一般性反应远远没有表达出一种朝向最重要的东西的定向活动,毋宁说它们类似于精神失常者的那些刻板行为——他无法考虑一个情景的各种细节,因为他不再能够知觉到它们。但确切地说,我们能够以同样

---

① 拜顿迪克:《动物心理学》,第 202-205 页。

的方式,一方面说明动物的各种刻板行为与"荒谬"错误(当一些本质上不同的情境有一个独一无二的共同特征时,它就试图把同样的解决办法应用到它们中去,反之,当情景稍稍有些出乎意料时,它就不再运用它的那些本能性的能力了),另一方面说明在一些事实上不同的情景(只要它们具有相同的意义)面前同等有效的一些习惯的灵活性吗?这会把普遍的东西与抽象的东西相混淆。举例来说,在苛勒的各种观察中,尤其在动物感到冷、处于疲乏或特别兴奋的状态时,各种"荒谬"的错误就会出现。① 它们只不过更加突出了那些"真正的解决"的独创性。

当一只黑猩猩必须透过一个栅栏,用一根木棍把放置在一个箱子里的一个水果拨向自己的时候,假定我们这样放置箱子,使它只有上面和背对着动物的那一面才是开着的;在大多数时候,正如在其他更简单的实验中所做的那样,猴子都是从把水果拨向自己开始的。但这一次,放置在动物及其目标之间的箱子的那一面使它不能获得成功。这第一个动作代表着一种盲目的执着,它与只需通达目标的那个开口被侧向放置就能获得的"满意解决"形成对照。在后一种情形下,那些"智力"最低的猴子也很快就能获得成功,尽管以前接受的试验只教过它们以一些迂回的方式或在无障碍的情况下利用一根木棍。② 在第一种情形中,我们处理的是一种仅仅接受当前情景与各种先前情景的模糊相似、却忽略了眼前

---

① 苛勒:《对类人猿的智力测试》,第二版,第140页及以下。
② 苛勒:《高等猴类的智力》,第219-223页。

问题的各种精确资料的反应。条件反射理论正是被运用到了这种类型的一些行动中,某些刺激(目标,笼子的围杆及木棍)的呈现唤起了它们变成为其条件刺激物的各种动作。相反,第二种情形中的问题尽管不同于动物到那里为止碰到过的那些问题,猴子的行为涉及的仍然是使该情景成为已经"熟悉"的那些问题的一种新形式这一问题。

如果我们现在不考虑那些积极的习惯,而是分析那些由实验产生的各种抑制,那么论证将会更加容易。不是由一种疼痛经验引起的各种剧烈反应,而是一些保护反应(尽管它们有相同的意义,却没有相同的状态)在儿童的行为中被确定了。面对火焰,一个曾经被灼伤过的儿童不会去重复把受过灼伤的手突然撤回的动作。① 也就是说,学习并不是一种实际的操作,不是建立在两种个体实在(某种刺激和某种动作)之间的、不会由于它们的联合而被改变的一种关联。条件刺激只有在作为自身的同时,又作为已经变成为促反射的刺激的整个一个类别之代表才能起作用;原始的反应动作只能作为可以围绕着同一个基本主题产生变化的一般能力的一个特例被确定下来。真正的刺激不是物理学和化学所界定的那种刺激,反应也不是这样一个特殊系列的动作,两者的联结也不是两组连续事件的简单巧合。在机体中必定存在着一个原则,它为学习经验保证了一种普遍的范围。

这些看法之所以没有更早被心理学家所接受,或许是因为,就

---

① 纪尧姆:《习惯的形成》,第 53 页及第 55 页。

如苛勒和考夫卡已经指出的那样，在从前那些实验中，各种针对动物提出来的问题不利于真正的学习。如果我们让一个笼子的开启有赖于操作一把锁甚或一根撬棍，那么准备性动作与结果之间的关系只能是一种简单的相继关系，因为锁或者撬棍的机制是不能从笼子那里看见的，此外，它还包含了甚至连人类也并非总是能够掌握的一些多种多样的联结。同样，在迷宫中选择作为入口标记的白帘布或黑帘布也完全是任意的。这些实验条件因此不适宜于阐明目标和习得的反应之间的一种内在关系。如果动物在这种类型的一些情景中以试错的方式进行，我们也就不应该感到惊讶了。但是，即便在这种情形中，经验论的学习理论也没有被证实。只要存在着学习，在信号、准备性的反应和目标达到之间就必定会建立起一种关系（它使整体成为有别于物理事件之间的一种客观相继的东西）。因此，不懂得建筑的黑猩猩仍然能够把一些箱子一个一个地叠起来以便达到一个目标。但是，整体仍然是很不稳定的，只对像猴子这样的善于以自己的各种动作来稳定叠放物的晃动的灵巧动物才是有用的。[1] 猴子通过一些盲目的尝试来进行，比如说，把一个箱子按它的棱边竖立，每一次在堆积倒下时都重新开始而不放弃；因此，在这里是在运用"试错"的方案。然而，这里同样不存在任何学习，[2] 而且动物的不灵巧是确定无疑的。因此，行为的发展永远不能通过在这样的情景与这样的顺利反应之间的实验认识到的接近来获得说明。关键的因素存在于这些偶然的接近被机

---

[1] 苛勒：《高等猴类的智力》，第142-143页及第145-146页。
[2] 考夫卡：《心智的发展》，第219页。

体所利用的方式中,存在于机体让它们得以接受的转化中。如果是另外一种情形,我们就不会明白为什么所有的动物种类,每当它们的身体结构包含着各种感受器并容许所要求的那些姿势时,它们就不适宜于任何种类的学习。那些荒谬的错误和那些满意的解决之间的不同并不仅仅取决于一些感官感受器和一些效应器的特殊本性,因为成功和失败要么在相同种类内部的相同问题上遇到,①要么根据轻松或疲劳的时刻和程度的不同,在同一个动物的行为中遇到。实际上,从来都不是那些尝试本身(我们说的是那些可见的动作)可以为一种习惯的习得贡献某种东西。这些尝试必定是突然发生在某种给予它们以意义和效能的器官范围内的,它们预设了一种"感觉-运动的先天性",②预设了从一个物种到另一个物种有别的一些实践"范畴"。③ 甚至在所提的问题之本性要求一系列预先的探索,并排除一种一下子就正确的解决时,这些"尝试"也总是具有一种系统性的特征。被放入一个迷宫中的老鼠将顺着那些起始因素的总方向。一切的发生就如同动物采用了一种"不能用成功来进行说明的假说","因为该假说在成功认可它之前就已经显示现出来、持续下来"。④ 确实应该承认,在这里接受检验的不是无论哪一个系列的独立选择,而是一条确定的"路径",其中的每一部分都只能被它与整体方向的关系、被它对整体的法则的参与所规定。在对迷宫进行全面的探索之后,各种抑制也在

---

① 苛勒:《高等猴类的智力》,第 171 页及以下。
② 拜顿迪克:"人与动物的心理功能的本质区别",《自然哲学手册》,第 4 卷,Vrin 出版社,1930 年,第 53 页。
③ 同上。
④ 纪尧姆:《习惯的形成》,第 69 页。

一种系统性的秩序中显示自己：那些平行的、与目标的总方向相反的死路首先被排除，然后是那些与目标方向垂直交叉的死路，最后是那些平行的、指向同一方向的死路被排除。"以最终的认可为依循的那些最初探索要达到这样的效果：按照各个路径与总方向的关系来对它们进行归类，可以说使它们带有一个特殊的向量。"① 这样一来，甚至在那些最不利于我们的解释的情形中，要么各种"尝试"不包含任何内在法则，于是它们永远不会导致学习；要么存在着学习，条件是机体能够一方面在各种可能的不同"解决"之间，另一方面在它们全体和"问题"之间建立起这些尝试的价值藉以获得测度的各种关系。甚至当信号与目标之间的关系是一种比如在托尔曼的实验中出现的那样②的纯粹相继关系时，我们仍可以假定，学习并不在于记录一些事实上的接近。在己的相继应该成为一种"对机体而言的相继"。这在托尔曼的实验中是可能的，因为帘布、它标记的路径、目标一起进入了具有意义的一个空间结构中。但是，如果我们让一只猫习惯于通过抓挠或舔自己来获得其解脱，那么该动物将逐渐减少这种动作，直到它难以被察觉到，在失败的情形中不会重新开始它。③ 如果涉及通过一个与成功没有客观联系的姿势来获取一块食物，则该动物在做出这一姿势时不会看着目标。反之，如果在条件刺激与自然刺激之间存在着一种我们所谓的逻辑的关系，则该动物的眼睛不会离开目标。我们确实不得不确认，在第二种情形中，目标除了获得引起各种运动反应

---

① 纪尧姆：《习惯的形成》，第 85 页。
② 参看前面第 103 页（中文版第 143 页）。
③ 考夫卡：《心智的发展》，第 192 页。

的能力外,还获得了引起事实上向它们趋近的一些视觉器官反应的能力。最后,依照所考虑的反应具有一种意义、并且与问题的本质本身相关,还是相反,它涉及由情景的一个抽象而外在的方面引起的一种刻板症,各种运动的节奏、它们分布、它们在时间中的协调是各不相同的。① 条件反射理论如何让自己说明行为的这些变化(它们相应于目标与各种准备性反应之间的大量的内在关联),既然所有这些关系对于它来说是同等地外在的?

行为主义把一种原则上的异议对立于这些描述:通过说出习得的反应与情景的本质联系在一起、而且它假定了一系列围绕着一个基本主题的变化,通过把那些真正的解决与各种训练结果借助于它们整合的那些动作的连续性、借助于它们的有节奏的展开而区分开来,我们将一些特征作为本质性的东西给予被观察到的行为——它们只是在用我们人类的方式去知觉它们和解释它们时才出现在这些行为中。正是对于能够比较这些反应在时间的不同瞬间中的分布的人类观察者而言,习得的能力才是普遍的;也还是对于他而言,一条连续的曲线才区别于一条折线。如果我们客观地,也就是说,一个瞬间接一个瞬间地、而且在引发它的那些实际刺激的范围之内来考虑行为,那么我们从来都只与回应一些特殊兴奋的一些特殊动作打交道;所有其他语言都是"拟人化的"。仍然有待于说明的是,为什么这种所谓的拟人化的解释相对于某些行为是可能的,相对于另一些则是不可能的。即使我们错误地运用了一些像"本质"或"问题"这样的对于描述来说很单纯的词,但

---

① 苛勒:《高等猴类的智力》,多处内容。

是,统计的差异仍然存在于训练后获得了对一种确定的刺激做出反应的能力的一个机体与训练后成功地对一些多样的情景做出一些多样的适应的一个机体之间。如果我们拒绝把各种现象的任何属性(它并不在对一种特例的直观中显示出来,而只是通过对变化中的一致的分析,通过一种统计学的阅读才出现在反思中)作为科学对象来考虑,那么,我们排除的就不是拟人论,而是科学;我们捍卫的就不是客观性,而是实在论和唯名论。科学定律(它不是在事实之中被给出的,但我们在它们那里找到它的表达)会受到同样的抱怨。当我们谈到情景的结构及其意义时,这些词显然指称的是人的经验的某些材料,也因此有着拟人论的嫌疑。"颜色"、"光"、"压力"或它们在物理语言中的表达同样如此。显然,我们能够利用的所有术语都有赖于一些或素朴或科学的人类经验现象。整个问题就在于知道,它们是否真的是主体间经验中被瞄准的那些物体的构成成分,并且是它们的定义必不可少的。确切地说,前面的那些观察表明,我们既不能把针对情景结构做出的那些反应看作是派生的,也不能把一种客观性特权赋予那些依赖于各种基本兴奋的反应。因此,在那些感官末梢上感受到的各种兴奋和由那些效应肌执行的各种动作,都被整合到针对它们扮演一种调节角色的结构中去了。这些结构过程说明了我们前面已经表述过的一些学习规律:既然它们在情景和反应之间建立起了一种意义关系,它们也就说明了各种适应性反应的确定以及习得的能力的普遍性。在刺激-反应方案中,它们不是让刺激的各种质料属性起作用,而是让情景的各种形式属性,让作为其构架的各种空间、时间、数量和功能关系起作用。正是在这种类型的一些关系由于它们自身而涌现并变得有效力这一范围内,行为的进展才是可以说明的。罗吉尔的一个已经陈旧的实验①为我们展现了行为中的各种组合的这些原本属性。一个接受依次有条不紊地在每一部件上进行分解一个金属拼板所必需的全部动作之训练的被试,当被置于整个拼板游戏面前时,表现出好像从来就没有玩过这一游戏。针对情景的一个"部分"而习得的学习,并不就是针对被纳入到了一个新的整体中的这一"相同"部分习得的学习。换句话说,刺激的实在部分并不必然是情景的实在部分。一个局部刺激的效能并非与它的独自的客观呈现联系在一起。可以说,它应该让自己在它出现于其中的新的组合中被机体辨认出来。有必要把刺激的"在己"的在场和它的产生反应的"为机体"的在场区分开来。我们刚才就整个拼板所说的话,也可以就组成它的每一部件而说。一种习惯并不是相对于这些部件所反射的那些光线,而是相对于那块依据其形式(在该词的通常意义上)以及各种机械属性来考虑的金属片而获得的。既然分解成一些实在的部分永远都不能完成,刺激也就从来都不是作为个体的物理实在,而是始终作为结构才成为促反射的。

如果这些评述是有根据的,就应该有可能而且有必要不再像我们通常所做的那样,把各种行为分类为简单的和复杂的行为,而是根据结构在它们那里被淹没在内容中,抑或相反地从内容中涌现出来以便最终成为活动的特有主题来进行分类。从这一视点出发,我们可以区分出一些"混沌形式"、一些"可移动形式"和"象征

---

① 罗吉尔:"效能心理学",《心理学档案》,第15卷,1910年。

形式"。这三个范畴并不对应于三类动物：不存在其行为从来没有超出过混沌层次，或从来没有降低到象征形式之下的动物种类。114 然而，根据它们最习以为常的行为类型，动物可以按照这样的等级被分布。同样，我们谈论一些针对空间和时间的反应，尤其关系到的是"可移动形式"。可是，很清楚的是，与一种混沌情景联系在一起的一个本能动作，也适应于本能对象的各种空间特征，并且包含了一种时间节奏。你也可以这么说，那些基本的空间和时间维度存在于我们刚才区分过的三个层次上。但是，它们在那里并不具有同样的意义。为了成为人类经验可以在它们那里找到的各种不确定的环境，空间和时间需要象征活动。

1. 各种混沌形式

在这个层次上，行为要么与各种情景的某些抽象方面联系在一起[①]，要么受制于各种非常特殊的刺激的某些情结。无论如何，它被束缚在它的各种自然条件的范围之内，并且只能把那些意外出现的情景当作是为它规定的各种生命情景的一些暗示。

最简单的行为，比如说我们在各种无脊椎动物那里发现的各种行为，从来都不是针对一些孤立的物体的，而且总是依赖于大量的外部条件。被放到一根植物茎上的一只蚂蚁，不会让自己掉落到一张画有一个黑圈的白纸上，除非那张纸有确定的尺寸，除非植物茎离地面的距离及其倾斜度有一个确定的值，而且最终说来是

---

① 参看前面第 107 页及以后（中文版第 148 页及以后）。

对于光线的某一确定强度和某个确定方向而言的。这一条件复合体对应于那些引起动物的各种"本能"行为的自然情景。——人们可以在海星那里实现的那些训练不大会超越该动物在其自然生活中所处的各种情景的范围。即使在一种学习得以可能的时候,它也不会重视实验装置的各种细节,这是针对一些仅仅类似的生命情景的一种全面反应。——如果我们尝试在蟾蜍那里建立起一些条件反射,我们就会觉察到,该动物的各种反应更多地取决于实验情景与它由于各种本能配备而拥有的那些情景之间可能存在的相似,而远远不是取决于实验者所实现的一些结合和分解。如果我们将一条用玻璃隔开的蚯蚓放在蟾蜍面前,尽管出现了一些应该成了抑制物的失败,该动物还是执着于自己的各种攫取尝试。因为,在自然生活中,当它面对一个运动物时,那些本能配备要求一些反复的尝试。相反,如果我们把一只味道变坏了的蚂蚁呈现在该动物面前,这一独特的经验足以引起它对所有其他蚂蚁产生一种抑制,因为在各种自然条件下,当样品导致了一些厌恶反应时,那些本能的配备会确保针对一个蚁穴的所有蚂蚁的各种积极反应的一种普遍制动。最后,如果我们把我们在细线的另一端摇动着的一小片黑纸呈现在该动物面前,而且它成功地咬住了它,那么这一"欺骗性"的实验的确会产生一种抑制,但它过几分钟之后就停止了。我们因此可以推定,这一抑制依赖的与其说是纸的一些味觉属性,不如说是本能的节律:在自然生活中,除非它没有成功地咬住诱饵,否则这种节律就不会要求该动物进行一些新的攫取尝试。因此,蟾蜍从来都不是针对实验的刺激做出反应,只是在刺激与不可改变的轮廓线内的一种自然活动的一个对象相似的范围内，它才是促反射的，而且它所引起的那些反应并不是由当前情景的各种物理特性，而是由行为的生物法则决定的。① 如果我们打算赋予这些词一种精确的意义，那就应该把这种类型的行为称作是本能的，它完全针对一个刺激复合体，而不是情景的某些本质特性做出反应。我们通常所谓的那些本能行为包含着一些结构，它们远远没有我们刚刚描述的那些结构那么"粘附"。要把它们与一些"理智的"行为区别开来通常也是困难的。

2. 可移动形式

属于上述范畴的那些行为当然包含着对一些关系的某种参照。但它们始终被卷入到某些具体情景的质料中，这就是为什么它们对于一种真正的学习来说没有用处。我们一在行为的历史中看到不被物种的各种本能配备所决定的一些信号出现，就可以推定，它们是以相对独立于它们在其中获得实现的各种质料的一些结构为基础的。

在信号行为中，机体所适应的"情景"就是一个条件刺激和一个无条件刺激在时间或空间上的简单接近。但是，正如我们前面已经指出过的，而且现在必须表明的那样，信号学习不是这种事实上的接近在行为中的一种简单迁移。它应该成为一种"为机体的"接近。如果涉及的是空间上的接近，那么无条件刺激并不与构成

---

① 拜顿迪克："人与动物的心理功能的本质差别"，第 46-47 页。

为训练之对象的条件刺激，而是与它只不过是其一个环节并且赋予它以意义的一个整体结构联系在一起：这就是苛勒的那些著名的实验展示给我们的东西。① 如果我们使一只家养母鸡习惯于从两堆同样大小的谷物中挑选用浅灰色标记的那堆(G1)，并且把中等灰色标记的那堆(G2)撇在一边，如果在临界实验中，也就是说在 4 至 600 次训练的检验后，我们把 G2 拿走，而且我们换上颜色比 G1 还要浅的新的灰色谷物堆(G0)，那么与一种促反射颜色和一种中性色打交道的被试似乎会选择前者。事实上，四只接受这种训练的被试有 59 次选择新的中性色，而积极色只被选择了 26 次。如果在这个临界实验中，被保留下来的不是积极色，而是应该对之形成一种抑制的那一颜色(G2)，并且用一种比它还要深的灰色来展示它，那么我们就会得到一个反证。消极色将被选中。因此，促反射的力量并不与某种灰色色调相关，而是与两者中"较浅的那一种"相关。相应地，获得的运动反应也不是各个个别运动的总和。在那些训练实验的过程中，为了避免对左右位置的适应和对各种颜色的不同反应所形成任何干扰，我们注意的是变换最浅灰色和最深灰色的相对位置。这样，那些运动反应关系到极其变化多样的各种肌肉束和神经束。正是一种传入结构引发并调节着一种运动结构。因此，条件刺激与条件反应的关系是各种关系之间的一种关系。训练并不是把一种事实上的接近移转到行为中。信号乃是一种构形(符号-格式塔)。

---

① 苛勒："对黑猩猩和家鸡的视觉研究"及"黑猩猩和家鸡的功能结构的简单证明"。

托尔曼①在时间接近方面得出了相同的结论。指示动物在终点会找到其食物的"好路径"的白帘获得了它的促反射力量,并不单纯因为它在每个顺利的实验之前总是已经被提供给了动物,而是因为它和顺利的结果一起形构成了一个构形。托尔曼通过如下的确认寻求证明这一点:如果被直接放到路径终点的动物在那里受到一种电击,那么白帘的促反射力量就会消失。由路径终点获得的抑制价值将波及到预示其入口的白帘,这就假定了在它们之间存在着某种内在关系。然而,这种反向影响并没有被托尔曼本人观察到,他确实在对一些疲劳的动物进行操作。严格的行为主义者②补充道,即使这种反向影响产生了,我们也可以根据一些条件反射来予以说明。实际上,只是当老鼠在接受电击那一刻开始做出面对目标而产生的各种攫取和咀嚼反应时,电击才使白帘失去其积极刺激的价值。如果我们在它针对目标做出不同于通常在各种实验的设备中产生的那些反应(对食物做出的反应)的一些反应(对水做出的各种反应)时电击它,那么电击对白帘的促反射力量的影响就是微弱的(老鼠依然会进入由白帘标记的路径,只是它穿行得要更缓慢一些)。两个目标越是相似,这种影响越是明显(米勒,前引文章,第286页及以下)。自此以后,电击产生的反向影响可以不借助于构形-信号而获得说明。习得的反应趋向于已经被先于条件刺激的那些刺激所预期,这是条件反射的一个普遍

---

① 托尔曼:"符号-格式塔还是条件反射?",《心理学评论》,第40卷,1933年,第246—255页。

② 米勒:"对'符号-格式塔还是条件反射'的一个答复",《心理学评论》,第42卷,1935年。

规律。被训练进入一个食物箱里应该向右拐的一些动物,在一进入迷宫时就会选取并沿着小路的右侧行走。同样,老鼠一进入托尔曼的装置,就会匆忙对目标做出各种反应。既然这些反应,由于电击的效应,已经成为抑制性的,动物就不会进入它从前走过的路径。因此,正是针对目标的各种反应,而不是情景的结构,充当着习得性抑制之载体,并使它在老鼠一进入实验箱入口就开始起作用。正如已经谈到过的那样,我们对此可以这样答复,当老鼠拒绝进入由一块白帘指示的路径时,它的那些姿态和电击所引起的行为并不相同;同样,走小径右侧所必需的那些动作实际上不同于老鼠在面临转弯时将会做出的那些动作。反射不是被预见到了,而是被预备好了,被预先构成了。因此,我们不能用相同的动作已经从一种刺激中被转移到另一种更早的刺激中这一说法来说明该现象。毋宁应该说,这一现象引起了与最终刺激的征象变化有意义关系的一些活动。这一追溯性行动(它并不是随着时间的一种简单移位)归根到底有利于"符号—格式塔"观念。机体的活动完全相似于一种运动旋律,因为旋律末尾的任何改变都会从性质上改变其开头和整体面貌。同样,一个迷宫中的一条路径的关闭,立刻就赋予不仅是这条路径的入口,而且还有第二条小径的入口一种消极价值,——在经历一番曲折之后,尽管动物刚才还没有走过,仍然会在那里落入受阻的境地。失败具有让所有刺激的征象产生一种改变的效应:它们和它在其中发生的场所具有一种确定的结构关系。(托尔曼,前引文章,第 254-255 页)

尽管就其本身来理解,信号与它所"宣示"的东西之间的关系是简单的(它在别的地方出现在略有区别的一些行为中),但是,所有程度的复杂性都可以在信号的结构中被观察到,而且一个物种对之做出反应的那些信号的本性可以用来测度其"智力"。习惯于从两个图形中选择最小的那个的一些家养母鸡,会把贾斯特罗同样大小的两个图形中的一个当作最小的:它的位置使其在人的知觉中显得更小(见图1)。① 即使我们可以说两种灰色之间的对比包含在作为物理刺激的那些颜色中,但至少在这里,由于这两个图形客观上是相等的,区别行为不可能是由它们引发的。另一方面,我们也看不出哪种组合,哪些经验联系可以说明它。说下一段的凸出部分由于临近一个凹面,使得它不同于上一段的相应部分,我们不会取得任何进展:这恰恰承认了,适当的刺激既不存在于各个物体中,也不存在于物理世界的客观关系中,而是存在于各个局部属性在那里取决于各种整体的另一领域中。一种反证试验是有可能的:我们看到,一只接受训练选择一个黑色物体的动物,即使当该物体被置于一种强光照射之下(在这一强光照射下面,该物体比训练时使用的那些物体反射的光强 1000 倍),它仍然积极地做出反应。如果我们局限于各种物理现象,局限于被动物眼睛有效地接收到的光,那么,与在其他条件下,刺激中的 2% 的差异将足以中断各种习得性反应相比较,它的行为的恒常性更不容易让人理解。② 但是,更适应各种信号的结构而非它们的物质属性的能力在该动物那里并不是没有限度的。假定我们在一个儿童面前放

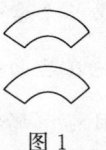

图 1

----

① 里夫斯:"关于动物空间知觉的实验",《第七届国际心理学大会论文集》,剑桥,1924 年,第 29—56 页。

② 考夫卡:《格式塔心理学原理》,第 34 页。

置八个距他越来越远的相似的盒子,并且在他没有看到的情况下,我们把一块巧克力依次放在第一个盒子,然后是第二个盒子,然后是第三个盒子里面,依此类推;从第二次实验开始,儿童将有条不紊地在后面一个盒子里而不是在他刚才找到过巧克力的盒子里寻找目标。那些低等的猴子则失败了。① 也许我们可以②训练它们依次去查看每一个盒子,但这不是我们实验的本来目标。因为这种类型的训练或许就在于对已经被刚查看过的每个盒子产生一些抑制;它不会排除关于这些刺激——它们的征象只是随着实验的展开才会被颠倒——中的每一个的个别作用的假设;甚或,被查看过的那些盒子中的每一个,不再根据它与所有其他盒子的定位关系及它在进行的操作系列中的位置(先是作为积极刺激,然后作为抑制物)产生作用。不存在贯穿一个系列的进展,而只有相对于每一个而重新开始的同样单调的操作。要么是仅仅依赖于个别而孤立的刺激的具体反应,要么是因为它们共同拥有一些实在的部分而以同样的方式对待它们全体的抽象反应,训练都不是对秩序的一种反应。相反,在从第二次试验开始就已经学会了得体动作的儿童那里,反应的一般性既不来自于各种特殊反射的相加,也不来自于从每一刺激中抽象出使它与前面的那些刺激相同一的东西的组合。除非盒子的整个系列至少已经被搜索过一次,否则第一种解释就是不可能的;只有当足够数量的实验通过一种适当的抑制

---

① 里夫斯:"关于动物空间知觉的实验",《第七届国际心理学大会论文集》,剑桥,1924年,第29-56页。
② 拜顿迪克:"人与动物的心理功能的本质差异",《自然哲学手册》,第4卷,第62页。

的作用,能够使积极反应从它与每一盒子的那些特殊性质的联系(为了使它依赖于它们的那些共同特征)中脱离出来,第二种解释才有可能。但它还是不能使我们理解箱子是如何按它们递增的距离而被查看的。确实,正是这种秩序尤其需要加以说明。与这种反应相符合的刺激处在把下一刺激与前一刺激、有待检查的盒子与已经检查过的盒子统一起来的,我们在说应该"总是选下一个"时表达的一种恒常关系中。这种关系在它自身中是不变的,但其应用的地方在每一新的试验中都是不同的,它不经过试验是没有任何用处的。这就是说,适当的刺激是通过一方面针对空间秩序,另一方面针对被执行的那些操作的秩序的一种双重参照而获得界定的。针对这两种关系的某一反应并不是抽象的,因为它们在每种情况下都获得了一种独特的价值;这更不是针对每一盒子中个别存在的东西的一种反应,因为正是整体的秩序赋予了每一个盒子作为一种积极刺激的价值。在这个试验中,儿童的成功和猴子的失败表明前者有能力、后者没有能力抛弃基本结构(它赋予我们在那里达到目标的位置一种积极的促反射价值),以便开启一些更复杂的结构(促反射价值在这里将根据时间和空间被分配)。

因此,对行为的客观描述在它那里揭示出一种多少有点关联的结构,一种多少有点丰富的内在含义,时而对个体的、时而对抽象的、时而对本质性的一些"情景"的参照。

如果我们考虑各种行为,考虑在它们那里比那些基本的信号行为更"困难"和更"整合"的各种行为(在它们那里,条件刺激和无条件刺激不再是简单地接近,而是表达了一种我们可以称为逻辑的或客观的关系),那么,同样的变化就会被注意到。条件刺激从此以后就会产生一些越来越明显地与目标反应区别开来的专门反应。我们可以用人性的语言来说:它变成了某种目的的手段。

这种类型的行为的第一个例子,是由一个刺激在那里直接因为与目标的各种空间或时间关系而成为促反射的那些情形提供的。假定我们把一只狗放在一个只有两个开口的栅栏前,并且我们在栅栏后面靠近第一个开口的地方放置一个沿着栅栏通向第二个开口的移动目标。在最初的那些试验中,狗总是跑向目标最初被放置的那个地方。在后来的那些实验过程中,它则沿着栅栏追随这一处在运动中的目标,并且在它到达第二个开口附近的那一刻把它抓住。最后,狗将直接跑向第二个开口,先于目标到达并在那里等待它。① 就算我们承认栅栏的第二个开口已经成为了动物的各种反应的条件刺激,这一刺激也不会突出于与它相抗衡的无条件刺激的作用之上,因为它从后者那里获得了它的整个力量;而且我们也无法说明,为什么狗会放弃自己的猎物而去猎物还未出现的地点等待它。因此,目标不再应该通过它在动物那里实际发挥的那些刺激来获得界定,而应该被整合到调节着它并且把它的当前位置与栅栏的开口以及狗的停留点联系起来的一些空间和时间结构中。我们可以在拜顿迪克的另一个实验中看到一种这一类型的替代。拜顿迪克要问的是:如果一只老鼠不得不在一条一开

---

① 拜顿迪克:"关于狗的行为的场力和意向性之意义",《荷兰生理学档案》,第17卷,1932年,第459—494页。

始就通向目标所在的方向的路径(托尔曼的实验已经表明,在同样的距离下,这条路径是有优势的)和另一条在开始时背离目标、但碰巧是更短的路径之间做选择,它会采取哪种行为。① 实验表明,在老鼠身上,简单结构(目标指向-路径指向)可能被一个更复杂的、由路径的长短起作用的结构所替代(图2)。6只被放到实验装置中的老鼠,首先试图直接通达目标,但被玻璃G中止,随后它们选择了路径AEDZ。当它们完成了它们的路程后,我们把它们引导到最短路径ABCZ。第一次临界实验于是被建立起来了。这些动物被放到A点并任其自由。它们中的五只选择最长的路径(它们的那些初始要素处于目标所在的方向上),第六只老鼠最初也沿着这条路径,然后改变了自己的步伐,选择了路径ABCZ。但是,如果我们多次把这些动物放置到A点,到第一天结束(5次试验)后,继续进行的四只老鼠中的两只选择了最短的路径;第二天,在第六次试验中,其他两只也选择了这条路线。为了排除习惯的影响,在每次正确的选择之后,我们都把动物引到最长的路径中;而为了确认并没有涉及对于右与左的条件反应,我们把这些动物置入作为先前装置的镜像的一个新的实验装置中。这些预防措施并没有改变继续有利于最短路径的结果。我们要说"朝着目标方向的路径"在最初那些实验之后成为了抑制物吗?但它从来没有导致过一次失败。我们最多只能说,它通往目标不够快。这种情况就足以产生一种抑制吗?如果我们认为是这样的,那么我们

---

① 拜顿迪克、费歇尔、德尔·拉格:"关于老鼠和狗的目标调整",《荷兰生理学档案》,第20卷,1935年,第446-466页。

就认识到了，条件刺激并不是物理世界的一个实在因素，而是一种关系，一种时间结构。① 我们将会看到，实际上，像这样的一些空间结构的作用是更为可能的。

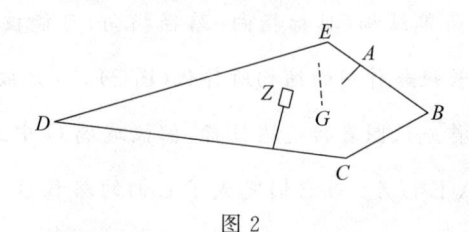

图 2

因为其他的实验表明，在老鼠的行为中，空间结构比那些时间结构远为精确。如果我们安排一个迷宫，一些活动隔板在其中能够让动物为了到达出口必须经过的路径产生变化：有开口的环路时而包含两个向左的转弯，时而包含两个向右的转弯，那么我们可以在两个系列的实验中训练动物毫无失误动作地穿越这两条道路中的任何一条。但是，我们不能成功地看到我们用符号 gg dd gg dd 来表示的这两种行为的交替。现在，假如我们把动物放置在更长的、从入口一直到出口都要求这同样的交替的一个迷宫中，训练就会取得成功。② 由于我们仔细地排除了任何其他的因素，因而行为之间的差异仅仅取决于结构之间的差异：在第一种情形中，这些结构是根据时间来安排的，而在第二种情形中，则是根据空间来

---

① 我们可以通过置各个部分结构与新的整合于竞争之中来测度前者对后者的抵制。在它的各个要素构成一个锐角的一条路径和在那里只存在一些钝角的另一条路径之间，此外在其他东西都相同的情况下，老鼠通常选择的是第二条路。我们可以做出安排，使一些钝角处于最长的路径上，而一些锐角处于最短的路径上。各种结果几乎不会因这一部署而改变。

② 据纪尧姆的报导，参看《习惯的形成》，第 88 页及以下。

安排的。依据它们是沿着一个敞开的空间展开还是仅仅在时间中彼此相继,一些相同的动作系列成为可能的或者不可能的。在一种穿越空间而持续的行动的统一中可以实现的动作,当涉及在时间中被关联起来的几个动作周期时,就不再是可以实现的了。活的身体不会不加区别地组织时间和空间,不会像安排前者那样安排后者。没有什么东西比这更适合于表明巴甫洛夫的那些观点之不足了。空间迷宫和时间迷宫在他的视点中实际上是无法分辨的;我们可以说,对他来说只存在着一些时间迷宫。

但是,与此同时,这些实验使我们警惕与巴甫洛夫的观点对称并且相反的另一种错误。术语空间和时间在这里不应该在它们的人性的意义上来理解:时间关系根据这种意义可以被空间关系所象征。对于动物行为而言,这种时-空对应并不存在,空间可以说是一种比时间更稳固、更容易操纵的结构。我们可以在人的严格的知觉层次(时间和空间维度在这里相互影响)上发现某种类似的东西。在动物那里,空间的优势和空-时在知觉行为中的出现向哲学家提出了同样的困难。在两者那里,涉及的都是对作为原本的呈现出来的,没有被理智主义的解释所歪曲的行为模式或经验模式的说明。在动物行为中扮演一种角色的时间关系显示为一些"粘附",可以说是我们很难从纯粹而易于操纵的时间和空间概念出发来设想的一种粘性。

手段与目的的关系或许还被一些机械而静态的结构所暗含。它们代表着一种更高程度的整合,因为它们在我们刚才看到的适应于各种空间关系的狗的行为中似乎不扮演任何角色。如果一块肉被放在一块纸板上并且用一根一头垂在地上的细线缠绕着,狗只限于"盯"着肉块,而不知道把它拉向它们。它们一定是在玩弄细线时碰巧使肉块掉了下来。① 苛勒观察到的,在其他一些实验中表现得非常"聪明"的一只狗,对目标做出了多种反应,却没有对摆在它眼前的细线作任何尝试。② 除非我们用一块鱼肉来擦抹细线,否则猫就不会获得一种适应的行为。③ 相反地,各种低等的猴类④,更不用说黑猩猩,似乎就能够对诸如此类的机械而静态的关系产生一些适应反应。再来描述那个众所周知的实验是没有什么用的——在该实验过程中,苛勒的那些黑猩猩中的一只把一根直径较小的竹管与另一根直径较大的竹管配接起来,利用这一工具去获取它不能直接达到的目标。我们只打算强调两支竹管在动物手中的偶然位置在它的发现之前可能起到的作用。我们可以确认,这一偶然位置是一个有利的、甚至必要的机会,但并不是学习的原因。事实上⑤,如果我们排出四根直径依次增大,且增幅稳定的管子,依次向动物呈现三种可能的组合,以便使同一根管子在一种情形下是两根中较大的一根,在另一种情形下则是较小的一根,那么,我们就会注意到,动物的反应并不是针对每一根个体地被考虑的管子而获得的。事实上,从这种类型的最初那些实验操作起,我们就已经观察到,始终是两根管子中最细的那根被推进另一根

---

① 拜顿迪克:《动物心理学》,第236页及以下。
② 苛勒:《智力测试》,第19页。
③ 拜顿迪克:《动物心理学》,第236页及以下。
④ 参谢泼德:"对猕猴的适应性智力的测试",《美国心理学杂志》,1915年,第26期;尼尔曼和特伦德伦伯格:"一个关于低等猴类的智力测试的报告",《比较生理学丛刊》,第4卷,1926年,第180页及以下。
⑤ 苛勒:《功能结构的简单证明》,第56页及以下。

中,因此动物总是把它抓在更为灵活的右手中,而另一根则被动地被握在左手中。然而,在我们要描述的第二个系列的实验过程中,不管细管子或相反地粗管子有多么接近,猴子在12次实验中有8次是用左手来抓最粗的管子,用右手来抓最细的管子。在其他4次试验中,一旦动物把管子握在手中,无须任何尝试,甚至在试图配接它们之前,它就已经重新确立了管子的正常分布。因此,配接反应绝不会与管子中的每一根的各种绝对属性相关,它在任何时刻都受到它们的直径之间的关系的调节。在初始的实验过程中,我们必定会认为,这种如此这般的关系扮演了一种决定性的角色,因为动物已经学会考虑的正是这种关系。

但我们比较普遍地承认,黑猩猩的行为超出了适应于一些个体刺激的条件反射的层次。对我们来说,更引人注目的是注意到各种机械而静态的关系的欠缺和不足。在我们迄今为止给出的关于行为的各种描述中,存在着某种人为的东西;通过吸引动物对各种几何的和物理的关系做出一些反应,我们就相信,这些关系是它的行为的自然框架,正如对人来说,它们是世界的构成要素一样。实际上,在它们找到通向动物行为的入口之前,其他更自然的结构必定已经被破坏了,而它们是从一些难以分解的整体中涌现出来的。让我们回想一下苛勒的实验:一只已经使用过棍子的黑猩猩被单独留在笼子里,面对着一个无法达到的目标,和一丛枝丫很容易被折断的干枯灌木。在各个不同的被试那里,结果是很不一样的;但无论如何,一种解决方案是在长时间的无所作为之后才起作用的。因此,作为一种刺激的树枝并不是一根木棍的等价物,使它能够承担这一功能的那些空间的、机械的属性,并非一开始就能够为动物的行为所通达。苛勒的一个被试,在以前的一些实验中,已经学会使用一些箱子,然而,当人们给予它一个箱子,但上面坐一只猴子时,它就不知道如何利用它了。它倚靠着这只箱子,因此不能说它没有看到它,但对它来说,那是一个用作支撑或休息的支点,不可能变成一件工具。① 因此,只有当一些更牢固的结构(它们把一种使用价值赋予给物体)首先被重组时,那些机械的结构才成为促反射的。各种经验主义心理学和理智主义心理学的不变的错误就在于它们这样进行推理:作为物理实在的树枝,在它自己那里拥有长度、宽度和硬度这些能使它被用作棍子的属性,作为刺激物的树枝似乎也拥有它们,因而它们在行为中起作用就是自然而然的了。人们没有看到,动物活动的场域并不像我们的世界那样是由一些物理-几何的关系构成的。② 这些关系并非潜在地呈现在各种刺激中,并不是一种简单的抽象使它们在行为的调节中显现出来。它们假定了情景的一种积极而新颖的"结构化"。因而,就算刚刚从生物学上更强的那些关联中解脱出来的各种物理-几何关系又轻易地被它们重新覆盖,甚或它们从来都没有在一种纯粹的状态中呈现出来,我们也不应该对此感到惊讶。在低等猴类中,一根棍子或一把耙子,只有当它们事先以一种适当的方式被安排好了——比如说,耙子已经被放在水果后面,而它的柄则在触手可及的范围——,才被作为工具使用。③ 类似的某种东西在较

---

① 苛勒:《智力测试》,第 128 页及以下。
② 需要补充的是,我们的世界也并不总是由这些关系构成的。
③ 尼尔曼和特伦德伦伯格:"关于低等猴类的智力测试的一个报告",《比较生理学杂志》,第 4 卷,1926 年,第 155 页及以下。

低智力的那些黑猩猩身上也被注意到了；至少在一开始的那些实验中，它们只有棍子与目标处于"视觉接触"中时，也就是说，只有目标与棍子能在一瞥之下被看到时，才使用棍子。① 一个物体的工具性价值随着它离目标越来越远而不断降低，也就是说，不是由独立于其位置的一些精确的机械属性构成的。甚至当黑猩猩成功地在时间和空间中扩展了自己的活动场时，当它经由几个中间阶段走向一个最终目标时，经常会出现距离很近的主要目标把一些本来指向次要目标的操作引向了自己，而这种"短路"现象②表明，黑猩猩并没有在无关紧要的某一时间和某一空间中成功地发展出针对那些工具的客观属性的一种有规律行为，它总是受到临近的未来和空间的邻近（它们将建立或者拆散行动的结构）的诱惑。甚至在黑猩猩利用一些机械联系的情形中，这些联系也有可能不是借助于人的知觉在它们那里认识到的各种属性才在它的行为中起作用的。如果我们呈现给黑猩猩几根全都通向目标的绳子，但其中只有一根是系在水果上的，它们通常不加区别地抓住一些和另一些，其行为并不受绳子与目标的机械关系的调节，更多地依赖于被呈现的绳子的长度，最短的绳子往往被选中。③ 这或许就是为什么，事实上存在着的那些机械关系一变得复杂起来，由于它们不再能够被转译为动物行为所具有的各种不完备的等价物，黑猩猩就会失败：它既不能够解开一个结，也不能够把一个环与钩住它的

---

① 苛勒：《智力测试》，第 128 页。
② 苛勒：《高等猴类的智力》，第 171 页。
③ 苛勒：《智力测试》，第 19 页。

钉子分解开来。① 因此，我们可以描述一种内在于行为的动物物理学，但其原创性只能通过一种心理学和一种哲学（它们应该为如此这般的未定之物提供一个位置，并且懂得一种行为或一种经验可以具有一种"含糊的"和"开放的"含义，而不是不具有任何含义）来获得理解。一只年幼的黑猩猩，面对着挂在顶棚上的一个水果和摆在它的笼子里的一个箱子，它一开始是跳向目标以便直接拿到它；然后它的目光落到了箱子上，"它走近它，注视目标，并用不足以使其移动的轻微的力量推箱子……它离开箱子，走远几步，但忽然返回来，重新反复推它，眼睛注视目标，但相当柔和，仿佛它并非真的想改变其位置。"②一会儿之后，解决的办法"找到了"。我们可能会说，箱子在问题中"有事可做"，但其功能还没有被明确。问题将会获得完全的解决吗？人的言语行为提供了一个类比。在罗吉尔的拼板游戏实验中，当一个被试偶然成功地分开了两个部件时，"工作得以在其间完成的那个区域，甚或使用的动作的特殊类别现在都获得了强调，并且成了整个程序的焦点。在大量的例子中，解决办法几乎完全依赖于一种关于场所或位置的分析。"③但是，这样一种局部干预藉以产生预期效应的方式并没有在反应中起作用。我们还可以思考一下在一场网球比赛中引起球员做出反应的各种情景：我们将在后面的分析中展示这种情景，指出球的方向、球的轨迹与地面形成的角度、球可以藉之被激活的旋转、对手们的位置、球场的大小等等都有助于调节响应的范围和方向，以

---

① 苛勒：《高等猴类的智力》，第 238－239 页。
② 苛勒：《智力测试》，第 30 页及以下。
③ 考夫卡：《心智的发展》，第 193－195 页。——参看前面部分。

及球被击回的方式。然而,非常清楚的是,在击球的那一瞬间,情景并不是完全连贯的,尽管对一个优秀球员来说,所有这些决定性因素都会起作用。对黑猩猩对各种机械关系所做行为的描述提出的是一个类似的问题:在它们那里,这些关系应该还没有与"视觉接触"区分开来,而且隶属于可以与儿童物理学的范畴①或原始人的"互渗"相提并论的一种原本范畴。在涉及黑猩猩十分缺乏的各种静态关系方面,情况也一样。为了平衡一把梯子,苛勒的那些被试中的一个让其中的一个梯脚紧靠墙壁。② 该情景的各种静态特征是通过内感受性而不是借助一些视觉感受器起作用的。当一个箱子完全不摇晃时,一只黑猩猩就会认为它处于平衡状态,尽管这种平衡是非常不稳定的;反之,如果箱子虽然牢固地被安在它的基座上,但并非完全不动,它就会重新着手其整个搭建。一旦搭建被完成了,"任何移动或任何可疑的倾斜都通过身体重心的一种偏移、手臂的一种略微抬起、躯干的一种屈曲而获得满意的补偿,以至动物下面的那些箱子本身在某种程度上服从于它的小脑-迷路神经静力学"。③ "一些形状通过它的双手搭建起来(它有时会成功地爬到它们上面),从静力学视点来考虑,它们在我们看来差不多已经达到了可以理解的极限,因为我们熟悉的,尤其是作为视觉形式固定在我们这里的全部建造,只是出于偶然、因此可以说只是在抗摇晃的过程中才能够被动物实现。"④

---

① 参皮亚杰:《儿童的物理因果性》,多处内容。
② 苛勒:《高等猴类的智力》,第 153 页。
③ 同上书,第 143 页。
④ 苛勒:《高等猴类的智力》,第 142 页。

如果我们现在说黑猩猩是"有智力的",我们难道不是冒着忘记其行为中的各种物理-几何关系的那些原本特性,并且把它们与人的"客观的"几何学和物理学混淆起来的危险？各种定义或许都是不受约束的,而苛勒对智力的定义似乎适合于黑猩猩。他把"一种整体的解决方案根据场域结构而产生"①和一种行为——它的各个构成部分"单独地看,对于该问题是没有任何意义的,只有当我们在整体进程中来考虑它们时,才会重新获得一种意义"②——的出现作为标准。但是,场域的结构可能或多或少是连贯的,而行为的结构则可能或多或少是复合的。甚至在黑猩猩的各种机械的、静态的结构与人的行为的结构之间,仅仅存在着一种程度上的差异？在黑猩猩那里,难道各种静态关系的欠缺用苛勒的话来说仅仅只是一种"视觉疾病",即,总而言之,仅仅只是一种类似于失明的缺陷？或者,毋宁说难道不是因为这些关系假定了一种更高级的结构化模式,以致它们不能为黑猩猩所通达？而且,难道不应该把"智力"的名称保留给这种组织方式吗？

我们已经看到,在黑猩猩的行为中,作为座位的箱子和作为工具的箱子是两个不同的、交替的物体,而不是同一个东西的两个方面。换言之,在任何时刻,动物都不可能对物体采取一种随意选择的视点,但物体看起来具有一种"向量",被赋予了一种"功能价值",它们取决于场域的实际构成。对我们来说,这就是我们在黑猩猩的行为中注意到的各种欠缺的根源。对此我们打算通过两个

---

① 苛勒:《高等猴类的智力》,第 179-180 页。
② 同上书,第 94 页。

例子来确认：即迂回地接近各个物体的例子和各种静态关系的例子。黑猩猩——我们向它们提出了把它们因为一个盒子的那些垂直边缘而与之分隔开来的一个水果拨向它们自己的任务，为了成功，它们必须推动水果远离自己朝向盒子的开口——全都知道采取一些迂回的方式，比如到外面去寻找人们通过窗户扔进来的一个水果。因此，非常清楚的是，对动物机体来说，采取一种迂回的方式和使它成为一种针对目标的迂回方式是两个有区别的、难度不等的任务。这两种情形中的各种空间关系必定表现了一种本性上的区别。只是在它们显露出了机体的一种趋向目标的运动的轮廓时，它们才在一个方向上为动物行为所进入。目标是固定的点，机体则是移动的点，它们不能够交换它们的功能；机体不是诸物体中的一个物体，它拥有一种优势。是什么东西在阻止那些外感受结构获得我们可以在各种本体感受结构中找到的同样的可塑性呢？人的行为在无辨觉能症的某些例子中和在疲劳状态中的相似提供了一种指引。经历一次复杂的旅程比向某人说明它要容易得多；通常，我们在说明的过程中要利用一种运动模仿，如果没有它，尤其是在我们疲劳的时候，我们就不能够在心理上经历这一旅程。我们已经在盖尔布和戈尔德斯坦的病人那里遇到过对各种运动姿态的同样的求助。① 说我们求助于一些"运动觉材料"来补充那些欠缺的"视觉材料"是不够的。恰恰需要知道的是它们为什么是欠缺的。此外，运动姿态并没有代替视觉材料。事实上，只是相对于我们对之形成了某个视觉表象的这一旅程来说，那些定向的姿势

---

① 参看前面第41页注释1和第76页(中文版第64页注释①和第108页)。

在这种情形中才具有意义。运动姿态所提供的与其说是一些内容,不如说是组织视觉场面的、在被表象空间的各个点之间标出我们需要的那些关系的能力。这种所谓的对于触觉材料的求助其实是对于被亲历空间的一种求助,对立于我们的各种指标最初处于其中的潜在空间。借助于我们酝酿的那些姿势,我们暂时地使我们的描述得以在其间展开的潜在场的那些主要方向与我们的本己身体的各种牢固的结构——右与左、高与低——相吻合。对旅程做一种纯粹描述的困难与看一张地图,或在一张平面图上为自己确定方位带来的困难属于同一类型,而且正像我们知道的,在某些无辨觉能症情形中,平面图几乎是毫无用处的。纯粹视觉的线路要求我们以一种俯视的视点、以我们在旅行时从未经历过的一个视点来向我们自己表象这一旅程;要求我们能够把一种运动旋律转译成一种视觉图表,在两者之间建立起一些彼此对应、相互表达的关系。同样,让自己针对一个物体采取迂回的方式,就是通过我们的姿势本身来勾勒当我们处于这一位置时应该做出的动作的象征,就是在各种关系之间建立一种关系,这是一种二阶的结构或意向。黑猩猩缺乏的是在各种视觉刺激之间(以及在由它们引起的那些运动兴奋之间)建立一些表达并象征它最熟悉的各种运动旋律的关系的能力。动物不能够置自己于运动物的位置并且把自身看作为目标。它不能变换它的各个视点,就像它不能从不同的视角认出同一个事物。但也许有人会说,我们预设了有利于那些本体感受刺激的一种现实性的优势。只是在这种情况下,那些应该被传递给物体的动作才需要转译为一种本体感受语言,象征行为才会被要求。为什么物体的迂回不和本己身体的迂回一样现实呢？这是因为，在动物的行为中，外部物体并不是在本己身体是一个事物的意义上是一个事物，——也就是说，不是能够进入多种多样的关系又不在其中丧失自身的一个具体统一体。我们实际上遭遇了本己身体的特权，问题只不过在于正确地定义它。动物缺乏的当然是象征行为：为了在具有多种多样的外观的外部物体中发现可以与本己身体的被当下给与的不变量相比的不变量，为了反过来把它的本己身体也作为诸物体中的一个物体，这种象征行为对它来说是必不可少的。——同样，完全懂得如何平衡自身（即如何通过一些适当的动作去重建自己身体的垂直位置）的猴子，却不能成功地平衡它的那些建构。这是因为，一个物体的平衡需要在各种视觉刺激的某些空间关系与本己身体的某些姿态之间建立起一种一一对应。动物必须把某些视觉刺激与某些内感受刺激看作是相互表象的。但是，人们会说，这种解决方案假定了需要说明的东西：为什么各种视觉刺激需要与那些内感受刺激联系起来，才能够根据"高"与"低"，"直"与"斜"而成为有资格的？为什么它们本身的结构不包含这些维度？苛勒在某个地方指出，黑猩猩们从来都不会建造桥梁，而当一座桥出现在它们面前时，我们看到它们会安顿在那里，当整个桥垮塌的时候，它们拉牢其中的一个桥拱，并做出"惊恐的示意动作"。苛勒补充道："所有其他的实验，只要在它们那里原则上有两种同时干预的力量在起作用，就都像这个实验一样失败了。"①在把一个水果推远以便随后拿到它、或者为两个互相垂直的构成部分建立关系的实验中（就像在圆环与钉子的

---

① 苛勒：《高等猴类的智力》，第144页，注释1。

试验中①,在缠绕着梁柱的绳结或绳子的试验中②所发生的那样),动物的失败难道不应该与这些实验联系在一起?同样的说明对于动物在各种搭建试验中表现出来的"笨手笨脚"不是仍然有效吗?因为这里涉及的仍然是在两种不同的力量之间建立一种关联,仍然是同时满足两个条件:脚手架的内在稳固和相对于垂直面的整体定向。同样的困难并不存在于本己身体的平衡中,"脚手架"在此是完全既成的。因此,这里涉及的严格地说并不是一种"视觉疾病",③或毋宁说,这种视觉疾病本身是一个结果:视觉静力学的不足就在于:在视觉与之相关联的那些外部物体的领域内,平衡是通过两种独立力量的搭配而获得的。因此,问题在于把两个东西当作单一的一个东西,把两种力量当作与它们没有任何相同部分的一个结果的分析性表达。视觉疾病表达的只不过是各种相互表达关系、象征行为或者还有"结构事物"④的不充分。视觉是不完善的,只不过因为它是关于潜在物的感觉。事实上,在迂回地处理各种物体的实验中,每当目标的一种偶然移动引发了解决办法,黑猩猩都会从这一迹象中获益:这是因为偶然移动已经把问题从潜在空间(问题在这里应该能够通过一些可能的操作被解决)转移到了现实空间(它在这里开始得到有效的解决)。⑤ 始终是行为的相同

---

① 苛勒:《高等猴类的智力》,第 229-239 页。
② 同上书,第 108-109 页。
③ 同上书,第 143 页,注释 1。
④ 德语作家经常用到"dingbezogene Verhalten"这一表达。参拜顿迪克:《动物心理学》,第 455 页及以下。福克尔特在《动物的表象》中谈到了对动物行为的"事物般划分"的不足。
⑤ 参苛勒的那些例子,《高等猴类的智力》,第 224 页。

的无能把场域的整体当作了事物场,把一种刺激可以被卷入其中的那些关系扩大了,并且把它们全都当作了同一事物的一些不同的属性。

苛勒指出,高与低的视觉结构、垂直与水平的协调,是与直立姿势相辅相成的。事实上,儿童在能站立之前并没有获得这些东西,在不拥有它们的黑猩猩那里,直立姿势永远不会成为一种自然的姿态。① 在黑猩猩那里,小脑与迷路的引人注意的发展显然与其行为的这两个特征相一致。但是,在这三个事实之间存在着什么样的确切关系呢?的确可以这么说,由于视觉疾病、由于本体感受性的优势,直立姿势保留为一种例外的姿态。然而,这与格式塔理论通过迷路与小脑的发达来说明猴子的运动方式的本意相背离。如果我们想起苛勒是如何构想解剖学与生理学的各种关系的,②那么我们就有必要指出,这种解剖学的独特性本身是无法从它为之做出了贡献的机体的整体机能模式的发生中分离出来的。很清楚的是,相同的推理对黑猩猩的"视觉疾病"也是有效的。我们想到的三个协调的事实并不是三个彼此外在的事件,它们仨全都具有相同的意义,它们仨全都表达了一种相同的机体机能结构、一种相同的存在风格;它们是对与当下而非潜在、各种功能价值而非各种事物相适应的一个行为的三种说明。根据格式塔理论的各个原理本身,这一行为应该在其内在法则中获得理解,而不是通过多种孤立的原因得以说明;我们不应该把猴子欠缺各种静态的结

---

① 苛勒:《高等猴类的智力》,第 153 页及以下。
② 参看前面第 38 页(中文版第 60 页)。

构描述成一种"视觉疾病";这会使人相信,在行为的整体结构中没有其根据的一种缺陷是可能的,这又重新回到了从前的内容心理学。① 在黑猩猩所掌握的那些"可移动的"形式上面,还必须承认一种原本行为的层次:各种结构在这里还要更容易自由支配,可以从一个意义转转换为另一个意义。这就是结构事物在那里变得可能的象征行为。

3. 象征形式

在动物行为中,各种符号(signe)始终停留为一些信号(signal)而永远不会成为一些象征(symbole)。一只接受过训练,开始时跳上一把椅子,然后由此跳上第二把椅子的狗,在没有椅子的情况下,从来不会利用出现在它面前的两条木凳或者一条木凳加上一把扶手椅。② 有声符号并没有让针对各种刺激的一般含义的任何反应成为中介。符号的这种使用要求它不再是一个事件或一种预兆(尤其不再是一种"条件刺激物"),为的是成为一种趋向于表达它的活动的特有主题。这一类型的一种活动已经在某些运

---

① 在对施耐德这一病例进行分析时,盖尔布和戈尔德斯坦最初涉及的也是各种视觉内容。在他们的学生的协助下,他们逐步达到了一种"结构的"解释(参看前面第70页和第78页,中文版第100页和第112页)。更一般地说,"形式"这个概念逐步显示了它要么在实验秩序中,要么在反思秩序中暗含的一切(参看后面第三章)。

② 拜顿迪克和费歇尔:"论狗对人类语词的反应",《荷兰生理学档案》,第19卷,1934年。参拜顿迪克、费歇尔和拉格:"关于老鼠和狗的目标调整",《荷兰生理学档案》,第20卷,1935年,第455页及以下。

动习惯的习得中(如在弹奏乐器或打字的能力中)存在。① 我们知道,这样一种视觉刺激(一个音符、一个字母)与这样一种局部活动(指向键盘上的某个按键)之间的联结对习惯来说并不是本质性的:也有可能,一些受过训练的被试不能在键盘上孤立地确定对应于这个音符或那个字母的按键。② 只是作为对应于一些词或一些音乐短句的各种运动整体的过渡点,键盘上的那些按键才会在行为中被当作目标。然而习惯甚至不在于把与一些已知的视觉整体相对应的一些确定的运动旋律固定下来。"知道"如何打字或弹奏管风琴的被试有能力即兴表演,就是说能够产生对应于他从未见过的一些词或从未弹奏过的一些音乐的各种运动旋律。我们试图假定,这些音乐短句或词的某些元素至少与一些固定的、已经习得的搭配相对应。但是,一些接受过训练的被试能够在他们不熟悉的一些乐器上即兴弹奏,明显有必要事先进行的乐器调试过于短促,以至于不可能对一些个别搭配进行一种替换。各种视觉刺激和各种运动兴奋之间的新的关联需要通过一个总的原则而获得间接阐明,以便使演奏一个即兴的片断而不是规定好的一些音乐短句或片断一下子就有了可能。实际上,管风琴演奏者并不是一部

---

① 我们或许会以为,按照这些例子去阐明象征行为的新颖性是很容易的,因为这些运动习惯的"刺激"本身也是由人创造的书写象征。但是,我们同样清楚地表明了,针对一种"日用物品"习得的任何才能都是对这一物品的人类结构的一种适应,都在于通过身体拥有物品根据其形象而得以被制造出来的一种"人为的"行为。如果说对象征行为的分析总是使我们回到由人创造的一些物品中,这不是偶然的。我们将看到,象征行为是行为的各种"目的"中的任何创造和任何创新的条件。因此,它首先体现为对不存在于自然中的一些物品的适应就不足为怪了。

② 参谢瓦利埃:《论习惯》。

分一部分地检视管风琴,①他在自己的手和脚演奏的那个空间里,"辨认"出了与一些表达价值,而不是与一些确定的音符整体相对应的一些区域、一些方位标和一些运动曲线。各种运动兴奋对各种视觉兴奋的调节是通过它们共同参与到某些音乐精华中而实现的。某个音符、演奏者的某个动作和某个声音之间的对应无疑是约定的:多个音乐文字系统都是可能的,就像那些键盘的多种排列是可能的一样。但是,这三个其间只存在着偶然的一一对应的整体,却被看作是内在相通的一些全体。旋律的变化、音乐文本的图表外观和各种姿势的展开都参与到了同一个结构中,共同拥有同一个含义核心。表达与被表达者的关系,在各个部分中是简单的并置,在各个整体中却是内在的、必然的。这三个整体中的每一个相对于另外两个的表达价值,并不是它们的经常联合的一个结果:它是其理由。如果我们写或弹奏音符哆的方式并不包含一个系统的原则,因此并不覆盖我们据之写或演奏其他音符的方式,那么,这一乐谱就不是一种语言,管风琴也不成其为一种乐器。真正的符号代表着它的所指,这不是根据一种经验的联想,而是因为它与其他符号的关系也同于它所指的客体与其他客体的关系。因此,我们可以解读那些不认识的语言。假定所有的音乐文本都丢失了,只留下来了我们甚至不知道它代表的就是音乐的其中的一页,我们仍然会注意到:处在该页上的那些符号会由于它们在五线谱上的高度,由于添加其上的那些附带的符号(那些把白与黑区分开来的符号),由于它们在某些空间单位(各个节拍)之内的可变组合而产生区分;文本的内部分析决定了在它那里获得表达的世界的

---

① 参谢瓦利埃:《论习惯》。

各个外部轮廓和各个主要维度。如果碰巧不属于声音世界的另一个世界拥有各种同样的结构特征,那么,该文本就仍然是含混的。但这种含混性并不能证明各个符号与所指之间的关系是偶然的:相反地,它源自于两种可能的含义共同拥有那些相同的结构属性。为了在两架不同的管风琴上弹奏一段曲子,那些必要的运动整体之间必须有一种结构对应,正如一个物理学理论的那些方程能够用另一个理论的语言来表达一样。撇开各种韵律(为了使同一段乐曲适合于所有的乐器,这些韵律显然始终保持为相同的),在一些不可重叠的运动之间建立起了内在关系的诸结构的这一结构,就是这段乐曲的音乐含义。因此,各种真实的才能要求"刺激"通过它的那些内在的结构属性,通过它的内在含义而成为有效的,要求反应同它一道象征。

动物行为欠缺的正是同一个主题的多样化的表达的这种可能性、这种"视角的多元性"。正是它引入了一种认知的行为和一种不受约束的行为。通过使各个视点的全部替代成为可能,它把"各种刺激"从我自己的视点卷入的一些现实关系中、从永久地被确定的那些物种需求赋予给它们的一些功能值中解放出来。本能的各种感觉-运动的先天性把行为与刺激的一些个别整体、与一些单调的运动旋律联系起来。在黑猩猩的行为中,各种主题,甚至各种手段都始终被物种的先天性所确定。[①] 伴随各种象征形式,出现了一种为自己表达刺激的行为,它向各种事物固有的真理和价值开

[①] "就马戏场表演期间而言,(借助于一些矫正的或者任何其他的手段)把黑猩猩引导到并不属于它的、在所考虑的那些环境中不属于其自然反应的一种活动、一种习惯、一种克制事物或与之关联的方式上去,这一切或许会获得成功;但是,使一只黑猩猩掌握一个与其本性无关的行为,以至于从此以后把它当作一件自然的事情来实现,这在我看来是一件非常困难、甚至几乎不可能的任务"(苛勒:《高等猴类的智力》,第63页)。

放,它趋向于能指与所指、意向与意向所指的东西之间的相符。在这里,行为不再仅仅具有一种含义,它本身就是含义。

　　前面的那些描述使我们能够把条件反射定位在其真实的位置。既然各种生命行为依附于一些混沌的整体,既然我们只是在象征行为的层次上才能够遇到一种针对一些客观刺激(如物理学所界定的那些刺激)的有规律活动,那么,条件反射要么是一种病理现象,要么是一种高级行为。我们已经有机会指出,在接受一些条件性实验的一些狗那里,出现了湿疹甚至一些真正的实验神经症。巴甫洛夫谈到了一些时间之后拒绝任何新的实验的一只狗:"一次时间持续得越长,它就变得越烦躁,它想要放松自己,抓地板,啃台桌等等,这种不间断的肌体活动导致它呼吸困难,不断口吐白沫。它对于我们的工作来说已经完全没有用了。"①巴甫洛夫把这种行为解释为一种"自由的反射"。但是,"反射"一词指的如果不是对某些确定的刺激物的特定反应,就不具有任何意义;不过,这里涉及的反应是不确定地拒绝对各种刺激做出回应。我们看到的一般抑制并不是根据条件制约的那些机械法则而被构造出来的,它表达了一条属于一种新类型的法则:把机体引向一些具有生物学意义的行为,引向一些自然情景,即引向机体的一种先天性。因此,存在着一种记录在事实本身中的规范。在条件反射是一种解体现象的范围内,如果我们"在儿童那里比在成人那里,在低龄儿童那里比在大龄儿童那里,在智力迟缓的同龄人那里比在

---

　　① 巴甫洛夫:《大脑皮层活动教程》,第12-13页,转引自拜顿迪克和普莱西纳:《行为的生理学说明》,第170页及以下。

正常的同龄人那里"①更经常、更容易地发现条件反射,我们也就不会感到惊讶了。但是,条件反射的实验之所以导致了一种病理变异,是因为,对各种绝对刺激的反应是一种困难的操作,动物无法长时间地执行。我们已经看到,在那些家养母鸡对各种颜色的反应中,产生了一些绝对选择。② 但是,对一种绝对颜色值的适应是不稳定的。③ 相反,一个接受一些类似实验的成人则会对选择的原则感到犹豫,只是在三种灰色色调之间的差别非常接近的情形中,他才会根据一种与另一种之间的关系来进行选择。④ 事实上,我们观察到,在对一些年龄更大的儿童进行测验中,对一些绝对刺激的各种反应会变得更加频繁。最后,我们会懂得,一般来说,被研究的种类的大脑发育越是高级,各种条件反射就越是完善。⑤ 我们要说,接受过训练的那些被试不能孤立地确定一台机器的键盘上的一些字母。然而,他们可以通过印证他们能够操作的、各种相同的字母构成其一部分的那些运动结构中的某几个来间接地做到这一点。这种二阶的操作、这种对一些反应的反应,预设了它所要分析的各种结构。我们看出了,对一些绝对刺激的参照如何会具有两种意义:它代表的要么是一种病理的解体,要么是一种新的组织类型(它在不破坏那些现存结构的情况下,根据不同的视角去安排它们)。在第一种意义上,它明显不是行为的说明

---

① 皮埃龙:"条件反射",参迪马编:《心理学新论》,第 2 卷,第 35 页。
② 参看前面。
③ 苛勒:《结构功能的简单证明》,第 24 页。
④ 考夫卡:《心智的发展》,第 157 页。
⑤ 皮埃龙:"条件反射",参迪马编:《心理学新论》,第 2 卷,第 37 页。

原则。

　　但在第二种意义上就不再是这样了。在我们指明那些高级结构的独特性的同时,我们也确认它们并没有说明其他结构。在坚持心理学的经验论的同时,巴甫洛夫也从理智论那里借用了一些公设。经验论和理智论把属于一个非常高级层次的一些结构搬入到了行为的那些原始模式中:纯粹并置的结构——原子,或者纯粹内在性的结构——关系。有人也许会说,通过拒绝从这些观念(它们是我们所理解的自然的构成成分)出发建构行为,通过指责它们是拟人论的,我们不言明地参照了某种在己的实在,参照了智力从中涌现的、智力相对于它只能被说成是表面的东西的某种基础(Grund)。但是,我们要补充说,只有借助于智力,这一实在本身才能够被命名,才能够被思考。我们必须区分智力和理智论,或许还必须承认一些不出自于逻辑秩序的含义的存在。① 这里涉及的只是一种预先描述,它并不能解决"混乱思维"的各种先验问题,但有助于提出它们。

　　前面章节已经告诉我们,不仅不能像人们所说的那样用低级来说明高级,而且也不能用高级来说明低级。传统上,人们区分了一些低级的或机械的反应(作为一种物理事件,它们是各种先行条件的函项,并因此在客观的空间和时间中展开)和一些"高级的"反应(它们并不取决于各种事实上获得的刺激,而毋宁说取决于情景的意义,而且它们似乎为这一情景假定了一个"视点"、一种探索,它们不再属于在己秩序,而是属于为己秩序)。这两种秩序中的前

---

① 参看第三章。

者和后者对于智力来说都是透明的：前者对于物理学思维而言并且作为外部秩序（各种事件在这里外在地相互制约）是透明的；后者对于反思而言并且作为内在秩序（发生的事情在这里总是取决于一种意向）是透明的。行为在它具有一种结构的范围内，在这两种秩序的任何一种中都不占有位置。它并不像一系列物理事件那样在客观的时间和空间中展开，每一时刻并不占有一个而且仅仅一个时间点；相反，在学习的关键时刻，一个"现在"从一系列"现在"中逸出，获得了一种特殊的价值，总括了先于它的那些探索，正像它卷入并预示了行为的将来，把经验的独特情景转化成一种典型的情景，把有效的反应转化成为一种才能。从这一时刻起，行为脱离了在己的秩序，并且成为内在于它的一种可能性在机体之外的投射。世界在其支撑着一些有生命的存在的范围内，不再是充满许多并置部分的一种物质，它在一些行为出现的地方形成了窟窿。说正是作为观察者的我们，通过思维把行为所针对的情景的各个要素统一起来，以便让它们具有一种意义，正是我们把我们的思维的各种意向投射到了外部，是无济于事的；这是因为，还需要知道的是，这种移情作用（Einfühlung）依凭什么东西，依凭何种现象把我们吸引到了拟人学说，以及是什么迹象把我们吸引到了拟人学说。说行为"是有意识的"，它把隐藏在可见的身体后面的为己的存在作为其反面向我们显示出来，同样是无济于事的。行为的各种姿势，它在围绕动物的空间中勾勒出的各种意向，瞄准的都不是真实的世界或纯粹的存在，而是"为动物的存在"，即该物种的某种有特色的环境；它们并不让一种意识，即一种其全部本质就是去认知的存在显露出来，而是让某种对待世界的、"在世界中存在"

或"去实存"的方式显露出来。按黑格尔的说法,一个意识就是"存在中的一个洞孔",我们在这里拥有的仍然不过是一个窟窿。黑猩猩——它可以身体直立,但在所有紧急状况下都会恢复其动物的姿势;它能够叠合箱子,但只能给予它们一种触觉平衡——由此表现了对现实的东西的一种粘附、表现了一种短促而笨拙的实存方式。盖尔布和戈尔德斯坦的病人——他不再有对各种数目的"直观"、不再能够"理解"各种类比、不再能够"知觉"各种同时性整体——表露出衰弱、表露出缺乏生命密度和广度;认知障碍不过是其第二位的表现。只是在象征行为的层次上,更确切地说,只是在交流言语的层次上,各种陌生的实存(同时还有我们自己的实存)在我们看来才与这个真实的世界是井然协调的;行为的主体并不寻求把自己的各种固执的规范塞给世界,而是"非现实化自己"并且成为一个真正的他我。他人的构成,如同其他的**我**一样,仍然没有完成,因为他的言语,即使已经成为一种纯粹的表达现象,仍然能够同等地、不可分割地表达他自身和真理。因而,不存在能够证明在自己后面的一种纯粹意识的行为,而他人从来都不是作为正在思维的我自己的完全等价物被提供给我的。在这个意义上,我们应该不只是拒绝各种动物具有意识。关于一种陌生意识的假定立即使已经提供给我的世界重新回到私人场景的状态,世界破碎为众多的"世界的表象",而且只能是这些表象共同拥有的意义,或者说是一个单子系统的不变量。然而,事实上,我有意识地知觉世界以及一些忙碌于世的指向数量上为一的相同世界的行为,也就是说,在关于这些行为的经验中,我实际上超越了为己与在己的二者择一。行为主义、唯我论和那些"投射"理论共同承认,各种各样的行为是作为展现在我面前的一些事物被给予我的。但是，否认动物具有纯粹意识意义上的意识，具有我思活动（cogitatio），并不是要把动物变成一些没有内在性的自动木偶。在它依据其行为的整合而变化不定的范围内，动物确实是另一种实存，这一实存被所有的人觉察到了，我们对此已经进行过描述，它是与关于各种动物的心灵的任何概念理论没有关联的一种现象。如果这一行为向目光提供的只不过是一个广延片断，那么，斯宾诺莎就不会花那么多的时间去思考一只溺死的苍蝇，而关于各种动物机器的理论是对行为现象的一种"抵制"。因此，这一现象还需要获得思考。被提供给知觉经验的行为的结构既不是事物，也不是意识，而这就是使它对于心智来说难以理解的东西。因此，前面章节的目的不仅仅在于确认行为不能被还原为它的那些所谓的部分。就算我们还没有任何其他看得见的东西来取代这一冗长的归纳研究（它甚至永远不会被完成，因为行为主义总是能够发明其他一些需要重新开始其论证的机械模式），思考的那一片刻也会给我们带来一种原则上的确定性。我思难道没有一劳永逸地告诉我们，如果我们不首先有一种关于我们的思维的认识，我们就不会有关于任何事物的认识，甚至向世界之中的逃避和那种忽视内在性或不离开各种事物的解决办法（这是行为主义的最重要的东西），不被转化为意识、不预设为己的实存也不能够获得表述？因此，行为是由一些关系构成的，也就是说，就如同任何其他客体一样，它是被思考的，而不是在己的。这就是反思向我们表明的东西。但是，抄这条近路，我们将错失现象的最重要的东西，错失作为其构成成分的悖谬：行为不是一个事物，但它更不是一个观念，它并不是一种纯粹意识的外壳；作为一种行为的见证者，我并不就是一种纯粹意识。这正好是我们说行为是一种形式时所要表达的东西。

因此，借助于"形式"这一概念，我们已经找到了在关于行为的"中枢区域"的分析中，以及在关于它的各种可见表现的分析中避免经典的二律背反的手段。更一般地说，这一概念使我们避免了在一种哲学（它把一些外在地相关的要素并置起来）和另一种哲学（它在所有的现象中发现思维的各种内在关系）之间的二者择一。但是，正是由于这个原因，它是含混的。迄今为止，它已经通过一些物理学的例子被引介进来，并且借助于使它适合于解决心理学和生理学问题的各种特征而得到界定。还需要对它本身加以理解，不这样的话，前面的分析之哲学含义就会停留为模棱两可的。

第三章 物理秩序,生命秩序,人的秩序

巴甫洛夫的反射学把行为当作事物处理,让它进入和消失在世界的一系列事件和关系中。当我们想要界定它实际上所依赖的各种变量时,我们不是在被当作物理世界的一些事件的各种刺激中,而是在并不包含在这些事件里的一些关系中发现了它们:从在两种灰色色调之间确立的关系到手段与目的之间的各种功能关系,到象征行为的各种相互表达关系。灰色 G1 和 G2 归属于自然,但不是机体为了它们而构成的、机体在各种绝对颜色在那里是有差异的另一集合中"辨识"出来的"一对"颜色。刺激这一模棱两可的概念在分析中一分为二:它包含并混同于物理事件(就像它是在己的那样),另一方面包含并混同于情景(就像它是"为机体"的那样),即动物的各种反应中唯一决定性的东西。对立于行为主义,获得确证的是:不能把"地理环境"和"行为环境"相等同。[①] 在物种的等级中,每一层次上的各种有效关系规定了这一物种的一种先天性,即它固有的一种转化刺激的方式;因此,机体有一种并非实体的而是结构的独特实在性。因此,科学不能把各个机体当作一个独一无二的世界(Welt)的各种有限的样式,当作一个卓越

---

① 考夫卡:《格式塔心理学原理》,第 28 页。

地把它们包含在其中的全体的各个抽象的部分。它与一系列的"氛围"和"环境"(周围世界[Umwelt],记忆世界[Merkwelt],反世界[Gegenwelt])①打交道,在这些地方,各种刺激根据它们所意指的东西、根据它们对于所考虑的物种的典型活动的价值而起作用。同样,一个机体的各种反应并不是基本运动的堆积,而是具有内在统一性的一些姿势。就像刺激一样,反应也可以分化为"地理行为"②(动物在其与物理环境的客观关系中实际进行的各种活动的总和)和严格意义上的行为(在它们的内部关联中、并且被当作具有一种意义的一个运动旋律来考虑的相同的活动)。一只老鼠穿越一个迷宫必需的时间,它犯错误的次数,这些规定性属于它的地理行为。比起严格意义上的行为来说,它们有时具有更多有时具有更少的价值:不受情景的各种本质特性引导的一个行动有时会偶然地遇到它们,比如,一只正在玩一根绳子的猫把一块肉拉到了自己面前。反之,有时会出现一种徒劳无益的动作实际上是一个"善意的"错误的情况,比如在一只黑猩猩为了获得一个远处的物品,用握在自己手里的另一根木棍去把一根木棍推向物品的时候。③ 我们不能够在动物行为中识别出可以说第一层次的各种反应:它们是对世界的各种物理化学属性的反应,各种促反射力量的转移随后将把一种既得的意义与它们联系起来。经验在一个机体中并不是对某些真实地完成了的活动的记录和确定:它提升了一些才能,也就是说,通过除了意义外没有任何共同之处的一些多样

---

① 拜顿迪克:《动物心理学》,第 106 页,第 142 页。
② "考夫卡的实现",同上书,第 37 页。
③ 考夫卡:《格式塔心理学原理》,第 38 页。

的反应,它提升了机体响应某种类型的情景的一般能力。因此,反应不是一系列的事件,它们在自己那里带有一种"内在的可理解性"。① 如此一来,情景和反应通过它们对一种结构(机体固有的活动模式在此获得了表达)的共同参与被内在地连接起来了。我们也不能够把它们就像原因与结果那样置于首尾相接之中,它们是一个循环过程的两个环节。任何束缚动物活动的东西也消除了某些刺激的促反射能力,把它们从动物的"感觉世界"中排除出去了。②"动物的内在世界③与外在世界的关系不能被理解为一把钥匙与其锁的关系。"④如果行为是一种"形式",我们甚至不能在它那里确定那种取决于单独被考虑的内在或外在条件中的每一种的东西,因为它们的变化多样在这里是通过一种整体的、不可分割的效应获得表达的。无论在生产的因果性的明显意义上,还是甚至在函项与变量关系的意义上,行为都不是物理世界的一种结果。应该承认在它所处的物理场(各种定向力量的系统)之上,还有一个生理场,即"各种紧张和舒张的另一个系统"(它以一种决定性的方式单独规定了实际行为⑤)的原本特征。即使我们完全说明了

---

① 拜顿迪克和普莱西纳:《行为的生理学说明》;"蕴涵在每一行动本身之内的可理解性"(第169页),应该让行为停留"在自然的情景关联中,并且因此保持其表现特征和直接的可把握性"(第170页)。

② 拜顿迪克:《动物心理学》,第142页。一条放养的狗经过训练可以选择画有一个三角形的门,尽管不同于用来训练的那个三角形,甚至画颠倒了,条件是它一开始不能过大;而一条拴养的狗,即使接受了上千次实验,也不能获得对于一个不变的三角形的任何反应。拜顿迪克:《人与动物的心理功能的本质差异》,第55页及以下。

③ 这个词并不必然指动物可能对之有意识的一个世界,而仅仅指确定行为的那些原本关系的集合。

④ 拜顿迪克,同上。

⑤ 考夫卡:《格式塔心理学原理》,第42页。

象征行为以及它的各种固有特性,也还有必要引进一个第三场域——按通常的界定,我们称之为"心理场"。我们是不是退回到了行为主义试图通过把行为展示在物理因果性的独特层面上而予以消除的那些经典问题中去了呢?

正是在这儿,形式的概念使得一种真正新的解决成为可能。能够同等地应用于刚才获得了界定的三个场域中,它通过超越唯物论与精神论、唯物论与活力论的二律背反,把它们作为三种类型的结构予以整合。分别被认为是物质、生命和精神之属性的数量、秩序和价值或含义,只是被考虑的秩序中的支配性特征,它们成为了普遍适用的范畴。数量不是性质的一种否定,好像圆的公式否定了圆形一样,相反,它试图成为其精确表达。物理学处理的各种数量关系通常只不过是一些分布过程的公式:在一个肥皂泡中就如同在一个机体中一样,发生在每一点上的事情是由发生在所有其他点上的事情决定的。而这就是秩序的定义。因此,在生命现象的研究中,没有任何理由否认这一范畴具有客观价值,因为它在关于各种物理系统的定义中有其位置。在这些系统的内在统一中,可以这样说:每一局部效应都取决于它在整体中实现的功能,取决于它相对系统所趋向于实现的结构而言的价值和含义。① 如果我们考虑一个储存着一些电荷的椭圆形导体,它们据之在它那里分布的定律并不是在陈述一些简单的巧合;在各个轴线的大小、被考虑点的各个坐标和稳定在那里的电荷之间的关系,只不过表达出了它在其间找到自己的存在理由的分布过程的内在统一及其

---

① 考夫卡:《格式塔心理学原理》,第 10—20 页。

整体特征。"说明和理解不是对待各种认识对象的不同方式,它们在根本上是相同的东西。这就意味着,因果联系不是可以被记录在记忆中的一个单纯的事实序列,就像把一个名字与一个电话号码连接起来的序列一样,而是一种可以理解的联系。"①因此,我们更有理由把价值和含义范畴的应用给予道德科学。世界在它的实现了一种结构的那些区域中可以与一部交响曲相比,②因此,对世界的认识可以通过两条途径来获得:我们会注意到在同一时刻由各种不同的乐器演奏出来的那些音符的一致性,又会注意到其中的每一乐器弹奏出的那些音符的连贯性。我们因此获得了众多的使预见得以可能的法则。但各种巧合的这一总和不是任何认识的模式。如果有人知道交响曲的一个片断,同时又知道其整体的构成规则,他就能够从中推演出相同的预见,此外,他还能够从整体中发现每一局部事件存在的理由。但是,如果物理认识在它与一些结构打交道这一范围内承认了传统上保留给生命认识和精神认识的那些范畴本身,那么,作为对照,生物学和心理学原则上也不应该摆脱数学分析和因果说明。

因此,形式理论意识到了纯粹结构的思想引起的种种后果,并且寻求把自身拓展为一种取代实体哲学的形式哲学。它从来都没有把这种哲学分析的工作推进得非常远。这是因为,只有在摆脱了属于任何心理学的一些实在论公设的一种哲学中,"形式"才能够获得充分的理解,这一概念的所有蕴涵才能够获得清理。只要

---

① 考夫卡:《格式塔心理学原理》,第 20 页。
② 韦特海默:"论格式塔理论",参看《专题论丛一》,第 1—24 页。

我们不抛弃这些公设而寻求一种全面的哲学，我们就只能重新落入到我们想要超越的唯物论或精神论之中。实际上，在一种结构哲学维持三种秩序的原本特征，并且承认在任何形式世界中呈现出来的数量、秩序和含义分别属于物质、生命和精神中的"支配性"特征这一范围内，我们还是应该借助于结构差异来确定这三者的区别。换言之，物质、生命和精神应当不一样地参与到形式的本性中，应当代表整合的不同层次，最后，应该构成个体性在那里总是能够进一步获得实现的一个等阶。根据定义，要设想与一种生理学形式有着同样属性的一种物理学形式，或作为一种心理学形式的等价物的一种生理学形式是不可能的。在各种刺激和各种反应之间，没有任何办法可以找到各种物理作用的连续链条：行为必定会被各种生理的和心理的关系中介化。但是，只要我们停留在心理学的观点上，只要我们在行为中看出的是世界的一个事件（它被插入到一些先发事件和一些后来事件之间，实实在在地被包含在一个空间区域中和一个时间片断中），这种生命的和精神的中介化就只能被理解为从一个实在平面到另一个实在平面的通道，而生命和意识将作为补充那些不充分的物理决定因素的一些附加条件被引入。各种生物的、物理的关系和结构因此将回复到各种实在力量、各种运动原因的状态中。我们用一种新的语言恢复了旧的精神论以及它的各种问题，结构概念的引进成为徒劳，所寻求的整合也没有达到。形式心理学非常远离这些结论，而且，在更多时候，它走向的毋宁说是一种唯物论：我们刚刚指出的精神论解决的反题。

有人说，行为在地理环境中有它的根基和它的各种最终效应，即便就像我们已经看到的,行为只是通过每一物体和每一个体固有的环境之中介才与地理环境联系在一起。"处于某一论域中的一个原因如何会在另一论域中产生一个结果?我们的全部因果法则都与内在于同一个论域的一些事件联系在一起,因此,既然地理环境属于物理世界,那么它的各种结果也一定属于物理世界。"①"我承认,在我们最终的那些说明中,我们只与一个论域打交道,而这一定是物理学教导给我们的那个论域。"②在一种真正抛弃了实体概念的哲学里,只应该存在一个领域,那就是形式的领域:在被赋有同等权利的不同类型的形式之间,在各种物理关系和各种隐含在行为描述中的关系之间,问题既不应该在于假定任何一种推论关系或因果关系,也不应该在于要求一些有助于把各种生理形式或心理形式带入到存在之内的物理模式。相反,在我们提到的那些心理学家那里,物理、生理和心理之间的关系问题仍然是在不考虑这些区别的结构特征的情况下,借用心理学总是用来提出该问题的相同的一些术语被提出来的。他们把人的身体置入一个作为其各种反应的"原因"的物理世界的环境中,却没有考问在这里赋予给原因一词的意义,没有顾及格式塔理论为了表明没有哪种形式在自身之外有其充分原因恰好做过的事情。自此以后,行为只能作为物理领域中的一个区域出现,而后者取代各种形式,行使这些形式应该履行的普遍环境之功能。通过引进关于结构的各种思考,形式心理学并不认为已经超越了作为实在的全体

---

① 考夫卡:《格式塔心理学原理》,第49页。
② 同上书,第48页。

(omnitudo realitutis)的物理世界这一观念,因为一些结构已经在它那里存在了。在物理世界中,从各种条件到各个结果的通道已经断裂了。一个导体中的电流量并不点对点地对应于已经储存在那里的电流量,它们根据电流的一种内部平衡规律被分配:它不是把结果的每一部分与原因的一个部分,而是把它们之间的各个局部效应连接起来。这些局部的地形学条件从来不会各自为了自身之故而起作用:高峰电荷如果处在另一个还要更强的电荷附近,可能就会变得非常微弱。针对各种外部影响,物理系统已经表现出了我们在针对环境的各种物理条件的机体中、在针对其生理基础的象征行为中已经发现的这种引人注目的自主性。行为的客观定义不可能绕过的那些价值谓词和那种内在含义,只可能是用一种人性的、而且合法的语言对神经系统的一些结构过程的表达,而后者又只可能表象多种多样的物理形式。形式理论认为,通过揭示各种结构性的神经过程(它们一方面有着同于心理的形式,另一方面又与各种物理结构相一致),自己已经解决了心身关系问题和知觉认识问题。① 因此,认识理论的任何革新都是不必要的,作为自然科学的心理学的实在论决定性地被保留下来了。一个固体之所以出现在我面前,而且我在我的行为中如此这般地看待它,是因为它借以把自己与那些邻近物体区别开来的物理"形式",通过作用于我的视网膜的各种光线活动的中介,在我的神经系统中产生了一种相同类型的生理结构。尽管传达给各个感官感受器的那些刺激在它们到达时是彼此独立的,而且并不包含它们由之而出的物

---

① 考夫卡:《格式塔心理学原理》,第56页和第57页。

理结构，——尽管，比如被一个身体反射出来的那些光线之间并不比被一个邻近物体反射出来的那些光线之间有更多的内在关系，——但是，通过清理出各种刺激据以在身体中被组织起来的规律，通过说明它们的客观特征中的某一些（它们的接近性，相似性，它们共同建构一个稳定形式的才能）预先规定了它们一起参与到一个相同的构形中，而且这些特征与对应的外界物体的物理形式相关联，心理学就对知觉认识提供了一种充分的说明，因为它使我们可以理解物理的事物如何在有关它们自己的一种表象行为中被重复了。① 因此，根据各种最简单的方案，认识仍然被定义为对事物的一种模仿，意识保持为存在的一部分。物质、生命和精神的整合是通过把它们还原为各种物理形式这一公分母而达到的。如果在神经机能中被假定的那些物理结构和由意识在一个生物或一个人的各种活动中抓住的那些结构隐含着同样复杂的一些关系，那么最终的说明始终是物理学的就无关紧要了。复杂的物理结构不如旧心理学的那些意识原子是"物质的"。"如果我们深究我们厌恶唯物论和机械论的根源，我们发现的难道不正是那些组合元素的各种物质属性？坦白地说，有一些心理学理论及大量的心理学手册，它们明确地探讨了意识的各种要素，然而却比或许没有意识痕迹的一棵活的树更加唯物主义、更加没有生命、更加缺少意义和含义。宇宙的微粒由何种材料构成是无关紧要的，关键是整体的类型、整体的含义。"②但是，我们真的能够一方面把一些生物学的

---

① 苛勒：《格式塔心理学》。
② 韦特海默：《论格式塔理论》，第20页。

和心理学的结构建立在一些物理学结构的基础之上，另一方面像格式塔理论希望的那样保留它们的原本性吗？关于行为的一种物理学说明假定，一些物理学形式可以拥有它们充当其基质的那些生物学和心理学关系的全部属性。在一种阻止各种各样的实际差别的哲学中，这等于说在三种秩序之间不存在任何差异，而生命和精神是用来指称某些物理形式的其他名称。假如我们借助结构来思考，说一些物理形式最终说来说明了人的行为，就等于说只有它们存在着。如果在心理的、生理的和物理的东西之间不再有结构差别，那么就根本不存在任何差别。这样，意识将成为在大脑中发生的事情；我们事实上看到，按照唯物主义传统，考夫卡把它定义为"自然中的某些事件拥有的显示它们自己"①的这一属性，好像它总是把伴随着它的那些生理过程作为其对象一样。"那些过程的有意识的这一方面"，即使它不进入到各种因果说明之中，也仍然应该作为一个事实被认识，它是人的各种生理过程中最值得注意的那些特征中的一个②，这足以把格式塔理论与副现象论区别开来③。但是，各种意识结构在说明中之所以是毫无用处的，是因为它们有其物理的或生理的等价物，而这种"同型"在形式哲学中就是一种同一。意识的觉醒不会为各种物理结构增加任何东西，它仅仅是那些特别复杂的物理结构的标志而已。我们应当说，对于人的定义，不可缺少的是这些结构而不是意识。

我们认为，不管在这些唯物论的结论中，还是在我们一开始就

---

① 考夫卡：《格式塔心理学原理》，第65页。
② 同上书，第63页。
③ 同上。

指出的那种精神论的解释中,格式塔的概念都没有被一直保持到它的那些最重要的结论为止。人们不是问何种类型的存在可以归属于形式,还有,出现在科学研究本身中,它要求对心理学的那些实在论公设进行何种批判,而是把它放到大量的自然事件之中去,就像利用一个原因或一个实在事物那样利用它;即使在这一范围内,人们也不再根据"形式"来进行思考。只要我们在物理世界中看到的是一种囊括所有事物的存在,只要我们打算把行为纳入其中,我们就会从一种精神论(它只有通过把实体对立于实体才能够维持生物的和心理的结构的原本性)退回到一种唯物论(它只有通过把其他两种秩序还原为物理秩序才能够维持物理秩序的一致性)。我们实际上应该把物质、生命和精神理解为含义的三种秩序。但是,我们并不是借助于一种外在的标准来评判所谓的形式哲学。相反,我们打算回到形式的概念;探寻在何种意义上可以说这些形式实存"于"物理世界"之中",实存"于"活的身体"之中";向形式本身要求由它引起的二律背反的解决方案,要求自然与观念的综合。

* * *

由各种事实加予我们的形式的概念被界定为一个物理系统——也就是说,处于平衡状态或恒常变化状态中的各种力的一个集合——的概念,这样一来,对于每一个被孤立地看待的部分而言,没有什么规律是可以表述出来的,而每一矢量在其大小和方向上都是由所有其他矢量来规定的。因此,每一局部的变化都可以通过一种保证它们的关系之稳定性的各种力的重新分布在一种形式中表现出来,而作为物理实在系统的正是这种内部流通;它不是由一些我们可以区分开来的部分组成的,就像始终可移调的旋律不是由一些作为它的暂时表达的特殊音符构成的一样。作为处于一个空间片断中的、通过其循环因果性抵制了外部影响导致的变形的内在统一体,物理形式乃是一个个体。可能会发生这种情况:承受着一些持续增长或持续减弱的外力,系统在超过一定的阈限后会通过一种性质上不同的秩序——这只不过是它的内在法则的另一表达——来重新分布它自己的各种力量。[①] 这样,借助于形式,一种非连续性原则被引入了,一种跳跃的或骤然的发展、一个事件、一种历史的诸条件也被给出了。换言之,每一形式构成了以一种法则来刻画其特征的各种力的一个场域——超出所考虑的动态结构的限度,这一法则就失去了意义,而从另一方面看,它又把它的各种属性分配给每一个内部点,以至于它们永远不会成为一些绝对属性,成为这个点的一些属性。

在这个意义上来把握,形式这一观念似乎是不大可能被经典物理学吸纳的。它否定了经典物理学所肯定的那种意义上的个体性,即被赋予了一些绝对属性的各种元素或微粒的个体性;反过来看,它又在经典物理学所否定的那种意义上肯定了个体性,这是因为,一些被集中起来的微粒原则上说始终保持为可分辨的,而形式是一种"整体的"的个体。可是,苛勒已经毫不困难地在经典物理学中发现了形式的一些范例:电荷在一个导体上面的分布、电位差、电流。[②] 如果我们把均衡分布状态、把在一个系统中起作用的

[①] 我们可以参照偏盲中的各种状态变化的例子,或者机能重组的例子,因为,我们已经看到,当两个半视网膜变瞎时,它就突然产生了。

[②] 参纪尧姆:《形式的心理学》。

那些能量根据热力学第二定律所趋向的最大熵值视为一种形式,①那么我们就可以推定,在物理学中,形式的观念将到处出现,我们在那里赋予给各种自然事件一个历史的方向。但在实际上,苟勒依据几个例子所表明的东西应该被扩展到所有的物理学定律中去:它们表达了一种结构并且只是在这一结构之内才有意义。我们之所以能够成功地通过一种相同的关系来确定一个椭圆导体上的每个点的电流密度(这一关系既适合于全体,也适合于它们中单独的每一个),是因为它们一起构成为一个功能性的个体。同样,只有地球自转的速度不随时间的变化而增加,落体定律才会是正确的并且保持为正确的;在相反的假设中,离心力将补偿并随后超出地球的引力。② 因而,落体定律表达的是邻近地球时一个相对稳定的力场的构成,只要它以之为基础的宇宙结构保持不变,就会继续有效。卡文迪什的实验只有获得了牛顿式的重力概念的支持,才会为我们提供一个在己的定律。但是,如果我们引进重力场的概念,如果重力不是作为一些有重量的物体的一种个别的、绝对的属性,而是像广义相对论所主张的那样与某些性质上不同的空间区域联系在一起,那么该定律就不会表达世界的一种绝对属性,它表象的是那些决定着太阳系之历史的力的某种均衡状态。③ 可以说,对这些定律的思考发现的不是世界的一种解剖学构造的各种主要特征,不是物理世界据以构成并且支配着它的各种原型,而

---

① 苟勒:《身体格式塔》,第51页。
② 库尔诺:《论基本观念的连接》,§§183 和 184,转引自布伦茨威格:《人类经验与物理因果性》,第514页。
③ 布伦茨威格,同上。

仅仅是某些相对稳定的集合的各种属性。我们不得不在我们关于物理世界的形象中引进一些局部的整体，没有它们，就不会存在定律，而它们恰恰就是我们上面用形式这个概念想要指的东西。各个定律的组合作用将会从已经稳定下来的那些结构中获取实存，并且让它出现在其他其属性不可预测的结构中。① 因此，存在着一种事物进程，它支撑着各种定律，但又不能在它们那里确定性地获得解决。把物理世界看作是各个线性因果系列的一种交织（每一系列在这里都保留着它的个体性）、是一个不会持续下去的世界，这乃是一种不合法的外推。必须把科学与展开在其中是不连续的宇宙史联系起来。我们甚至不能在我们既有的科学中冒称拥有一些真正的"因果系列"、一些线性因果性模式。如果我们不能够把定律与赋予它以客观价值的证实过程分离开来，因果系列的观念就不能被看作是物理世界的一种构成原则。物理实验从来都不是对一个孤立的因果系列的揭示：人们证实，通过考虑独立于构成为该实验固有的对象的那些条件（如温度、气压、高度等）的一系列条件，即总而言之考虑一定数量的其他定律，被观察到的结果当然遵守被推定的定律。因而，严格说来，人们所证实的从来就不是一条定律，而是一系列补充定律。问题不在于假定在实验与物理定律之间有着一种点状对应关系，物理学的真理并不存在于一个一个地被把握的定律中，而存在于它们的组合之中。② 既然定律

---

① "除非我们能够从被给予我们的宇宙整体中排除一系列独立的原因——每一个都在它们的系列中，它们表现出了它们的本质特征，而且没有由于它们的相遇而走出在事物的进程中引入一种突然转向这一后果——否则未来就是不能够被算计的。"布伦茨威格：《人类经验与物理因果性》，第521页。

② 同上书，第517页。

不能脱离它在其中与其他定律交织在一起,从而和它们一道获得真理价值的各种具体事件,我们就不能谈论一种从其原因得出结果的线性因果作用,因为要在自然中圈定一个给定的结果的作者、也可以说负责任者是不可能的。然而,既然我们可以成功地让定律突显出来,那么自然的所有部分当然就应该不在相同的名义下汇合以产生观察到的结果。因果原则的唯一有效的表述将是这一表述:它断定,伴随着宇宙中各种现象间的协调关系,各种先前现象与同时现象施于某一给定现象的一些影响,将随着距离的增加而成比例地减弱。① 于是,定律、结果与诸条件间的线性关系把我们带回到一些相互作用的事件中,带回到它们在其中肯定不会被抽象化的"形式"中去。"……有人或许会问……在纯粹物理学的各种各样的分支中,在重力理论和热力学中,在光学和电磁学中,是不是有一定数量的通过实验途径获得的系数没有被引入:它们与我们世界的原封不动的结构联系在一起,如果没有它们,各种定律,或不如说各种基本关系就既不能完全地获得表述,也不能准确地得以证实。"②甚至不用走出被相对论所修正的经典物理学,我们也可以表明在实证主义的因果观念中存在着的不足——即使当它事实上与其他序列相互影响时,它也被理解为一个可以理想地

---

① 库尔诺:《论基本观念的连接》,§§183和184,转引自布伦茨威格:《人类经验与物理因果性》,第517页。布伦茨威格先生引述了潘勒韦的表述:"一种无限地远离所有其他要素的物质要素,如果其初始速度为零,它就绝对地保持不变;如果被一种初始速度推动,它就会画一条直线……无限这个词表明,该物质要素越是远离所有其他要素,这个命题越是精确"(《论科学中的方法》,第1卷,1909年,第386页)。

② 布伦茨威格:《人类经验与物理因果性》,第513页。

分离出来的序列。① 科学的实际内容所要求的当然不是关于这样一种宇宙——每一事物在其中都严格地依赖于其他事物、任何区分在其中都是不可能的——的观念,但更不是关于这样一种自然——一些过程在其中可以被孤立地认识,它在自己的根底中产生了它们——的观念;它要求的既不是融合,也不是并置,而是结构。

但是,我们应该问一问我们通过这些比较可以精确地证明什么。当我们说存在着一些物理形式时,该命题是有歧义的。如果我们想表达科学不能把物理世界定义为一个排除了相互作用、性质和历史的同质的场域,它就是毋庸置疑的。然而,在谈到各种物理形式时,格式塔理论想要说的是,我们能够在一个在己地被把握的自然中发现一些结构,以便把它们构成为精神。可是,使关于那些定律的实证主义观念失去信誉的各种同样的理由,也使关于各种在己形式的概念失去了信誉。我们不能用其中一个来纠正另一个,这两种独断论都没有认识到科学意识中关于结构和定律的那些概念的活的意义。它们远不是对立的,而是相互补充的,它们代表了应该被超越的一些二律背反。如果我们不顾任何理由地使物理定律成为一种自然规范,由于这一定律的运用只能在某种宇宙结构内才是可能的,我们就必须——拉舍利埃已经成功地表明这一点——设定这一结构进而是内在于"自然"的。因此,各个独立的因果系列构成的实证主义的宇宙应该为一个目的性的宇宙所暗

---

① 尽管谢林顿对各种反射的最终"组成"持完全保留的态度,他还是被说服根据那些简单反射定律去拥有神经机能的各种实在要素。因此,在人们对生物学中的这一说明观念所做的各种批评和物理学为摆脱有关各种定律的独断论而做出的努力之间存在着一致。

含:在后者那里,因果律所假定的各种同步、各种整体为前者提供了存在的理由以及实存的基础。但是,使关于一种纯粹物理分析的观念变得虚幻的东西——宇宙论材料、历史的不连续性——并非可以说是一种更深入的存在层次、定律所依赖的物理世界的一种基础结构。在科学中,定律和结构并不像一种实在分析和一种实在综合所做出的那样彼此区分。落体定律是在每一时刻实际上都由各种宇宙关系的整体来支撑和维持的地球场的一种属性的表达。因此,该定律只有在一种实际结构的内部才是可能的,但后者(远不是一种确定意义上的、其不透明性原则上拒绝分析的被给定者)进而又让自己进入到各种关系的连续组织之中。在科学中,结构与定律的关系是一种相互包含的关系。与实证主义相对立,我们在前面坚持定律包含在结构之中。现在坚持结构包含在定律之中是合适的。各个定律不仅仅从外部、并且通过把结构与诸现象之集合联系起来,才渗透到了结构之中。科学把内在于一个物理系统的各种相互决定关系分解为一些孤立的作用和反作用,哪怕"每一次都依据各种经验系数的一种确定的尺度"来把握它们,"以便它能够获得注定要表象出各种事物所表现的整体外观的综合性组合"。① 苛勒本人评论道:一个过程的结构特征并不能在数学物理中获得其表达。一个给出椭圆形导体表面上每一点的电流密度的方程式,②同样可以表象我们任意地赋予给纸上的一个椭圆的

---

① 布伦茨威格:《人类经验与物理因果性》,第 578—519 页。

② $\sigma = \dfrac{\eta}{4\pi abc} \cdot \dfrac{1}{\sqrt{\dfrac{x^2}{a^4}+\dfrac{y^2}{b^4}+\dfrac{z^2}{c^4}}}$ 在这个公式中,x,y,z,代表所考虑点的坐标,n 代表的是总电荷,而 a,b,c,代表的是椭圆的半轴。

不同点的、纯粹数学上的一些相应大小。"因此,数学表达并没有在它自己那里、并通过它自己表明它涉及某一形式的诸环节,而且它也不应该这样做,因为数学语言,作为任何可以测量的物体的一般符号,应该能够像表示各种结构一样表示各种分布。"①在第一种情形中,每一"环节"只是由于受到其余环节的支撑才会存在,作为结构之特征的这一事实并没有在其定律中显现出来。因此,关于这种类型的结构的物理学认识开始于这一时刻:当我们考虑原则上在形式中并不具有实在性的那些不同的点,以便用一种不变的属性去界定它们的时候。形式本身,即给予整体以一个不可分割的个体之特征的动态的、内在的统一性,仅仅被定律假定为实存条件。科学所构造的那些客体,出现在精致的物理学认识中的那些客体,始终都是一些关系束。物理学之所以只是勉强达到了用数学语言表述关于某些结构的那些定律,不是因为结构就其本质而言是拒绝表达的,而是因为其各个环节的实存上的协调一致使实验步骤变得有些困难,妨碍了单独作用于它们中的一个环节,并且从一开始就迫使人们去发现一种适合于全体的功能。② 我们甚至不能说结构是定律的实质计算(la ratio essendi),定律是结构的认知计算(la ratio cognoscendi),这是因为,这样一种结构在世界中的实存只不过是众多关系的相交,——它们确实会求助于其他一些结构条件。因此,结构和定律是两个辩证环节,而不是两种存在力量。物理学要求的在任何情况下都不是对于一种"自然"

---

① 苛勒:《身体格式塔》,第105页。
② 同上书,第117页。

(physis)的断定(不管它是作为各种孤立的因果作用的集合还是作为各种结构的场所),也不是一些在己的个体的创造能力。形式不是世界的一个要素,而是物理学认识所趋向的、用来界定它自身的一个限度。①

至少在这个意义上,它应该被保留,而一种关于物理认识的理论,尤其是一种不给它安排位置、用定律意识来界定意识的关于历史认识的理论,不可能说明作为思想对象的历史和实在。在抛弃

---

① 我们刚才推理依据的那个例子显然是不充分的。当代科学已经碰到了一些更加整合的系统,它们使它不得不创造出一些更加精细的数学工具。我们可以对比形式概念和波动力学中所包含的个体概念(参德布罗意:"物理世界中的个体和相互作用",载《形而上学与伦理学评论》,1937年4月,第353-368页)。那些具有不变质量的物质点,那些由一种稳定的质量和电荷来定义的粒子(电子、质子、中子、正电子)已经作为一些抽象的观念出现在前量子科学中,这是因为,一个物质点的运动是由围绕着它的那些力的场域决定的,于是,一系列相互作用的粒子的整体质量(根据相对论,它与不能被分布到各个粒子中的能量成正比)并不等于那些属于各个被孤立看待的粒子的质量之和。在经典物理学本身中,"实在一般而言表现为完全自主的个体概念与整体地相融的系统概念两者之间的中介状态"(见前引文章,第357页)。更何况,现在轮到量子科学(在它那里,各个客体不再能够总是被定位在时间和空间中,不可能排除同一地点被两个粒子占据的情况,最后,它们的属性的恒常性不再被维持)自己可以得出结论:"实在在其所有的领域中都表现为这两种极端理想化的中介状态"(参前引文章,第367页)。"在量子物理学中,系统是一种处于一个单位中的机体,各种基本的构成单位几乎都被吸收到这一单位中了"(德布罗意:"物理实在与理想化",参《综合杂志》,1934年,4-10月合刊,第129页)。这些类比可以被扩大,但不会为与我们有关的问题提供任何解决。如今的物理系统只有借助于各种生物学的或心理学的模式才是可以想象的,这一事实并非比牛顿力学中的引力更能够揭示物理现象中的那些具有生命或精神特征的关系,也并非更能够使我们相信一种精神论的物理学或一种唯物论的心理学的幻想:我们从此以后就知道了,因果性是一种投注各种现象的手段,它的成功事先并没有获得永恒法则的一种基础结构的保证;就此而言,物理现象没有任何针对生命现象或人类现象的优势。但是,当我们使各种结构与那些数学关系(不管怎样,物理学家最终间接地确立了它们)分离开来时,这些被这样暴露出来的结构就失去了其整个的意义。因此,前者和后者都属于一个思想世界而不是一个实在世界。

了关于定律的独断论之后,我们不会①同意:仿佛它们足以把自己的意义给予时间场或空间场,仿佛物理学已经确立的那些关系所依赖的"无关联的根基"②不会进入到认识的定义之中。定律的各种结果在时间中开展出来,而一种"同时"、一种突然改变了事物进程的事件在定律的交错中的出现,以及针对它而言的一种"前"与一种"后"的区分,使得我们可以谈论普遍绵延的一种脉动。无疑,我们正是以规律为支撑,才能够重构一种已经消失的文明的建筑,而埃及学的每一进步都在改变埃及的历史。③ 但是,这些被重建的结构将填补它们已经预设了其观念的一种世界时间。它们本身并不是一些指引着历史进程的方向、并且为那种连接各个局部事件的因果性加上一种观念的因果性的实在力量。但是,作为一种经济的、社会的与政治的结构的埃及,保持为与构成了埃及、导致了它的实存的众多事实区别开来的一种思想对象。这是一种观念,一种共同于一系列分子事实(它们表达了全体,而它们中没有哪一个能够包含全体)的含义。同样,一种物理形式是其场所的那些作用与反作用,被物理学家看作是一个物理系统的各个组成部分,他的学科缺了它们就没有了对象。针对把各种第一性质当作自主思维的对象的任何企图,用贝克莱所谓的空间以颜色为前提来进行反驳仍然是正当的。物理学借以刻画它的各种对象之特征的那些数学表达,只是在我们把它们看作是关于某些形式和某些

---

① 我们想到了布伦茨威格先生从其对实证主义和目的论的批评中得出的结论。参看《人类经验与物理因果性》,第 49 章,"因果联系"。
② 参看华尔的《通向具体》的"序言"。
③ 布伦茨威格:《人类经验与物理因果性》,第 520 页。

具体组合的规律时,才会不再属于数学、才会正当地表达一种物理现象。形式以及与之相伴的历史的和知觉的世界,正如被它规定的和瞄准的东西一样,在物理学认识的视域内保持为不可或缺的。"知觉材料的可感内容无疑不再具有在己的真实事物的价值;但是,被知觉的那些规定性的基质、载体(空的 X)却始终相当于通过各种精确的方式用一些物理学谓词来规定的东西。"①因此,形式不是一种物理实在,而是一种知觉对象;另外,如果没有它,物理学科就会没有意义,因为该学科是根据它、并且为了协调它而被建构起来的。

最终说来,形式不能根据实在被定义为物理世界的一个事物,而只能根据认识被定义为一个被知觉的整体;当苛勒写道,"我们几乎可以说"一种形式中的秩序"取决于……每一局部事件都'动态地认识'其他事件这一事实"②时,他已经隐约地认识到了这一点。为了表达每一环节针对其他环节的这种在场,如果说苛勒遇到了"认识"这个术语,这并不是一种偶然现象。这种类型的统一只有在一种认识对象中才能够被找到。被理解为在空间之中实存的一种自然存在,形式始终被分散在众多的场所,被分布在各种局部事件那里,即使这些事件是相互限定的。说它没有遭受这种分割,就等于说它没有被展示在空间中,它并不以一种事物的方式实存,它是在众多地方发生的事情汇集并归并在其内的观念。这种统一是各个被知觉对象的统一。我所注视的一个着色圆圈由于不

---

① 胡塞尔:《纯粹现象学和现象学哲学的观念》,第 72—73 页。
② 苛勒:《身体格式塔》,第 180 页。

规则而在外形方面整个地变形了；这种不规则夺走了圆圈外形中的某种东西，使它成为了一个不完美的圆圈。因此，格式塔理论正是从那些被知觉事物的世界中获得了它的形式概念。只是就物理学让我们求助于各种被知觉事物而言，形式才会出现在物理学中，就像科学为了行使表达和规定功能而要有所求助一样。因此，不仅"物理形式"远不能够作为行为的结构、尤其是行为的知觉结构的实在基础，而且它本身只有作为知觉的一个对象才是可以设想的。越来越忠实于世界的具体场景的物理学，有时会被引向不是从一些缺乏整合的集合（它们为经典科学提供其模式，我们在它们那里可以把一些绝对属性赋予一些可以分离开来的个体），而是从知觉世界所提供的各种动态的统一体、各种力场和各种稳定结构那里借用其形象。我们可以说，通过放弃同质空间，物理学复活了亚里士多德的"自然场所"。① 可是，亚里士多德的物理学在多数时间只不过是对被知觉世界的一种描述。苛勒刚好已经正确地表明：知觉空间不是一个欧几里德空间，而被知觉对象在改变场所时也改变了一些属性。同样，针对一组相互作用的粒子进行考察的一些系统的波动力学，有必要"肢解"它们的个体性，有必要考虑的不是与每一粒子相结合的一些波，而是与传播到一个被称为"构形空间"的抽象空间之中的整个系统相结合的一个波。在寻常空间中赋予每一粒子一个定位的不可能性、无法还原到各种组合元素的那些属性的一系列属性在一个整体中的显现，完全可以与知觉空间的某些属性相对照。时间和空间在知觉意识层次上的双重性

---

① 布伦茨威格：《人类经验与物理因果性》，第515页。

使我们想到现代物理学用来克服经典时间和空间的抽象单纯性的那些混合概念。不应该由此得出结论说,一些形式已经实存于一个物理世界之中,并且充当着各种知觉结构的存在论基础。真实的情况是,以某些占优势的知觉结构为起点,科学已经寻求建构它们只是其各种表现的一个绝对物理世界的、一种物理实在的形象。按照实证主义精神,知觉材料应该只不过是一个起点,un προτερον προs ἡμαs(一种相对于我们而言的东西),一个从我们到全部定律之间的临时中介;因此,这些借助它们的联合作用来说明世界的这样一种状态的出现、说明这样一些感觉在我这里的呈现、说明认识的发展和科学的构成本身的定律应该封闭这一圆圈并且停留在它们自己那里。相反,正如我们已经看到的,诉诸一种感觉的或历史的材料并非是一种暂时的不完美,它对物理学认识来说是本质性的。事实上并且原则上,定律是认识的一种工具,而结构则是意识的一种对象。它们只是对于思考被知觉世界才有意义。在现代科学中重新引入一些最出人意料的知觉结构,远远没有在一个在己的物理世界中揭示出生命的甚或精神的各种形式,仅仅表明了,自然主义的宇宙不可能封闭在它自身之中,而知觉不是一种自然的事件。

* * *

物理形式是对于某些给定的外部条件(不管像各种电荷在一个导体中的分布那样涉及一些地形学条件,还是像被放入一团水中的一滴油那样涉及的是一些动态条件)获得的一种平衡。无疑,某些物理系统通过其内部的演化改变了它们所依赖的那些条件本身,如在电流的例子中电极的极化所显示出来的那样。我们可以想象它们能够移动自己的那些可活动的部分以便重建一种占优势的状态。但是,在外面起作用的活动总是具有减弱一种紧张状态、使系统趋于静止的效果。相反,当平衡不是相对于一些在场的、实在的条件,而是相对于由系统本身引向实存的一些仅仅潜在的条件而达到的时候,——当结构在一些外部力量的约束下不是摆脱了那些穿透它的力量,而是在它本身的各种限度之外发挥一种作用,并且自己建构一个自己的环境时,我们就是在谈有机的结构。在这种类型的一个系统中,各种内部反应趋向于产生的平衡不是一种不惜任何代价的平衡,不像在电荷的分布中那样是对一种已经确立的秩序的简单保留。优势状态,即不变量不再会作为在系统中有效地展开的各种相互作用的结果而获得规定。

例如,我们知道,如果把一个机体看作一部机器,它永远也不会实现看起来可能的全部行为类型。当一个被试用手指指向放在他前面、他右边、或最右边的一个物品时,我们看到,躯体的一些动作同时展开,以便使他的正面和手臂形成的角度几乎保持不变。这些不变的类型可能是个别的;被要求用粉笔在与其正面平行的一个平面上划一个圆圈的两个被试,通常会以一些刻画他们各自性格的不同方法(如伸臂或弯肘)来进行。如果我们要求一个被试亮出他的手,他不会以无论什么样的一种姿势伸出它:手掌通常朝向下方,手指微微弯曲,大拇指在其他手指下面,手处在一半身高的地方。众所周知,每个人都有其保持头部姿势的方式,都有他的睡姿。最终说来,知觉行为本身也有一些占优势的规定性。一个93度角会被确认为一个"不正的"直角;音乐家会谈到一些"走音的"音符。①

任何不占优势的行为都将被被试评判为困难的或不完美的行为。但是,是什么东西赋予了那些占优势的行为以其优势呢？它们为什么被看作是"最简单的"和"最自然的"行为,它们为什么会让人产生一种平衡和方便的感觉呢？② 朝着这些占优势的行为的定向可以与一个球形肥皂泡的形成相比吗？在后一情形中,从外面作用于肥皂泡表面的各种力趋向于把表面压缩成一个点,而被封闭起来的空气压力相反地要求一个尽可能大的容积。已经形成的球形结构代表了这一关于最小与最大的问题的唯一可能的解决方案。我们同样可以说,一个机体的占优势的行为是在它所处的各种实际条件中客观地提供了最大的单纯性、最大的统一性的那些行为吗？但在大多数时候,它们在它们自己那里并不具有任何单纯性或统一性的优势。

---

① 关于所有这些观点,参看戈尔德斯坦:《机体的构造》,第220页及以下。
② 我们可以一开始就排除那些外周说明——它们把这些行为的频率与某些局部装置联系在一起:一条稍稍倾斜的斜线被当作一条接近的垂线,因为这一掩盖了一条视网膜经线的垂线产生了一些特殊的生理现象。但就实际而言,客观的垂线与一条视网膜经线相冲突是非常罕见的,因为我们很少让我们的头和我们的身体保持为垂直状态。手、头和身体的那些占优势的姿势是最不让人疲倦的,在它们那里实现了各种内收肌和各种外展肌之间的最小张力。但肌肉之间的张力既不仅仅也非主要取决于局部的骨骼机制,它主要由身体的其他部分的姿势所决定。通过改变身体的其他部分的姿势或者整个机体的姿势,我们达到的是在各个手臂动作中占优势平面的一种移位。因此,对于动作的一些变化多端的方向,就算正面的平面和手臂在那里移动的平面之间的间距保持不变,这一局部常量也不会是一些局部的原因的结果,它让我们求助于整个身体姿态的一种常量。参戈尔德斯坦,同上书,第228页及以下。

当我把我的头转向一个声源,以便各种听觉兴奋在我两只耳朵的平面上实际成为同时的之时,被一部分一部分地加以考察的兴奋过程并不比此前更为单纯;只有我们在它那里寻找到一个集合,即可以通过一个独特的定律获得表达的一个全体,最后,只有借助于它与我们的精神提供的一种单纯性的样式的相似,它才会这样出现。

并非因为行为是单纯的,所以它是占优势的,相反,正因为它是占优势的,所以我们觉得它是单纯的。① 如果我们愿意附和苛勒说,占优势的行为是消耗最少能量的行为,而且它的经济特征并不是客观地建立起来的,那么,非常明显的是,机体并不是一部依据一种绝对的经济原则来调节的机器。对于机体刚好从事的任务,占优势的行为大多数时候都是最单纯和最经济的;它的那些基本活动形式、它的可能行动状态都已经在那些对它来说最单纯,在它那里占优势的结构的定义中被假定了。在某些病人那里,头部向右的任何被动动作都带动四肢和身体向同一方向移动。但是,在要求他执行的一项具体任务面前,解体保持为可能的。由一个刺激所引起的各种反应,取决于它对于不是被视为经由各个最短路径而逐渐趋向静止的一组力,而是被视为能够进行某些类型的行动的一种存在的机体所具有的含义。② 在"指示"的行为中,手臂在其间移动的那个优势平面远不是被与环境处于一种物理平衡

---

① 参看戈尔德斯坦:《机体的构造》,第 230 页:"然而,这确实是一个问题:为什么某物有一个格式塔?"

② 同上书,第 325 页。

的各种条件所确定的,而是对应于一种生命平衡的各种内在必然性。它不取决于一些局部条件,而取决于机体的整体活动:

所有的感觉(触觉、视觉和听觉)刺激物可以说都在把优势平面引向它们;①本己身体的所有运动——不管是头部的、反向手臂的、双眼的,还是双腿的——都在改变优势平面。这些运动条件即便在不为被试知觉时,也并非缺乏有效性。② 同一种运动,根据它对被试所具有的含义,可以在两种相反的方向上移动优势平面:比如说,双眼向右边的一种移动把优势平面推到了左边,前提是这种移动是无根据的、无目标的;但是,如果被试转动他的双眼以便注视某种东西,他相反地就把它带到了右边。实际上,只有借助于抽象我们才能谈论各种优势行为,好像这涉及的是一些应该逐个加以说明的局部现象。它们中的每一优势行为都不能脱离其他优势行为,而且只能与它们合为一体。在半边机体中的紧张度的下降似乎必定会引起一些知觉障碍和行动障碍,如果被试没有在不知不觉中把他的头甚或整个身体侧向受损伤的一边,那么它事实上已经引起了它们。在这种姿态中,他没有跌倒,他笔直地行走,他把垂直的线知觉为客观地垂直的。如果我们迫使被试维持头部为垂直的,那些障碍就会重新出现。因此,"在机体整体中的各种兴奋过程按照头部倾斜的位置而被有序化。"③总之,在正常机体和

---

① 我们知道,同样,视垂线由于一种迷走的或触觉的兴奋,或者由于四肢的一种位置变化而被移位。
② 关于所有这些观点,参看戈尔德斯坦:《机体的构造》,第231页及以下。
③ 同上书,第235页。

病人那里一样,占优势的既不是头部的某个姿势,也不是某种紧张值,而是两者之间的一种确定的关系。

由于这些相同的评论可以针对每一被试的全部典型姿态这一主题做出,我们就被引向了这样一种看法:对每一个个体来说,存在着一种普遍的行为结构(它通过各种举止的、各个感觉和运动阈限的、情感的、温度的、呼吸的、脉搏的、血压的……某些常量获得表达),以至于不可能在这一组原因和结果中找到也表达了我们可以称为个体之"本质"的东西的每一特殊现象。① 然而,占优势的行为是那种使最简易、最合适的行动得以可能的行为:比如各种最精确的空间指示、各种最精微的感觉区分。因此,每一机体在面对一个给定的环境时,都有它的各种最佳的活动状况,都有它自己的实现平衡的方式;而且,这一平衡的各种内在的决定因素不是由多种多样的向量,而是由对于世界的一种普遍姿态提供的。因此,无机结构让自己通过一条定律获得表达,有机结构则只能通过一种规范、通过刻画个体之特征的某种类型的传递作用而得以理解。我们想说,一个机体中的各种感觉阈限属于表达其本质的那些个体常量之列。这意味着它自己权衡各种事物对它产生的作用,通过在物理世界中没有其类似者的一种循环过程来自己划定自己的环境之范围。

因此,有机的个体与其环境之间的各种关系真的是一些辩证的关系,而这种辩证法导致了一些新关系的出现:它们不能被类比

---

① 参看戈尔德斯坦:《机体的构造》,第237页及以下。

于一个物理系统与其周遭之间的关系,当人们把机体还原为解剖学和物理科学赋予给它的那种形象时,它们甚至不能被理解。我们已经说过,它的各种反应,甚至一些基本的反应,都不能根据它们借以实现的各种器官,而应当根据它们的生命含义来分类。①其中一些以最少的付出获得了平衡,并且在这个意义上接近于一种物理过程:它们是一些让刺激物不再有害的局部补偿物。但是,另外一些则对外产生一种真正的、整个机体都被卷入其中的作用。因此,应当在一种直接行为和一种目标行为之间做出区分。实际上似乎更多地同骨髓活动联系在一起的各种外展和伸展动作与更多地依赖于皮质的各种内收和屈曲动作之间的区别既不是通过这些解剖学名称、也不是通过任何物理学观念可以表达的。生命科学只有借助于为它量身特制的、借自于我们关于有生命的东西的经验的一些概念才能够被建立起来。比如说,我们会注意到,各种伸展运动尤其频繁地指向那些我们不加注意的对象。打哈欠、伸懒腰的动作是一些纯粹伸展的运动。反之,所有的精确运动(与各种力量型运动相对)则是一些屈曲运动。它们之间的真正区别因此是"机体针对环境采取的一些不同姿势"②的区别。屈曲是机体拥有世界的一种姿态,正像我们在聚合运动和凝视运动的例子中,通过头脑在专注中的倾斜度所看到的那样。相反,伸展运动表达的是一个不能支配其环境的机体对于各种事物的顺从及其被动的实存。③在被动姿态中更加被强化的各种吸气活动,在动物甚至

---

① 参看前面第一章,自反射与异反射之间的区分。
② 戈尔德斯坦:《机体的构造》,第310页。
③ 比如说,我们看到它们出现在那些被去除了自然支撑点的乌龟那里。

在人那里都与一些伸展行为联系在一起。相反,在陷入沉思的人那里变粗的呼气活动,则是屈曲活动的一个特例。这一类型的一种分析并没有依循解剖上的各种关节活动:曲肌的痉挛式收缩并不是一种屈曲活动。一种行为的生物学价值是不能够完全通过它所使用的各种器官被认识的,它不能够通过解剖学的语言获得理解。① 因此,我们应该期待在那些最简单的机体的各种行为中发现与各种物理系统的调节活动不同的一种调节活动。

事实上,长期以来被我们视为针对环境中的物理和化学动因做出的反应的各种向性,似乎并不以这种形式实存于动物的各种正常生命状态中。小鲽鱼的主动向光性不会出现在一个大的水栖动物那里。② 放在一个金属架上的海葵让自己的肉茎向下伸展,而如果我们多次转动金属架,肉茎就会缠住金属架的链环。然而,经过一定数量的试验后,该动物就会缩回自己的肉茎,并且让自己固定在沙子中。这再次说明,行为不能被定义为对一些给定条件的一种适应,机体本身能够为自己的平衡确定各种条件。③ 洛布意义上的向性代表的是一些实验室反应,类似于一个其举止由于

---

① 我们应该一劳永逸地放弃比如说把神经系统本身看作在己地比性系统"高级":在机体的机能中,我们既不能把它们分离开,也不能因此使一个从属于另一个。正常的性生活被整合到了行为的整体之中。我们已经看到,各种皮质损伤——它们在引起一些认知障碍的同时,会引起从性爱到性欲的一种堕落(戈尔德斯坦,《机体的构造》,第 313 页)——表明,正常人那里的性系统并不是自主的。不同层次的一些活动可以通过一个在解剖学上获得规定的有机整体来实现。

② 施耐德:《动物心理学》,第 227-236 页。——参看拜顿迪克:《动物心理学》,第 60 页。

③ 杰宁:《低等动物的行为》。——参看拜顿迪克:《动物心理学》,第 60 页。

激情而陷入混乱,要么走向光明要么走向黑暗的人的各种反应。

　　这样一来,机体与环境之间固有的辩证法可能被一些"灾难性的"行为所中断,机体暂时退回到物理系统的状态中去。但是,这里涉及的是一些病理情形或一些实验室现象。这些看法不仅有助于对抗一种机械生理学,它们也适用于格式塔理论。只是在我们人为地把它们从它们自然地融入其中的行动背景中孤立出来时,知觉反应才能够通过一些物理学样式获得说明。于是,某些形式的优势并没有表达被考虑的机体的自然的行动方式,只能依赖于各种被呈现出来的刺激的一些客观特征。但是,要么这些没有被集中在机体的整体活动中的结构是一些不稳定的,也即病理的构成,完全就像鲁宾的那些模棱两可的图形一样;① 要么我们试图让它们脱离的那一物理平衡过程,本身只有在神经系统的整体活动的保证和防护下才能够不被中断地获得展开。韦特海默的定律把各种结构的构成与各种刺激得以在其间呈现出来的客观条件联系起来(接近律、性质相似律),——或者把它们与被视为内在于它们的一种属性的一些"好的形式"的稳定性联系起来。② 我们的知觉之所以恰巧确实服从这些定律,这不是因为它是可以被一种物理结构同化的,而是因为,尽管存在着以神经系统为所在地的一些持久的相互作用,知觉的机仍能以这样一种方式被组织起来,以至于韦特海默的定律可以起作用,——换句话说,是因为他有机会在它

---

① 参看《真实地获取的视觉形象》。
② 关于所有这些观点,参看纪尧姆的《形式心理学》。

们那里遇到被机体的整体活动认可的一些常量。① 我们在这里引用来反驳格式塔理论的正是格式塔理论的原理本身。在一个形式中,整体并不等于各个部分之和。即使我们假定机体能够被一种原则上没有限制的物理分析所通达(因为没有人会怀疑关于机体的物理化学是最为复杂的),仍然可以绝对地肯定:它的各种结构不会在那些严格意义上的物理结构中找到其等价物。建构机体的一种物理样式,就是建构一种机体。格式塔理论的各种物理模式与各种生命现象之间,正如结晶与有丝分裂之间一样,几乎没有什么关系。

我们在这里主张的并不是任何类型的活力论。我们不想说,对活的身体的分析在一些不可还原的生命力中遇到了一种限制。我们仅仅想说,一个机体的各种反应,只有当我们不是把它们设想为在一个身体中展开的一些肌肉收缩,而是理解为针对当下的或潜在的某种环境的一些活动(捕捉猎物、走向目标、远离危险的活动)时,才是可以理解和可以预测的。生物学的目标显然不是去研究在一些无论什么样的条件下,我们关于一个活的身体可以获得的所有反应,而是仅研究只属于它的那些反应的反应,或者就像我们所说的,一些"适应的"反应。并非可能发生在实验室里的一个机体中的一切都具有生物学实在性。我们并不寻求在有生命的东西中从事物理学,而是从事有生命的东西的物理学;换言之,我们寻求勾勒出应该从事实行为中摆脱出来的一种"自然"行为的轮廓。这就是说,"机体"是一种有歧义的表达。有被视为一个物质片断的机体,有被视为在空间中并置并且彼此外在的一些实在部分的组合的机体,还有被视为一些物理和化学作用的总和的机体。

---

① 戈尔德斯坦:《机体的构造》,第 323 页,第 325 页。

在机体那里展开的所有事件都拥有相同程度的实在性,而且不存在着譬如说正常与病理之间的区分。这就是真实的机体,就是机体的唯一客观的表象吗?实际上,这样理解的身体既不是生物学的对象,甚至也不是生理学的对象。如果我们能够描述那些促使一个有生命的东西从青春期过渡到成年的难以计数的物理化学作用,我们将拥有一个连续的现象系列(要在这里认出一个机体的延续是很困难的)。那些典型的"功能"或"过程"(例如再生和退化)——对于生理学家而言,它们的节律规定了生长与老化现象,它们与从所有方面制约着它们的那些化学反应链关联在一起——失去了它们自己的轮廓、它们的个体性,以至于它们随着年龄的增长而承受的各种有特点的改变不再是可以知觉的。一种全面的分子分析把各种功能以及机体的结构消融在一堆未经分化的寻常的物理和化学反应中。因此,生命不是这些反应的总和。为了以它们为起点使一个活的机体重新出现,我们必须在那里勾画一些分界线、选择一些视点,由此,某些组合由此获得了一种共同含义,表现为比如说一些"同化"现象、表现为一种"再生功能"的各个构成因素;——由此,迄今为止仍然被淹没在一种连续变易中的某些事件系列,对于观察者而言,开始被区分为机体发展的各个"阶段"(生长、成年)。应该从心理上把某些局部现象与它们的真实背景分离开来,并且把它们归并到一种并不被包含在它们那里,但在它们那里获得表达的观念之下。"机体的意义就是它的存在"①,而生物学分析所关注的机体乃是一种理想的统一体。这种组织经验的方法并不是生物学认识所特有的。在历史学中,理解也就是根

---

① 戈尔德斯坦:《机体的构造》,第 351 页。

据一些范畴勾勒出一些具体事件的全面组合,然后尝试着返回到实在的统一(我们以它为起点确立从一种秩序到另一种秩序——从政治学到经济学、从经济学到文化——的一些一致或偏离)。这也就是要在分子层次上的一种不连贯的变化中,标示出一些断裂、一些阶段、一个世界的终结和另一个世界的开端。我们以这种方式达到的各种结构,就像那些机体结构一样,既不是确定各种局部现象之方向的补充原因,也不是用来指称这些现象的单纯名称,而是它们分有却没有将其包含在自身那里的观念。"供应"与"需求"既不是隐藏在各种决定着每一工厂的生产和每一个体的消费的特殊原因背后的一些实在力量,也不是用来指称这些局部现象的算术总和的一些简单名称,而是由科学建构的、提供了各种事件的内在含义和真理的一些思维对象。这与我们书写行星的历史、我们透过一种连续的分子演化使地球的年代展现出来并没有什么不同。因此,对理智来说,要以一些局部的物理和化学现象为起点构织机体的形象是不可能的;与此同时,生命并不是一种特殊的原因。不管在生物学还是在物理学中,我们都不能够让结构摆脱一种在它们那里发现一些规律的组合作用的分析。我们在生命观念中所寻找的"不是构成一座建筑的最后一块石头,而是这一建筑本身:在这里,那些一开始没有意义的局部现象,看起来似乎连接成了确定的结构的一个统一的、有序的、相对稳定的整体……我们并不寻找存在所依靠的一个存在基础(Seinsgrund),而是寻找一种观念,即全部特殊事实都在那里获得其真理的一个认知基础(Erkentnisgrund)。"[①]仅仅需要承认,以某种方式构成机体的那些

---

① 戈尔德斯坦:《机体的构造》,第 242 页。

物理-化学作用，并不像解剖学精神所希望的那样在各种平行且独立的系列中展开，并不在全都互相依靠、任何划分都不可能的一个集合中相互纠缠，而是，用黑格尔的话来说，被构成为一些相对稳定的"纽节"或"漩涡"——行为的各种功能、各种结构——，以至于机械论同时是一种辩证法。

但是，我们不是被重新拉回到了经典的二者择一吗？如果我们同意，一些物理和化学现象本身只能以一种可知的方式取决于一些物理和化学条件，并因此物理-化学分析在原则上是没有限度的，那么各种确切的生命范畴——性对象、食物对象、巢穴——和各种瞄准这些对象的举止不就不再是内在于行为和机体的一些名称了吗？它们不就反而属于我们知觉它的人类方式了吗？而且，归根结底，一种客观研究不就是应该用一些刺激和反应的各种堆积来替代它们吗？描述的生物学是对关于有生命的东西的物理学提供的那些超级结构的一种预备性的清理；说明在生物学那里就像在物理学中一样，应该被归结为根据定律而做出的一种独特类型的说明。有机个体的各种特征——它本身具有的确定自己的平衡状态、因此为自己创造一个环境的属性——只不过是与一些物理系统的各种作用同一的众多基本作用的宏观结果。说明原则上应该是与描述同外延的。我们仅仅应该在生物学和物理学中承认：对各种实际结构进行一种穷尽的分析是不可思议的；我们把一种功能分解而成的那些物理和化学作用，本身只有在一个稳定的背景中才能被产生出来。因此，定律只有通过假定另一个结构才能说明一个给定的结构；从这个意义上说，关于机体的物理学本身也必须从某种"历史材料"出发。但是，它在这一方面并非不同于其他物理学，而机体的各种结构只不过是物理世界的那些结构的一个特例而已。相反地，如果我们希望把那些确切意义上的生物学范畴继续看作是机体的构成要素，我们就会被带回到一种活力论。我们已经承认生命活动可以说具有一种本地意义。物理–化学分析在活的机体中无意发现的那些局部现象已经通过一种原本的关系被相互连接起来。涉及的不再是物理学家的把其中一种现象从其他现象中理想地推演出来的相互决定。它们全都参与到一个相同的举止结构中，并且表达了机体拥有的改变物理世界、使一个环境按照它的形象在此呈现出来的方式。作为"确定的反应能力"①的个体乃是一个最终范畴，是生物学认识的一个不可还原的样式（原图[Urbild]）②。一旦我们试图超越统计学的规定性去预测一个给定的机体的各种生命反应，我们应该加以考虑的个体系数就成了"通过内在的必然性而归属于它的一种确定的结构"。③然而，量子物理学无疑已经教会我们把一些"非因果性的"④材料引进到我们关于物理世界的形象中，在这些材料后面，原则上没有必要肯定一种经典类型的因果性，而物理学家本身⑤已经就此做了比较。但是，我们并不局限于说机体是非因果性的。通过承认机体按照其活动的内在规范改变其环境，我们已经在一种不是哪怕现代物理学的意义之意义上使它成为一个个体了。我们已经给予非因果性一种积极的内容，而物理学局限于把它作为一个事实

---

① 玻尔，转引自戈尔德斯坦：《机体的构造》，第258页。
② 同上书，第258页。
③ 同上书，第333页。
④ 同上书，第258页。
⑤ 参看玻尔和若尔当的例子，转引自戈尔德斯坦，同上书，第256页。

记录下来,局限于用一些间接的方法(它们使我们能够把一个新的数学关系网投射到非因果性上)绕过障碍。像我们已经描述过的有机结构并不仅仅是物理学遇到的事实结构中的一种,它是一种原则结构。为了决定性地维持各种生命范畴的原本性,应该把整个机体看作是产生它的各个部分的一个整体;应该在它那里发现各个局部现象从中获得自己的存在的单纯行为,因此应该重新回到生命冲动的观念。

但是,含义的观念使我们可以保留生命范畴而无需假设一种生命力。具体材料对于物理学的接近律的抵制可以说是匿名的:它是事实的不透明,是对没有料到的结果的震惊,或者是关于一种难以表达的性质的经验。经由各种定律的认知的未完成并不会迫使物理学承认另一种认知模式,这是因为,除了科学后来通过发明一些新的定律达到的那些规定性外,不协调的剩余不会接受任何可以证实的规定性。因此,定律保持为全部物理学真理的样式。相反,说明的生物学碰见的"无关联的基础"已经通过一些积极的特征被指示给我们,这是对于一些新型客观关系的揭示。根据所考察的点、各个轴线的大小以及整体电荷的大小之间的各种协调,一个椭圆导体中的局部电荷是可以确定的。各种局部现象并不是以这种方式、并且通过服从同一个定律而被统一到一个机体中的。各种运动反应、温度、钙和钾的比例,是由于它们共同契合于机体的占优势的活动模式而被联系在一起的。在物理系统中,定律根据刚刚过去的先前状态而为现在状态、根据整体状态而为局部状态,提供了至少有可能的价值。在这一双重规定性成为不可能的时,物理学家就引进一些经验的因素,一些不可分的能量子:它们表达但没有说明原子的行为。机体区别于经典物理学系统,因为它不承认在空间中和在时间中的划分。神经功能并不是可以局部地定位的,一种运动旋律一开始就完全呈现出来,而且它在那里渐进地获得实现的那些运动,只有根据整体才能够被预见到,这是我们在前面已经证明过的。机体也区别于现代物理学系统,因为各种不可分的行为统一体在物理学上保持为一些不透明的材料,而在生物学中,它们变成为一种新型的理智的手段:我们逐步把一个个体机体的各种特殊性与它的行动能力联系起来,而身体结构在人那里则是性格的表达。各个物理系统的统一是一种关联的统一,各个机体的统一则是一种含义的统一。物理思维所实践的、通过各种定律而达到的协调,在各种生命现象中留下了只有通过另一类协调,即通过意义而达到的协调才可以理解的一种剩余。使一种完全演绎的物理学变得虚幻的那些同样的理由,也使一种完全说明的生物学变得虚幻。没有任何东西授权我们假定:生命辩证法可以在整体上被完整地表达为物理-化学关系,可以被还原为拟人显象的条件。肯定这一点,就会颠倒科学思维的逻辑秩序:它从被知觉到的东西进展到被协调好的东西,我们不能依循相反的路径并把一种 πρόσ ήμας(为我们的)秩序建立在一种 καθ' αυτο(在己的)秩序之上。我们已经看到,科学必须考虑到的各种生命过程的含义和价值,确实是被知觉的机体的一些属性;但是,对于真实的机体来说,它们并不因此就是一些外在的名称。因为真实的机体,科学所考察的那种机体,是被知觉的机体的具体整体,负载着分析在它那里发现的全部关联,却又不能够分解成它们。确实,理智论和机械论趋于一致的努力剥夺了机体知觉的所有原本规定性。但是,在心理学中和在生物学中一样,对各种结构的掌握应该被视作一种不能被还原为对定律的理解的知识。我们在这里想说的仅仅是:对一个活的身体,或者像我们自此以后要说的,对一个"现象身体"的知觉,并不是一些无论什么样的视感觉和触感觉——它们与关于一些欲望、一些情绪和一些感受的内在经验联系在一起,或者说被理解为这些心理姿态的各种符号,从中获得了一种生命含义——的一种镶嵌。任何"投射"理论,不管它是经验论的还是理智论的,都假定了它想要说明的东西,这是因为,我们不能把我们的各种感受投射到一个动物的可见的行为中去,除非这一行为本身中的某种东西把结论暗示给了我们。然而,并非我们自己的姿势与他人姿势的相似可以提供出后者的表达价值:儿童早在看到他自己的微笑之前就理解微笑所具有的表示愉快的意义,理解他从未做出过的、他自己的经验因此不能为之提供任何内容的那些威胁性或忧郁性的手势和面部动作所表达的意义。最后,有生命的东西远远先于无机物被认识到——这就是人们在谈到幼稚的万物有灵论时通常相当贫乏地表达出来的东西,——把有生命的东西的知觉看作是第二位的,这犯了一种时代错误。因此,现象身体的各种姿势和姿态应当有一种自己的结构,一种内在的含义,它一开始就应当成为向一个"环境"衍射的一个活动中心,成为物理意义和道德意义上的某种轮廓,成为举止的某种类型。事实上,现代心理学已经阐明了对各种结构的这一直接掌握,这是全部认知判断以及全部观念联想的可能性的条件。一个人的面部表情、笔迹、思想、声音、各种姿势都呈现出一些内在的相似,它们在说明那些众所周知的没有理由的厌恶的同时,说明了那些搭配实验的成功:被试在实验中必须指认与一个声音相应的侧面,与一种面部表情相应的笔迹。① 同样,我们发现了内在于现象机体的某些含义核心、某些动物本质——走向一个目标,捕捉、吞食一个猎物,跃过或绕过一个障碍的行为——,我们已经看到,它们是反射学从一些基本反应出发没有能够产生的统一性,也因此可以说是生物科学的先天性的统一性。不言而喻,对各种结构的这一掌握在寻常知觉中既非完备也不精确,而当我们谈到一种抓住它们的直观时,我们并不想说这种直观是天生的。② 有生命的东西的知觉之早熟在这里只是有助于我们去排除经典心理学的那些建构的、投射的说明。以寻常知觉的各种不完善的直观为起点的描述生物学,恰好重组了它们、纠正了它们。在现象身体的描述③和因果说明之间存在着效用的交换。比如说,寻常认识中包含着一种丰富而混乱的关于"男性"和"女性"的观念,它意味着某些举止常量、意味着在严格意义上的性行为之外可以正确地被识别的一种一般姿态。要想通过对一大堆孤立的事实进行归纳对比,在我们每一个人的经验中构成这一观念几乎是不可能的;相反,这一观念

---

① 参看沃尔夫:"自我评价与别人评价……",《心理学研究》,第 16 卷,1932 年,第 251 – 328 页。

② 看到科学借助于一种有条不紊的观察已经确认了其灾祸性特征的那些伸展姿态被一个三岁的儿童知觉为一种恐惧的表情,而且在他想要假装恐惧(本人观察)时被他自己认识了,无论如何是令人惊讶的。

③ 拜顿迪克谈到了"关于各种表情活动的一种现象学研究",它"孤立出一种现象,将其还原为不能再还原的剩余,通过一种当下的直观冥思其本质特征"("人和动物的心理功能的本质区别",《自然哲学手册》,第 4 卷,第 70 页和第 85 页)。如果被运用到各种智力性的模仿中,这种方法会在它们那里找到"对某物的拥有"作为它们的一般意义(同上文,第 85 页)。在这里,现象学一词是在非常宽泛的对各种结构的描述这一意义上来理解的。

很有可能在一瞥之下被读认出来,很有可能在一种面部表情中、在一种姿势中被揭示出来。各种因果关联——比如作为一系列性欲特征之基础的各种内分泌腺的影响——的发现,不仅仅具有"实现"寻常观念的效果,它还会引导我们去改变我们关于男性存在和女性存在的观念,以便把某些已经离开了寻常认识的局部姿态整合进来。但无论如何,理解这些生物学实体并不是去记录一系列经验的巧合,甚至不是去确认一串机械的关联,而是借助于一系列已知事实的含义去连接已知的事实、在它们那里去发现一种富有特色的韵律,一种针对某些范畴的客体,甚或针对所有事物的一种一般姿态。① 因此,应该在这一意义上超越机械论。

可是,这些看法并不能用来为一种活力论、哪怕柏格森的精致的活力论提供辩护。生命冲动与它产生的东西之间的关系是无法想象的,是神奇的。既然机体是其所在地的物理-化学作用无法摆脱环境的作用,那么我们如何能够在这一连续的整体中圈定创造出一个有机个体的那种活动?生命冲动的影响区域又被限制在哪里?完全有必要在这里引入一种难以理解的断裂。就算有人喜欢说物质是解体了的生命,在生成的生命与在解体的生命的关系也并不因此就更容易理解。但是,对机械论的批判就像通常发生的那样,只有在存在的平面上进行,才会回到活力论。抛弃机体的统

---

① 对于各种本质的这一规定,尽管没有获得如此这般的承认,在所有时候都被科学家们所践行。生理学家们在自己的实验中考虑了行为的面貌。他们在自己的结果中提到该动物感到"疲倦";他们从其行为的一般情状中而不是借助疲倦的那些物理-化学特征来认识该动物。当那些重复的条件制约实验在他的各个被试那里引起一些真正的实验性神经症时,这仍然属于巴甫洛夫碰到过的行为的规范(参看前面第158页,中文版第216页)。

一是由物理-化学作用的真正连续的链条支撑的一个超级结构这一独断的正题,随之就会肯定一个同样独断的、中断这个链条以便为一种生命力腾出位置的反题,——正像在康德之前,对无限可分性的否定就等于对一种不可分的实在的肯定一样。只要我们停留在存在的平面上,情形就正好是这样。要说一种现存的物理或化学作用并不在其他物理和化学作用中拥有它的各种实在条件,乃是难以想象的(这是机械论的论据)。但是,活力论的论据是,既然机体中的每一恒常的化学反应(例如氧固着在血液的血红蛋白上)都假定了一种稳定的背景(它本身又假定了另一种稳定的背景),那么物理化学的说明看起来就始终处在无限推延中;如果没有任何一条定律是无条件的,我们就很难明白全部定律一起如何会是这样的;而且,既然事实上存在着一些机体,似乎就有必要在多种多样的现象和设定了它们全体的生命冲动的单纯行为之间建立联系。说实话,这两种论据都把机体当作是外部自然的一个实在的产物;然而,它是一种含义统一体、一种康德意义上的现象。它是在知觉中连同我们已经描述过的一些原本特征被给出的。科学认识在机体那里发现了一些物理-化学关系并且逐步把它们赋予给它。为中断这些关联而起作用的一种反力是难以想象的。但是,没有任何东西迫使我们认为:物理-化学作用的循环能够透过机体现象而自身闭合;说明能够与描述的材料汇合;现象身体能够被转化成物理系统并且被整合到物理秩序之中。整体性不是一种显象,而是一种现象。如果说透过这一现象从原则上肯定一些物理关联的不连续性是不可能的,那么肯定一种实在的连续性就更加不被允许。各种生命活动都具有一种意义,它们在科学本身中不能被定义为一些彼此外在的过程的总和,而应被定义为某些理想的统一在时间上和空间上的展开。于克斯屈尔说:"每一机体都是一曲自我颂扬的旋律。"①这并不是说它认识这曲旋律并努力去实现它,而只是说,它对于认识它的意识来说是一个有含义的整体,而不是一个在己地静息的事物。因此,我们不能坚持认为,一些"不确定的中心"在物理因果性的宇宙中出现了。我们毋宁要说,我们的外部经验是关于大量结构的,即关于各种含义整体的经验。构成物理世界的那些结构,在数学定理中找到了它们的内在统一的充分表达;而我们可以称为有生命的东西的另一些结构,则呈现出拥有一种行为的特殊性,也就是说,它们的行动不能作为物理环境的一些功能获得理解,相反,它们对之做出反应的那些世界部分对它们来说是由一种内在规范来划定界限的。我们在这里不是把"规范"理解为一种将产生存在的应当存在,而是理解为对一种统计上最频繁的占优势的姿态的单纯确认,它赋予行为一种新型的统一。只是在我们打算通过一些个别的过程的总和来构造机体时,才需要引进一种积极的秩序原则、一种隐德莱希。因为正是在这个时候,整体连同它的那些引人注意的常量似乎要求一种秩序因素来维持它们。从因果性为了被归结为函项对各种变量的依赖而失去其生产性因果性的神秘意义那一刻起,各个定律就不再能够被看作是产生了事实的实存的东西,因此,我们不再能够说,就像拉皮克所写的那样,秩序是秩序借以实现自己的一些机制的一

---

① 转引自拜顿迪克的没有标明出处的引述,参看"人和动物的心理功能的本质区别",《自然哲学手册》,第 4 卷,第 131 页。

种结果。这将为活力论者的论证提供一个支撑点,并且重新回到各种二律背反。秩序更不是使各种机制适合于实存的东西。就像斯宾诺莎认为的那样,机体中的全体乃是一种观念。然而,尽管斯宾诺莎认为自己能够超越想象的破碎的广延,在与各个物理系统的定律同质的定律中重新发现身体的统一性,我们似乎并不能通过追溯生命的种种条件的逆推式分析去理解生命。这将涉及一种寻求生命的内在含义的前瞻性分析,这种内在含义再一次不是一种引力,就像原因不是一种推力一样。"含义"归属于终极的原因,正如函项与变量的关系归属于生产的原因。各种物理学定律,按布伦茨威格的说法,都预设了对于我们的宇宙的一种实际状况的确认,一个事件只能以另一个给定事件为起点被必然地推演出来,并不存在每次都被排斥到远离整体、却从来没有从整体中被消除的实存着的东西的偶然性;同样,一个行为的理想结构使我们能够把一个机体的当前状态与一个被视为给定的先前状态联系起来,在前者中看到在后者中已经显而易见的一种本质的渐进实现,但是,我们永远不能超出界限,也不能使观念成为实存的一种原因。

*　　*　　*

174　　通过描述物理的或有机的个体及其环境,我们已经受引导承认它们之间的关系不是机械的,而是辩证的。不管我们理解的严格意义上的还是宽泛意义上的机械作用,都是原因和结果在其中可以被分解成具有一一对应关系的实在元素的作用。在基本作用中,依存是单向的,从其实存和其本性来考虑,原因是结果的充分必要条件;甚至在我们谈及两个项之间的相互作用时,它也被归结为一系列单向的决定。相反地,我们已经看到,各种物理刺激仅当它们在机体上引起一种在它们发生量变时会产生质变的全面反应时,才会对机体产生作用,它们扮演其契机的角色,而不是其原因的角色;反应所依靠的与其说是各种刺激的一些物质属性,不如说是它们的生命含义。因此,在举止实际依赖的各种变量与这一举止本身之间,出现了一种意义联系,一种内在关系。我们无法确定世界作用于机体的一个时刻,因为这种"作用"的结果本身表现了机体的内在法则。在各个刺激的相互外在性被超越的同时,机体与周围环境的相互外在性也被超越了。因此,"环境"和"禀赋"(它们是行为的两极,而且分有了同一个结构)这两个被孤立地规定的项应该被两个相关项取而代之。当柏格森在本能中发现与其对象的一种"同感"关系时,或者当苛勒写道,一种形式的每一部分都"动态地认识到了"其他部分时,他们表达的正是这种内在的联系。在这里谈论认识、并因此谈论意识,我们并不是要建构一种关于自然的形而上学,我们局限于命名环境与机体之间的就像它们应该是的那样的各种关系(就像科学本身界定它们那样)。认识到行为具有一种意义而且依赖于各个情景的生命含义,生物科学阻止把它们看作是一些部分外在于另一些部分地在神经系统之中或在身体之中实存的一些在己的事物,它在它们那里看出了向内在于它们的一个环境扩散的一些肉身化的辩证法。我们已经多次说过,不存在重新回到无论什么样的一种形式的活力论或万物有灵论的问题;只是要认识到,缺了一种意识在它那里发现并看到在它那里展开的各种含义统一,生物学的对象是难以想象的。"自然的精神是一种隐匿起来的精神,它不以精神的形式本身呈现出来;它只对认识它的精神来说才是精神:它是在它自己那里的精神,而不是为它自己的精神。"①因此,我们实际上已经引入了意识,我们在生命的名义下指明的东西就是生命意识。黑格尔认为"概念不过是自然的内部"②,如果没有把一个姿势与各种运动之总和区别开来的含义的这种内部统一,活的身体之自然在我们看来早就是难以想象的了。因此,当一个广延片断通过对自己的各种运动的安排、通过它们中的每一运动对所有其他运动的暗示而返回到它自身,开始表达某种东西、开始把一种内部存在向外显示出来时,生命现象就出现了。如果我们现在继续自己的总是从"局外旁观者"的视点出发的描述,而且如果我们考察人的秩序,那么,我们在这里首先看到的只不过是一些新结构的产生。如果生命是一个"内部"在一个"外部"那里的显现,那么意识首先只不过是一种的确不能被还原为先前的环境的新"环境"在世界中的投射,而人类只不过是一种新的动物种类。尤其是,轮到知觉应该被纳入一种作用与反作用的辩证法中了。当一个物理系统相对于环境中的一些给定的力量获得平衡时,当动物机体根据需要和本能的单调的先天性为自己安排一个稳定的环境时,人的劳动就开启了一种第三辩证法,因为它在人和各种物理-化学刺激之间投射了一些像衣服、桌子、花园之类的"日用客体"(Gebrauchsobjekte)③,一些像书、乐器、语言之类的"文化客体"④,它们构成为人类特有的环境并且使一些新

---

① 黑格尔:《逻辑学》,拉松编,第113页。——参看伊波利特:"耶拿时期的黑格尔哲学中的生命与生命意识的觉醒",《形而上学与伦理学杂志》,1938年1月,第47页。
② 转引自伊波利特的没有注明出处的引文,同上注。
③ 胡塞尔:《纯粹现象学与现象学哲学的观念》,好几处。
④ 胡塞尔:《笛卡尔式的沉思》,好几处。

第三章　物理秩序,生命秩序,人的秩序　239

的行为圈涌现出来。把生命情景-本能反应这一对子还原为刺激-反射这一对子,在我们看来已经是不可能的,同样,无疑应该认识到被知觉情景-劳动这一对子的原本性。

　　为了不再像当代大多数心理学家那样谈论活动,我们选择黑格尔式的"劳动"这一术语,它指称的是人类借以改造物理的和有生命的自然的各种活动的集合。因为,就算没有比把意识与活动联系在一起再寻常不过的事了,我们还是很少理解人的活动连同其原本意义和具体内容。在各种物理力量不是通过在身体中引发一些自动反应而渗透它,而是在一个"不确定的中心"里面,也就是说在一种能够进行它自己的活动的存在里面被减弱的那一时刻,《物质与记忆》中的纯粹形象也就同时成了它自己的意识;而我们的知觉将因此隐示地标出我们的各种可能的活动之区域。但是,柏格森所思考的活动始终是生命活动,是机体借以维持其实存的活动。在人类的劳动活动中,在对各种工具的智力制造中,他看到的只不过是达到本能方面也在追求的那些目标的另一种方式。在两种情形中存在的是"对同一个问题的两种同样精致的解决"。①超出于生物活动,剩下的就只有一种不以任何确定的对象为目标的神秘活动。那些严格意义上的人的行为,如言谈行为、劳动行为、穿衣行为,并不具有特定的含义。只有参照各种生命意向,它们才能够获得理解:服装是一种人造的毛发,工具代替了器官,语言是适应"无机的实在物"的一种手段。还有许许多多。尽管我们在"运动旋律"的观念中可以找到对于活跃的意识、对于内在的统

---

　　①　柏格森:《创造进化论》。

一和对于各种姿势的意义的具体描述,柏格森有时仍然会重新回到认为活动是纯粹运动的观念中去。习惯最终说来只不过是"一种精神活动的固化的残余",活跃的姿势只不过是一些思想的"运动的伴随物",而意识的各种实践意向被归结为对各种"初始运动"的意识。同样,雅内的"实在的功能"归根结底是对于我们四肢的某些移动的意识,①因为,支配着它们的那些趋向的系统,在作者看来只是一个表象假设。② 另外,如果我们在意识中实现了它,那么这些自然力量与思维主体的关系就几乎是难以想象的。然而,哲学如此这般地接受了心理学家利用的关于活动的纯粹运动的观念。"根据反思分析,心理上单纯的东西,即知觉的特别难以还原的要素,乃是在特有的意义上赋予实存的断言,乃是判断:这是。在它自身那里来考虑,这样一种判断无疑并不包含对于无论什么样的一个内容的任何规定。当我们相信自己在黑夜中瞥见了一道闪光,或者听到了一丝嘈杂,却不能完全确定时,对于记忆和理智相继为我们提供的那些东西的批判性消除,就把关于经验事实的初始意识还原成了我们体验到的这种瞬间的冲击、短暂的刺痛。绝不会带着自己的对象的规定性,不会被任何当下的直观伴随的这种判断,与此同时是那种标画出了与实在的关联点的东西,是那种在经验中的无法消除的东西,我们的思想没有了它就会从存在中被连根拔起;这就是当代的心理学家在把心理生命的平衡与'我们拥有的对于在场的实在的感受'、与'实在的功能'联系在一起的

---

① 比如参看雅内:《从焦虑到出神》,第 2 卷。
② 雅内:"心理紧张及其波动",见迪马编:《心理学专论》,第 1 卷。

第三章　物理秩序,生命秩序,人的秩序　　241

时候,他们已经证明了其主要影响的东西。"①因此,我们可以说,心理学和哲学都趋向于一种关于现实意识的观念,它们需要用它来说明知觉中存在着的特殊的东西,说明它在我们这里或者我们之外所揭示出的一些个体实存。但是,哲学并不拥有使两者之间的内在沟通得以可能的关于意识的观念和关于行动的观念。不管意识是一种持续的绵延,还是各种判断的一个中心,在这两种情形中,这一纯粹的活动都是没有结构、没有本性的。相应地,按其拥有的特殊的东西来理解的,也即作为对实在的认识和改变的知觉和活动,必然会被意识拒弃。我们承认,"使"意识"扎根"在存在之中乃是它们特有的功能。但在同时,我们拒绝给予实存判断以其内容的规定性。因此,在实存着的东西与实存的事实之间,在关于各种内容的意识与使它们扎根在存在中的活动意识之间,关系必然保持为外在的。归根结底,意识是由对一个思维对象的拥有或者由对它自身的透明而获得界定的,活动则是由一系列彼此外在的事件获得界定的。人们已经把它们并置在一起,人们还没有把它们关联起来。柏格森已经指出过,在描述知觉的经验起源的那些心理学中存在着抽象的东西:似乎它的功能一开始就是沉思,而人的原始姿态似乎是一种戏剧姿态。但是,他没有把这一观念贯彻到底。为了完全公正地对待意识,首先应当停止用自我认识来定义它,②应当引进关于意识生命的观念(它溢超出了意识对它自身的确切认识)。但是,另外还需要某种东西:不是让这一意识生

---

① 布伦茨威格:《人类经验与物理因果性》,第 466-467 页。
② 波利策:《心理学基础批判》,第 212 页。

命不确定,不是坚持这种"一般而言的具体"①——仿佛不摆脱整个的确定形式,意识就不能够超越本能的旋律似的——,而是描述它投入其中的活动和认识的各种结构。我们由此明白了,在柏格森那里,知觉心理学并不因为他使它更接近于活动这一事实而从根本上被改变。因为活动仍然是在生命活动这一狭义上被理解的,因为生命活动的目标是让我们适应"无机的实在物",所以,问题始终就在于知道,各种自然对象对于我们而言是如何构成的;我们不会问人类的活动与知觉首先针对的是否就是这种类型的一些对象。我们已经令人满意地表明,动物知觉只对本能本身已经预先规定了其形式的那些具体的刺激整体有感觉;我们已经令人满意地谈论过一种被亲历的抽象作用:它把与动物的本能结构不一致的东西完完全全地排除在动物的感觉场之外。② 但是,我们并不打算以同样的方式把人的知觉内容与人的活动结构关联起来。我们确实谈到过,我们的"各种需要"、我们的"各种意向"以及由它们引导的注意,在可能的感觉场中勾勒出了我们的实际知觉的各种对象之轮廓。但是,我们通常暗示的是注意要从其中进行选择的一组性质——颜色、重量、味道;而且人们是以各种前意识感觉的这一镶嵌为起点去寻求重返儿童知觉或原始知觉的实际内容的。该分析让自己遵循我们已经在反射理论中遇到过的那些相同的假设:我们试图使一种确定的意识内容对应于每一局部刺激(比如说光的一种振动),完全就像反射理论试图把本能活动分解为一

---

① 弗朗索瓦·阿鲁埃(波利策的笔名):"柏格森主义:一场哲学检阅的结束",《评论杂志》(巴黎,王子先生路 47 号),1929 年。
② "吸引食草动物的是一般而言的草本植物"(《物质与记忆》)。

些基本反应的总和一样(其中的每一个基本反应都对应着一个基本的刺激)。我们已经看到,正像本能活动根据机体自身所赋予的一些结构而展开一样,我们可以证明,有一些感觉不能够哪怕理想地被假定处在原本知觉的各种具体统一后面。但是,自此以后,各种需要、各种意向、各种自发的注意行为,简言之,各种力量(同样也是前意识的,我们不得不引进它们,以便从一些纯粹性质出发来重建原始的混沌思维),反过来作为一些建构假设、作为只有借助关于各种感觉的神话才变得不可或缺的一些"官能"出现。它们是我们形成的一些抽象观念,为的是说明一种完全约定的原则知觉和我们的事实知觉之间的差异。两种抽象合在一起并不会构成一种具体的描述。并非一方面存在着这些无人格的力量,另一方面又存在着它们要转化的那些感觉的一种镶嵌,而是存在着一些富有旋律的统一体,一些以一种不可分割的方式被体验为各种行动中心和认识核心的含义整体。原始认识并不是一种能量过程(各种趋向、各种需要在这一过程中将会释放到那些纯粹性质的镶嵌上面,并且向一个不偏不倚的思维主体发出它将会温顺地执行的各种命令)的结果。知觉是一个具体主体的活生生的辩证法的一个环节,参与到了主体的整体结构之中;相应地,它不是把"无机的实在物"而是把其他人类主体的各种活动作为它的原始对象。

由于对现时意识没有一种充分的概念,人们被导向以一种任意的方式构造知觉,而没有能够考虑它的各种描述性的特征。相反,我们试图以它们为起点,并且揭示它们如何促使我们去构想意

180 识的结构。① 初始知觉具有双重特性：瞄准一些人类意向而不是一些自然物体或者它们为其支撑者的各种纯粹性质（热，冷，白，黑），——把它们作为一些被体验到的实在而不是一些真实的物体。关于各种自然物体及其性质的表象，关于真理的意识隶属于一种高级的辩证法，我们有必要使它们在我们此刻寻求描述的原始的意识生命中呈现出来。儿童的知觉首先着迷于各种面孔和姿势，尤其是母亲的面孔和姿势，这乃是一个众所周知的事实。② 只要我保留着关于各种感觉的假设，下面的事实或许就显得毫无意

---

① 人们通常会说：心理学对这一点无能为力，因为它并不关注各种经验对象（比如说空间或他人），而只关注它们藉以被给予我们的那些内容（各种视感觉、各种触感觉，等等）；意识活动不可能通过考察这些偶然的材料及其在时间上的起源被认识，而只能通过对对象结构的反思才能被认识。实际上，正是这种对结构和各种内容、对心理的发生和先验的发生进行的区分才是问题之所在。先天的东西不是天赋的东西或原始的东西。尽管所有的认识都开始于经验，但它在那里揭示出了并不来自于经验的一些规律和一种必然性。但是，心理学本身已经懂得不是把天赋的东西界定为与生俱来的东西，而是界定为主体从自己的深处抽取出来并向外投射的东西（例如，参看纪尧姆《心理学专论》关于本能的那一章，巴黎，Alcan 出版社，1931 年）。但是，心理的发生和先验的发生（如果后者确实给我们提供了各种经验对象在其间相互依靠的秩序的话）如何会有差别呢？比如说，如果他人知觉在其构成中依赖于宇宙认识，那么前者从时间上来说不可能先于后者。把封存在他人经验中的东西开展出来的一门完备的心理学，应该会在那里发现对于**自然**和宇宙的一种参照。如果心理学至少不再是各种"心理事件"的一种盲目标记（为的是成为它们的意义的一种描述），那么精神分析的任务和先验分析的任务就没有了区别。真实的乃是，心理学从来就没有把关于经验的说明推到尽头，因为它把那些认为自然的态度包含了整个一种沉淀下来的、变得模糊了的知识的观念看作是不言而喻的。例如，心理学可靠地确立起了他人知觉相对于各门自然科学所理解的那些对象的知觉在年代上的和先验的优先性。但是，因为它也在各门自然科学的意义上来理解**自然**一词，它也就没有能够觉察到原本的**自然**，即他人行为出现在其中的、根据其含义先于他人知觉以及各门科学的**自然**的、先验反思将会发现的前客观的感性场。因此，心理学谈论的东西是不完备的（从它能够谈论之这一严格意义上来理解），但并非是错误的，而心理的发生提出了一些先验问题。这就是我们在这里需要承认的一切。一种更为完备的说明应该留给另一部作品。

② 参看希茵小姐："儿童成长笔记"，《加利福尼亚大学研究论文》，第 1 卷，1893—1899 年，第 1—4 页。

义：儿童的倾向和情感从各种感觉的镶嵌中勾勒出面孔，从面孔中勾勒出表情，以至于到最后，各种感觉成为一种表情的一些几乎没有意识的符号。但是，我们已经看到，关于各种感觉的假设是没有道理的。由此可以推出，即使像人们所说的那样"构成"面孔的那些颜色和线条没有被呈现给意识或者没有在一种无意识中被给出，我们还是能够知觉到一个微笑，甚或在这一微笑中知觉到一种感情。因此，应当按字面意思来理解这个经常被注意到的事实：我们不用知道眼睛或头发的颜色、嘴巴或面孔的形状，就能很好地认识一个面部表情。这些所谓的要素只有通过它们为面部表情做出的贡献才能够获得表达，正是以面部表情为起点，它们才在记忆中被费力地重构出来。按照塞尚的说法，正是画家们——某些画家——教会我们把各种面孔当作一些石头来注视。人性含义先于那些所谓的感性符号被给予了。一张面孔是人的表情的一个中心，是他人的各种姿态和欲望的透明包装，是显圣的场所，是大量的意向的几乎非物质的支撑点。这就是为什么在我们看来不可能把一张脸，或者哪怕是一个已经死亡的身体当作一个物体对待。它们是一些神圣的实体，而不是一些"视觉材料"。有人或许想说，在人体之后，正是人所创造的那些日用物品组成了初始知觉场。实际上，它们的优势在成年人那里是令人惊讶的。通常的实在在他那里属于一种人类实在；而当带着其人类标志被置于各种自然事物当中的一些日用物品（一只手套、一只鞋）第一次作为一些事物被凝视时，当透过用来隔绝外界喧哗的一扇窗户之玻璃看到的各种街头事件（聚集的人群、意外事故）被还原为纯粹场景状态，被赋予一种永恒性时，我们会有进入另一个世界、进入一种超实在的印象，①因为那种把我们与人类世界捆在一起的约束第一次被打破了，因为这让一个在己的自然显现出来了。因此，这里还是不应该通过原始知觉赋予一种对许多成人显得荒诞的审美的知觉模式以实在性。与此同时，应该注意到，儿童并不知道许多物品的用途，甚至在他看到人们使用它们时也是如此；在我们不知道那些事物有何用途时，我们本身可以想到它们所具有的令人赞叹的外观；儿童一定看到了许多日用物品，却没有把它们与它们是其实际支撑点的各种人的活动联系起来。但即便如此，也可以在他那里毫无疑问地假定对一组"视觉的"、"触觉的"、"听觉的"属性所界定的物品的知觉。这就忘记了语言在被知觉世界的构造中扮演的角色。我们就儿童知觉以及它的各种缺陷所知道的一切使我们可以这样认为：在儿童的头脑里，一个词的意义并不是通过比较它轮番指称的物品来确定的，而是通过印证它相继所属的各种逻辑语境来确定的。不是因为两个物品彼此相似，所以它们才被同一个词指称；相反，因为它们被同一个词指称并因此参与到了一种相同的言语和情感范畴中，所以它们才被知觉为是相似的。这样，甚至当初始知觉针对的是一些自然物品时，它仍然是透过某些日用物品、各种词才瞄准它们的，而自然最初或许只能被理解为上演一出人类戏剧所必需的最低限度的编导。如果不在严格的意义上来理解，这不是一种新奇的说法。我们很久以来就在谈论儿童的"万物有灵论"。但是，在其诉诸于一种解释（借助于它，儿童把不同于一些定性材料的含义赋予给它们，建构一些灵魂来说明各种事物）的

---

① 我们知道超现实主义诗歌已经对这些主题做出的使用。

范围内,这一表达似乎并不确切。真实的情况是,不是存在着一些事物,而是存在着一些面部表情;同样,在成年人那里,由麦司卡林造成的一种中毒可能让物品中出现一些动物外形,无需借助任何虚幻的形象就能让一座钟变成一只猫头鹰。① 戈雅说过:"在自然中,存在着的颜色和线条一样少。"② 但是,最终说来,如果在儿童那里不存在不具有一种面部表情的线条,那么,这种面部表情仍然应该通过最低程度的质料呈现出来。这一感性支撑的外观可能是什么呢?在这里,正是"形式"的观念使得我们能够继续这一分析。形式是可见的、有声的,甚或先于各个感官之区分的一种构形,每一要素的感觉值在其中都是通过它在整体中的功能被决定的,并随整体一道发生变化。在同一个色斑中,颜色知觉的各个阈限依据该色斑被知觉为"图形"还是"背景"而不同。③ 这同一个形式概念将使我们能够描述各种原始的知觉对象的实存模式。我们要说,与其说它们作为一些真实的客体被认识,不如说作为一些实在被体验。某些成人意识状态使我们可以理解这种区分。对于活动中的球员来说,足球场并不是一个"客体",即不是能够产生无限多样的视角,并且在它的各种表面变化下面保持等值的理想的界限。它被一些力线(各条"边线"、各条限定"罚球区"的线)布满、由一些区域(例如竞争对手们之间的那些"漏洞")链接而成,——它们召唤某种活动方式,它们似乎在球员不知情的情况下推动和引导着

---

① 萨特的没有发表过的评论。
② 转引自多斯:《戈雅的艺术》,没有引用,第 54 页。
③ 比如可以参看考夫卡:"知觉:格式塔理论导论",参看《心理学通报》,第 19 卷,1922 年。

这一活动。场地对于他来说并不是给定的,而只是呈现为他的各种实践意向的内在界线;球员与它融为一体,比如他感受"目标"的方位,就如同感受他的本己身体的垂直面与水平面一样直接。说意识寓于这一环境中是不够的。在这一时刻,它不外乎就是环境与活动的辩证法。球员做出的每一动作都改变着场地的外观,并在这里张开新的力线;活动在这里在重新改变现象场的同时得以展开、获得实现。

然而,有人或许想说,这些特性并没有提出任何特别的问题。知觉首先是对于一些人的活动或者一些日用物品的知觉,这单单通过一些人和一些日用物品在儿童环境中的实际呈现就可以获得说明;它只有透过各种词才能够通达物品,这乃是作为一种社会现象的语言的效应;它把各种社会框架移入到了关于自然的认识本身之中,这只不过是一种更加有利于一门知识社会学的试验;它最终不是向一种真理、一种认识对象,而是向一种唤起我们的行动的实在开放,这源自于它的运动伴随物在意识中的回应。换言之,我们会阐明知觉的各种社会的和生理的决定因素,我们描述的不是一种有意识的原本形式,而是它的各种社会的或运动觉的经验内容;这些内容是通过身体的实存或通过融入到一个社会中才被加予知觉的,它们不会强制我们改变我们就知觉固有的结构所形成的观念。相反,我们打算证明:初始知觉的描述的方面要求对意识概念的一种重塑。在儿童的周围环境中,一些其他人类存在和一些日用物品或一些文化物品的实际的单纯在场,并不能够像一个原因说明其结果那样说明原始知觉的各种形式。意识并不类似于一种通过社会的或生理的因果作用而从外部获得其各种优势结构

第三章 物理秩序,生命秩序,人的秩序 249

的一种可塑性物质。如果这些结构在儿童的意识中不是以某种方式被预先构成的,那么日用物品或"他者"只有通过各种感觉的一些堆积(对它们的一种渐进的解释很晚才摆脱了人性意义)才能在它那里获得表达。如果语言在想要说话的儿童那里没有遇到某种言语行为天赋,它对于他来说就会长期停留为其他声音现象中的一种,它就没有能力优于儿童意识所拥有的那些感觉的镶嵌,我们就不能理解心理学家一致承认的它在被知觉世界的构造中所起的引导作用。① 换言之,人类世界之所以一开始就能在儿童意识中获得一种占优势的重要性,这不可能是因为它围绕儿童而实存,而是因为看到人们使用一些人类物品并且开始自己去使用它们的儿童的意识,从一开始就能在这些行动和这些物品中发现它们作为其明显见证的意向。使用一件人类物品,或多或少始终都是自己认同并恢复生产出该物品的劳动的意义。问题不在于坚持这些基本的行为结构是天赋的荒谬论题。天赋观念论不仅与各种事实不大相符——环境对才智的形成的影响是相当明显的,而且很清楚的是,一个从来没有看到过衣服的儿童不会有穿衣的举止,如果他完全是孤单的,他也不会谈论其他人或者向他们作自我介绍,——而且它还把困难撇在一边:它局限于把经验论从外部经验中获得的那些内容转移到意识"之中",简言之,转移到内部经验之中。儿童在任何逻辑设计之前就已经理解了各种身体和日用物品的人类意义,或者语言的含义价值,因为他自己就已经开始了把各个词和各种姿势的意义赋予给它们的那些活动。显而易见,这并不是一种解决方案:我们已经看出,儿童能够理解他从来没有机会采取的

---

① 尤其参看卡西尔:"语言与对象世界的构造",《正常与病理心理学杂志》,1934年1月卷。

一些姿态；尤其是，我们看不出，为什么当这些姿态以一些天生组合的形式在他那里获得实现、在内在场景中被给予他时，比起它们在外部场景中被提供给他时，会获得更加直接的理解。不管儿童凝视它们的视觉外表，还是在他的本己身体中抓住它们的动态实现，问题始终还是要知道：一种不可还原的意义统一是如何透过这些质料而被抓住的。因而，问题在于超出天赋的东西与习得的东西之间的人为对立到经验——不管它是早熟还是迟来的，是内部的还是外部的，是运动的还是感觉的——的环节去描述不可分解的含义的涌现。对一个儿童来说，获得了理解的或者开始显露的语言，一张脸的外表或一件日用物品的外表，一开始就是来自他人的一种含义意向的声音的、运动的或者视觉的外壳。获得了理解的语言的构造和意义在开始时或许非常贫乏，将会获得理解的是声音的曲折变化和语调，而不是语言材料。① 但是，声音现象（不管我说话还是另一个人说话）从一开始就被纳入到了表达-被表达结构之中，面孔（不管我摸到的自己的面孔还是我看到的另一个人的面孔）则被纳入到了他-我结构中。换言之，自从我们把初始意识作为分析的对象开始，我们就已经觉察到不可能把先天形式与经验内容这一著名的区分运用到它那里。② 回到这种区分的无可置疑的方面，先天指的是那种不能够被一部分一部分地构想，而应当一下子就被把握为一种不可分解的本质的东西；相反，后天指的

---

① 我们知道，一条狗几乎不能区分出人们给予它的一条指令中的那些词，它毋宁服从的是语调。

② 在康德那里，质料和形式之间的区分显然不是知识的两种实在因素或两种实在元素的区分（它们就像两个合力产生了一个结果一样产生了知识）。仍然同样真实的是：对自己进行反思的整体意识发现了各种关系判断和它们所针对的一些经验项之间，空间和一些充实空间的性质之间的区分。这种理想分析构成了批判哲学。

是可以在思维面前一点一滴地、通过各个外在部分的一种组合而被构造起来的东西。康德主义的特性是只承认两种类型的经验（关于一个外部对象世界的经验和关于各种内在感觉状态的经验）拥有先天结构，并且把所有其他可以列举的经验（如语言意识或他人意识）与变化多样的后天内容联系在一起。因此，词只可能是一种声音现象、外部经验的一个环节：一种含义，即一个概念被附属性地添加给它、同它连接在一起。他人只可能是可以被归属到我们从内感官借用的一个概念之下的大量的外部经验现象的协调。通过把关于这一联想的意识揭示为联想的条件，康德超越了关于各种状态之联想的经验论观念，但这一事实并不妨碍从意义到词的关系保持为一种思想的接近，言谈行为保持为一种普通的概念活动，伴随着一种对它而言的偶然的发音机制，最后，他人保持为我借以协调外部经验的某些方面的一个派生观念。但是，儿童心理学合理地提出了一种语言意识和一种他人意识之谜：正如儿童的各种神奇的、万物有灵的信仰充分地表明的，它们是近乎纯粹的、先于听觉现象和视觉现象的现象。因此，言语、他人不能从对各种感觉现象和"复合材料"的系统解释中获得它们的意义。它们是一些不可分解的结构，在这个意义上，它们是一些先天的东西。但是，就涉及意识的定义而言，一种双重后果由此产生出来了。既然感性内容和先天结构之间的区分只是一种第二位的区分——它在成人意识所认识的自然物体的世界中获得了证明，但在儿童意识中是不可能的——，既然实存着一些"先天质料"，①那么我们应

---

① 舍勒：《伦理学中的形式主义和质料的价值伦理学》。

该形成的关于意识的观念就被完全改变了。不再可能把它定义为组织经验的一种普遍功能;这一功能将为它的全部对象强制规定各种逻辑实存和物理实存条件(它们是一个被表述对象领域的条件),而且只把它的各种特殊规定性归因于其内容的多种多样。将会存在一些不能彼此还原的经验区域。在放弃作为所有特殊规定性之源泉的"复合材料"这一观念后,我们无疑也将不得不放弃作为所有协调之原则的心理活动这一观念。实际上,从拒绝把关系与出现在经验中的那些不同的具体结构分离开来的那一刻起,我们就不再有可能把任何关系建立在"认识论主体"的活动之基础上;在被知觉世界被分割为一些不连续的"区域"①的同时,意识也分裂为一些不同类型的意识活动。② 尤其是,原始知觉可以说受到了人的在场的纠缠,对其余的一切则是有空隙的,这一事实使我们不得不承认,如果说"他人"在成人那里或许可以透过一些"感觉"或"形象"被通达,那么他也能够借助于一些非常贫乏的表象内容而被认识:因此,对于意识来说,在它那里必定有许多瞄准其对象的方式,有多种类型的意向。拥有并沉思一个"表象"、协调各个感觉的镶嵌,这都是一些特殊的姿态,它们并不能够说明全部的意识生命,它们大致就像译文适合原文那样适合一些更为原始的意识模式。欲求能与被欲求的对象关联起来,愿望能与被愿望的对象关联起来,惧怕能与被惧怕的对象关联起来,无需把这种参照(即使它始终包含着一种认知的内核)还原为表象与被表象者的关

---

① 胡塞尔:《纯粹现象学与现象学哲学的观念》,多处内容。
② 当然,还需要说明它是如何透过它相继接受的那些结构来认出它自身的。

系。思维活动不可能独自拥有一种含义,不可能在自己那里包含对它们所寻求的东西的预见;将会存在的是被欲求的对象获得欲求的、善获得意愿的盲目承认。正是通过这种方式,他人才会先于从一个表象世界中推导出他人的长期解释工作,作为儿童的各种欲求和各种惧怕之极而呈现给儿童,——一些混乱的感觉集合仍然可以非常精确地被辨识为人的某些意向的支撑点。有时会发生这样的情况:进入一个房间,在发现混乱印象的原因(比如说,一个画框的位置不对称)之前,我们就知觉到了一种没有完全被定位的混乱。进入一套公寓,我们就会知觉到那些居住于其中的人的性情,却无法列举一些引人注目的细节来证明这一印象,况且这种知觉早在注意到家具的色调之前就发生了。① 事先以"潜在内容"或"无意识知识"的形式来实现这些证明,就是在假定:任何不以表象或内容的形式呈现给意识的东西都是不能被它认识的。我们应该明确表达这些看法导向的没有言明的意识概念。我们已经说出的东西足以表明,拥有一个表象或做出判断并不是与意识生命同外延的。意识毋宁是各种含义意向的一个网络:它们时而对于它们自己来说是明晰的,时而又相反地不是被认识到而是被体验到的。这样一个概念使我们能够通过扩大我们关于活动的观念而把它与活动联系起来。除非我们把人的活动所经历的理智分析看作是达到一些动物目的的一种更精巧的手段,否则人的活动就不能够被归结为生命活动。但是,从我们自己所处的视点来看,目的与各种

---

① 舍勒:《伦理学中的形式主义和质料的价值伦理学》,第 140 页。

手段的这种完全外在的关系正好变成为不可能的了。一旦我们用对某些"表象"的拥有来定义意识,这种外在关系就被强制规定了,因为这样一来行为的意识必然一方面被归结为对其目标的表象,而且还有可能被归结为对各种确保活动得以进行的身体机制的表象。各种手段与目的的关系在这些情况下只能是外在的。但是,正如我们刚刚谈到过的,如果表象意识只是意识的一种形式,如果后者通过参考一种对象——不管是被意愿的对象、被欲求的对象、被爱的对象还是被表象的对象——而获得了更为一般的界定,那么那些被感觉到的运动将通过一种激活它们的、从它们之中产生一种定向旋律的实践意向而相互联结起来;而且不再可能把目标和各种手段作为一些可分离的要素区分开来,不再可能把人的活动当作由本能来解决的那些问题的另一种解决:如果各种问题是相同的问题,那么各种解决办法也会是相同的。关于活动的各种目的和各种手段的分析被关于活动的内在意义及其内在结构的分析所取代。我们由这一新的视点认识到,就算所有活动都使生命的一种适应成为可能,生命这个词在动物性和人性中也不具有相同的意义,而生命的各种条件是由种类特有的本质来界定的。无疑,衣服和房屋可以帮助我们抵御寒冷,语言有助于集体劳动和分析"无机的实在物"。但是,穿戴行为可以变成打扮行为,或者羞耻行为,并因此对本人和对他人表现为一种新的姿态。只有人才明白他们自己是赤裸的。在为自己建的房子里,人可以投射并实现他所喜好的那些价值。最后,言谈行为表明:人停止直接粘附于环境,他把它提升到场景的状态,并通过严格意义上的认识从心理上拥有它。①

我们提出的看法也将使我们能够把实在的系数整合进意识：心理学家在谈论一种"实在的功能"或谈论对在场的实在的一种感受时，寻求把它从外面引进到意识中。实在意识不能被归结为我们的各种思维的一种运动伴随物在我们这里的回响。我们不明白：使我们回想起联想主义的心理炼丹术的那些运动觉内容的添加，如何能够充分地构造出意识在其中作为介入的而被抓住的一个实在世界的场景。毫无疑问，存在着我们的各种思想的运动伴随物，但有待于弄明白的是：那种被认为让我们感受到了的原始实存是如何与被知觉对象联系在一起的；在视觉场景本身中应该有某种东西要求这一转移。事实是，各种个体实存在意识中的任何改变都是通过对象的具体外观的一种变形而获得表达的。一个精神分裂症患者说："请看这些玫瑰，我的妻子应该会觉得它们是美的，对我来说，它们只是一些树叶、花瓣、刺和茎的堆积罢了。"②对于"实在的功能"为真的，对于"反射的先天论"（它想通过把早熟的空间知觉建立在我们形成的关于某些定位反射的意识之基础上来说明这种知觉），或者对于经典理论（它们以触觉空间为起点形成视觉空间）也为真。所有这些建构的假设都假定了它们想要说明的东西，因为还有待于弄明白的是，意识如何、根据哪些标准，比如说在这种视觉材料中辨认出了那种对应的触觉材料或运动材料；

---

① 在这一意义上，言谈或表达的行为使我们超出了我们迄今为止一直在描述的日用物品的世界。对思想来说，语言既是奴役原则，因为它插入事物与思想之间，又是自由原则，因为我们通过给予事物以名称而摆脱了对它的先见。

② 由盖卢瓦提供，见"艺术的理智过程"，转引自华尔，《新法兰西评论》，1936年，第123页。

这最终暗示了空间的一种视觉的,甚至感觉间的构造。同样,关于一种个体实存的意识无法获得说明,因为我们把只涉及一种思维对象的一些判断与负责把它转化成实在的一种运动伴随物捆绑在一起了。应该在被知觉者的现象外观中、在它的内在意义中去寻找实存的迹象,因为正是它显现为实在的。

但是,这种亲历的意识并没有穷尽人的辩证法。定义人的东西并不是在生物自然之外创造一个经济的、社会的和文化的第二自然的能力,毋宁说是超越已经被创造出来的那些结构以便创造其他结构的能力。这一运动在人的劳动的每一特殊产品中都已经成为可见的。只是相对于有机个体的一个可能的行为,一个巢穴才是一个有意义的对象;猴子之所以能够采摘一根树枝用来达到一个目标,是因为它能够赋予一个自然对象以一种功能价值。但是,猴子几乎从来都不能够制造一些仅为制造其他工具作准备的工具;我们已经看到,当树枝成为猴子的一根木棍后,其作为树枝的存在就被它取消了,这等于说,它从来都不是作为一种完全意义上的工具而被拥有的。在这两种情形中,动物的活动都显示出它的各种局限:它消失在它所引起的那些实际转化中,并且不能反复进行这些转化。相反,对人来说,那根成了木棍的树枝合理地是一根成了木棍的树枝,是具有两种不同功能的、以多种角度"对他"可见的同一"事物"。这种选择和改变各种视点的能力使人能够不是出于一种实际处境的压力,而是为了一种潜在的用途,尤其是为了制造其他工具而制造出一些工具。因而,人的劳动的意义就在于超出于当下的环境,认识到对于处在多种角度中的每一个**我**都可见的一个事物世界,就在于拥有不确定的一种空间和一种时间,而

第三章　物理秩序,生命秩序,人的秩序　　257

我们可以很容易地表明,言谈的含义或者自杀和革命行为的含义是相同的含义。① 属于人的辩证法的这些活动全都揭示了相同的本质:根据可能、根据间接,而不是根据一种受限定的环境来定位自己的能力,——我们在前面和戈尔德斯坦一道把它称为"范畴态度"。因此,人的辩证法是含混的:它首先通过它使之呈现的、而它又被囚禁在其中的那些社会的或文化的结构显示自己。但是,如果导致它的各种日用物品和文化物品出现的活动不同样具有否定并超越这些物品的意义,那么这些物品就不会成为它们之所是。相应地,知觉(它迄今为止向我们显示为意识在各种建制的发源地那里、在各种人类"环境"的狭窄圆圈中的融入)能够变成——尤其是借助于艺术——对一个"宇宙"的知觉。对一种直接实在的体验被关于一种真理的认识取代了。"人是一种有能力把其环境的那些抵制和反应的中心提升为一些对象之地位的存在,……动物在它们那里则生活在恍惚状态中。"②但是,对一个宇宙的认识已经预示在被亲历的知觉中了,正如对全部环境的否定已经包含在创造它们的劳作中了一样。更一般地说,我们不能够完全并置两者:一方面是我们前面已经描述过的在自身之外的意识生命,另一方

---

① 我们经常注意到,革命现象或自杀行为只能在人类中遇到。这是因为,这两者都预设了拒绝给定的环境并超越整个环境来寻求平衡的能力。我们已经滥用了很可能只在生病或疲劳的情况下才出现在人那里的著名的保存本能。健康的人想着去生存、去达到在世界中的或超出于世界的某些目标,而不是去自我保存。我们已经有机会看到,某些大脑受损伤的人如何通过缩小他们提供给世界的可感表面,去创造一个他们在那里得以继续生活的狭窄环境。避难所正是这种类型的一个环境。但是,那些过早地想恢复其旧环境的病人的各种自杀企图表明:人能够不再是在生物学的实存中,而是在各种严格意义的人类关系的层次上定位他自己的存在。

② 舍勒:《人在宇宙中的地位》,第47 - 50页。

面是对自身和我们现在达到的一个宇宙的意识，——用黑格尔式术语来说，一是在己意识，一是在己为己意识。知觉问题完全处于这种二元性中。

在前面的篇幅中，我们已经尝试着描述人的活动和知觉的降临，并表明它们不能被还原为机体与其环境的生命辩证法，哪怕被一种社会因果性带来的各种东西所改变。但是，这不足以把一种描述与那些还原性的说明对立起来，因为它们总是可以把人的活动的描述性特征作为表面的东西予以否弃。应该显示各种说明理论对因果思维的滥用，与此同时积极地表明，它们合理地依据的那些生理学的和社会学的从属性应当如何被构想。我们在这里既不能够完整地探讨这一点，也不能把它完全放置一边。既然初始意识远不是一种不带利害关系的认知活动，而是儿童与其环境中的那些兴趣中心的一种情感接触，所以正是依据弗洛伊德主义的例子，我们愿意明确界定严格地人的辩证法与生命辩证法的各种关系。

我们可能会相信，弗洛伊德自己打算区分它们，因为他已经对有关梦的生理学理论提出异议，对他来说，这些理论提供的只是梦的那些最一般的状况；而他则在做梦者的个体生活及其内在逻辑中去寻找关于梦的说明。但是，一个梦的本来意义从来就不是它的显现出来的意义。有人已经很好地表明了，面对被试对梦所做的第一叙述和分析所揭示出来的第二叙述之间的对立，弗洛伊德怎么会相信，应该以潜内容的形式在一系列与审察的各种反力相冲突的无意识的力和心理存在中实现这第二叙述，——梦的内容产生自这种能量作用。① 无须质疑弗洛伊德为性欲的基础结构和各种社会规范指定的角色,我们想要问的是,他谈到的那些冲突本身,他描绘过的那些心理机制(各种情结的形成、压抑、倒退、移情、补偿和升华)是否真的需要因果观念系统——他用这一系统来解释它们,并且把精神分析的那些发现转化为一种关于人的实存的形而上学理论。然而,我们很容易看出,因果思维在这里并不是不可或缺的,我们可以说另一套语言。应该把发展不是看作是一种给定的力量被固定在一些外在于它的同样给定的物体上,而应该看作是行为的一种渐进的、不连续的结构化(Gestaltung, Neugestaltung)。② 常规的结构化是重新组织深度行为的结构化,以至于儿童的姿态在一种新的姿态中不再有其位置或意义;它通向的是一种被完美地整合起来的、其每一环节都内在地与整体相关联的行为。我们要说,当整合只是在表面上获得了实现,而且让被试既拒绝改造又拒绝接受的某些相对孤立的系统在行为中继续存在下去时,就会产生压抑。一种情结乃是这类举止的一部分,是一种刻板的姿态,是一种既得的、相对于一类刺激可持续的意识结构。如果一种情景没有在一种初始经验时被控制,而且已经产生了伴随着失败的苦恼与混乱,那么它就不再能够被直接体验到:被试只有透过它在创伤经验时已经呈现出来的面貌,才能够知觉到它。在这些情形下,每一新的经验(它实际上并不是一种新的经验)都将重复以前那些经验的结果,而且使它在将来的回归更为可能。因此,情结可

---

① 波利策:《心理学基础批判》。
② 戈尔德斯坦:《机体的构造》,第213页及以下。

以说并不是在我们深处持续存在、以便不时地在表面产生出它的各种效应来的一个东西。它不会在它显现出来的那些时刻之外在场,除非就像我们不说一种语言时,关于该语言的认识才是在场的一样。① 某些客观刺激已经带有一种我们无法使它们从中摆脱出来的意义,已经产生了一种刻板而稳定的组合。无疑,某些举止结构的这种粘附和这种惰性(此外还有那些结束它们的活动)反过来又提出了一个问题。关键是要理解,某些截然不同的辩证法,或者改变一下词的意义,某些具有一种内在逻辑的精神性的自动装置,如何能够在意识流中被构成,并且为因果思维、为弗洛伊德的那些"第三人称说明"②提供一种明显的辩护。但是,赋予这些情结一种特有的实在或一种特有的功效,仿佛这一孤立的举止片断的实存并不受意识的整体姿态的制约(意识避免思考它,以避免整合它并对它负责),我们并没有解决问题。③ 为一个梦提供钥匙的童年记忆,为一种姿态提供钥匙的、分析成功地揭示出来的创伤事件,并不是梦或行为的原因。④ 它们对于精神分析学家来说是理解现在的一种组合或一种姿态的手段。⑤ 在做梦者那里,意识变成了儿童意识,或者在人们谈论情结的那些情形中变成了分裂意识。弗洛伊德在压抑、情结、倒退或抵制的名义下描述的那些事实所要求的,仅仅只是在任何时候都不可能拥有一种独特含义的一个支离破碎的意识生命的可能性。这种让一种局部举止表现出自主性

---

① 戈尔德斯坦:《机体的构造》,第 213 页。
② 波利策:《心理学基础批判》。
③ 同上书,第 130 页。
④ 同上书,第 145 页。
⑤ 同上书,第 193 页。

外表的衰退,重新回到了那些刻板的姿态中,并因此制约着情结的所谓功效,在同一举动中使它成为模棱两可的。灾难性的姿态或者做梦者的姿态没有与可以说明其真实意义的各种历史先例联系起来。于是,被试以儿童的方式生活:他们受到被允许或被禁止的直接感受的引导,而不探寻禁忌的意义。因此,所谓的情结无意识被归结为直接意识的双重性。① 梦的倒退,从过去那里获得的一种情结的功效,最后,被抑制的无意识,表明的不过是向组织行为举止的原始方式的回归,从那些最复杂的结构的退却,朝那些最简易的结构的后退。但是,自此以后,弗洛伊德描述过的心理机能,他设想过的那些力量冲突和那些能量机制,只能够表象(而且以一种非常接近的方式)一种片断的,也即病理的行为。构造关于行为的一种因果说明的可能性严格地与被试实现的那些结构化的缺陷成比例。弗洛伊德的作品不是一幅关于人的实存的图画,而是一幅关于各种非常频繁地出现的反常的图画。除预设了那些相同的能量隐喻,并因此都是疾病的解决方案的补偿、升华和移情等机制之外,人的实存的真正的发展和和改造也应该是可能的。在升华只不过是那些尚未使用的生物力量的一种衍生这一范围之内,新活动必须保留那些未被整合的举止的富有特色的不连贯步伐和易变性;在升华和移情相反地已经获得了成功的那些情形中,各种生命能量不再是行为的运动力量,那些未被整合的行为真正地被整合到了一个新的整体中,并且作为生物力量被取消了。因此,有可能也有必要把各种弗洛伊德式机制在其间起作用的那些情形与它

---

① 戈尔德斯坦:《机体的构造》,第 213 页。

们在其间已被超越的那些情形区分开来。存在着一些人,他们的全部举止都可以由力比多的历史来说明,因此,他们的全部活动只与生物世界相联系。透过他们没有看到的人的世界,他们瞄准一些生命对象,正如其他人,即那些受到父母情结束缚的人一样,他们想象自己在"娶亲",而实际上是在寻找一种母性的保护;这是因为,成人或男人的重组、新生,在他们那里只是在言语中而非在现实中获得了实现。其他的人,借助严格意义上的升华机制,会相信超越了生命和社会的辩证法,但他们其实只能偏离这一辩证法而已。有一种盲目的爱,它固着在偶然碰到的第一个对象上;有一种艺术和一种宗教,其全部真正的意义只在于用一个潜在的世界来补偿现实的各种失败或者约束;最后,如尼采所言,有一种对那些神圣价值的依附,这只是生命萎缩和"贫瘠生命"的一种形式。这些虚假的解决方案可以通过这一点被认识到:人的存在从来都不与他之所说、所思,甚至所为相一致。就像于连·索雷尔在神学院的那些同伴一样,寻求"从事一些有意义的活动"①的虚伪的艺术、虚伪的神圣性和虚伪的爱情,提供给人的生命的只是一种借来的含义,只能运转一种想象中的改造和一种在超越的理念中的逃避。最后,还有其他的人,他们能够通过统合,使在各种先例中只不过是意识形态借口的东西进入到他们的实存中,他们真的是人。对他们来说,弗洛伊德的那些因果说明始终是一些趣闻轶事,它们只能够说明一种真正爱情的一些最外在的方面,正如弗洛伊德本人所说的那样,生理学说明不能穷尽一个梦的内容。精神活动应该

---

① 斯汤达:《红与黑》。

有它们自己的意义和它们内在的法则。

但是,无论相对于生命而言的心理,还是相对于心理而言的精神,都不能被看作是一些新的实体或世界。每一秩序与更高秩序的关系都是部分与整体的关系。一个正常人不是一个支撑着某些自主本能的,与被某些富有特色的过程(如快乐、痛苦、情感、观念联想)所规定并且被在这一基础结构之上展示自己的各种活动的精神所超越的一种"心理生命"连接在一起的身体。各种高级秩序的降临在其获得实现的范围之内,取消了那些可以说自主的低级秩序,并引出了为它们构成一种新含义的方式。这就是为什么我们谈到了人的秩序而不是心理秩序或精神秩序的原因。在心理和肉体之间很常见的区分只是在病理学上有其地位,但却无助于对正常的,即整全的人的认识;因为在他那里,肉体过程并非孤立地展开,而是被纳入到了一个更加广泛的活动圈中。涉及的不是两种彼此外在的事实秩序,而是两种关系类型,其中第二种整合了第一种。当我们一个部分接一个部分、一个瞬间接一个瞬间地来看身体时,在我们称作心理生命的东西和我们称作各种身体现象的东西之间的对比是显而易见的。但是,我们已经看到,生物学已经参照现象身体,即参照各种生命活动(它们向着一个时间片断延伸,对某些具体的刺激整体做出回应,并且使整个机体协作)的一个中心。这些行为模式在人那里甚至不能如此这般地继续存在。轮到在一些新的整体中被重组时,那些生命行为就这样消失了。比如说,这就是性生活在各种动物那里的周期性和单调性、在人那里的持续性和多变性所意指的东西。因此,我们不能谈论一般的身体和生命,而只能够谈论动物身体和动物生命,人的身体和人的生命；在正常人那里，只要我们不让身体摆脱它是其载体的举止的那些空间-时间圈，它也就不会与心理区分开来。同种类型的一些看法对于精神概念这一主题也是可能的。我们并不捍卫一种把精神与生命或精神与心理区分为两种"存在能力"①的精神论。涉及的是一种不能被转化为"实体对立"的"功能对立"。② 精神并不是将被添加到生命的或心理的存在之上以便使之成为一个人的一种特殊差异。人不是一个理性动物。理性和精神的出现不会让一个在他那里向着自身封闭的本能领域不被触动。一些影响范畴态度的认知障碍通过各种性冲动的丧失而体现出来。③ 高级功能的改变能够一直影响到各种所谓的本能的配备，而高级中枢的切除会导致死亡，尽管一些被切除大脑的动物还能够能勉强存活。"如果人具有动物的各种感官，他就不会有理性。"④人永远都不会是一只动物：他的生命总是或多或少要比一只动物的生命更为整全。但是，如果说人的各种所谓的本能不能除开精神的辩证法而实存，那么相应地，这种辩证法也不能离开它在那里获得体现的具体情景被设想。我们并不单单借助精神而行动。要么精神什么都不是，要么它是对人的一种实在的而非想象的改造。因为它不是一种新的存在类型，而是一种新的统一形式，它不能取决于它自身。

从我们自己所处的视点出发，我们可以看出，心理学中的那些二者择一有着人为的东西。在作为关于意识事实的科学的心理学

---

① 戈尔德斯坦：《机体的构造》，第 300 页。
② 卡西尔："现代哲学中的精神和生命"，《新评论》，第 41 卷，第 244 页及以下。
③ 戈尔德斯坦：《机体的构造》，第 301 页。
④ 赫尔德，转引自戈尔德斯坦，同上书，第 305 页。

之后，出现的是华生的没有意识的心理学。但是，我们注意到，把行为分解为一些反射和一些条件反射的零散分析并没有成功地提供关于自然行为的各种规律。因此，有人说，除了各种"刺激"外，还必须把赋予刺激一种价值和一种意义的一些"决定因素"或一些"函项变量"①作为行为的条件引入。但是，不管在托尔曼那里，还是在他的那些批评者那里，那些决定因素的哲学地位从来都没有被正确地思考过：人们把它们类比为物理学要排除的那些现象中的各种理想成分；人们还补充说，它们作为像速度、效率和能量之类的一些抽象物，不比后者更应该获得实现。但是，当科学的那些理想的变量对于科学来说就是实在本身时，心理学家保留了原因与条件之间的实在论区分："唯有刺激和反应才是一些实在，行为的各种决定因素，也即各种心理现象只不过是一些特征或者说各种行为特征与各个行为阶段之间的一些关系。"②因此，"意向的行为主义"③保持为"唯物主义的"，并且只是想让我们承认对行为进行一番描述的各种权利：这一描述不再把行为分解为原子，不再把它还原为一些生物要素，而是"在它的统一性和它的原本性中"④来把握它。但是，要么这一描述所引入的那些决定因素承认一些肉体等价物，于是我们谈到的描述就只有一种临时的价值，在我们已经认识到其缺陷的生理学行为主义中就没有任何实质性的东西

---

① 狄尔干："一种目的论的行为主义"，载《心理学杂志》，1935年11-12月卷，第742页。
② 同上。强调系我们所为。
③ 托尔曼的"有目的的行为"。
④ 狄尔干："一种目的论的行为主义"，载《心理学杂志》，1935年11-12月卷，第768页。

要改变；要么这些决定因素是不能被还原的，于是有人要说，它们将重新带来目的论。① 这样一来，我们没有能够走出"心灵主义者"和"唯物主义者"之间的经典争论。对唯物主义的实在论的否定似乎只是在对心灵主义的实在论有利的情况下才有可能，反之亦然。人们没有看到，以行为在"它的统一"中、在它的人的意义中获得理解这一环节为起点，他们与之打交道的就不再是一种物质的实在，此外更不是一种心理的实在，而是严格地说既不属于外在世界亦不属于内在生命的一种含义整体或一种结构。应该受质疑的正是一般意义上的实在论。

模糊性源自于外部知觉和内部知觉之间的旧有的对比，源自于通常赋予后者的优势地位。但是，可以建立起一门绝不依赖于内省的心理学却是一个事实。通过比较不同的色彩刺激在蝴蝶身上引起的各种反应，一种纯粹客观的方法可以勾勒出蝴蝶的"颜色"世界的结构，——前提恰恰就是，面对这样一些给定的刺激，只专注于各种反应的一致或差异，不把我们对于各种颜色的亲历经验投射到蝴蝶意识中去。存在着对于作为举止之结构的知觉、理智和情绪的客观的分析和定义，②我们在前面一章中已经尝试过这一类型的一种描述。被这样理解的心理是可以从外部领会的。更有甚者，内省本身也是一种与外部观察同质的认识过程。因为，只要它开始交流，它给予我们的就不是亲历的经验本身，而是一份

---

① 狄尔干："一种目的论的行为主义"，载《心理学杂志》，1935年11-12月卷，第768页及以下。
② 参看纪尧姆："心理学中的客观性"，《心理学杂志》，1932年11-12月卷，第700页及以下。

报告:语言在这里扮演的是一种一劳永逸地获得的普遍训练的角色,它与客观方法所运用的那些情景训练实质上没有什么不同。必须说出哪些颜色在他看来相似的儿童,和我们训练过的能够把所有同色的筹码放到一个茶碟中的猴子处在相同的情景中。当被试自己负责解释自己的各种反应时,并没有发生任何的改变,而这就是内省的本义。当我们问他是否能够读出题写在一幅画上的那些文字或区别出一个图形的那些细节时,他不会相信一种不明确的"清晰可辨的印象"。他将尝试着读或描述被呈现给他的东西。"只要内省在语言中被表达出来,它就肯定了与某些内在性质的实存完全有别的东西。意识状态是对于一种状态的意识。意识始终是对某物的意识(对……的意识,意识到……),即总是对一种功能的意识……这些功能构成为实在的部分;我们对它的意识可能是正确的或错误的。"[①]因此,外部观察和内省共同瞄准的对象,乃是透过一些不同的质料而在这里和那里都被通达的一种结构或一种含义。既没有必要否定内省,也没有必要使之成为通达一个心理事实世界的优先手段。内省是针对作为唯一的心理"实在"的举止的结构和内在意义的可能视角之一。

* * *

在前面各章中,我们已经考察了一个行为在物理世界和一个机体中的诞生,也就是说,我们已经假装不能通过反思对人有任何的认识,我们局限于开展出被隐含在关于人的行为的科学表象中

---

① 狄尔干:"一种目的论的行为主义",载《心理学杂志》,1935年11-12月卷,第739页。

的东西。借助结构或形式的概念,我们已经这样觉察到:无论机械论还是目的论都应该被一起抛弃,"物理"、"生命"和"心理"代表的不是三种存在能力,而是三种辩证法。人的物理自然并不从属于一种生命原则,机体并不谋求实现一个观念,心理"在"身体"之中"并不是一种动力原则;我们称为自然的东西已经是一种自然意识,我们称为生命的东西已经是一种生命意识,我们称为心理的东西仍然是意识面前的一个对象。在确立物理形式、有机形式和"心理"形式的理想性的同时,而且正因为我们这样做,我们不能够简单地重叠这三种秩序;它们之中的每一种都不是新的实体,都应该被看作是前一种的"重新开始"和"新的结构化"。由此有了分析的双重角度:在把高级秩序从低级秩序中解放出来的同时,把它"奠基"在后者之上。正是这种双重关系保持为模糊的,并且促使我们现在相对于各种经典的解决方案,尤其是相对于批判的观念论来定位我们的各种结论。我们一开始把意识看作是存在的一个区域,看作是行为的一种特殊类型。经过分析,我们发现,它到处都作为各种观念的场所被假定,到处都作为实存的整合被关联起来。那么,在作为普遍环境的意识与扎根于各种从属的辩证法中的意识之间的关系是什么样的呢?为了一种无条件的反省之故,"局外旁观者"的视点是不是应该被当作不合法的予以抛弃呢?

第四章　心身关系及知觉意识问题

　　我们已经过多地谈到素朴意识是实在论的。抑或至少应该在这方面把常识的那些看法、它用语言报告知觉的方式①和知觉经验本身——即被谈论的知觉和被亲历的知觉——区别开来。假如我们按照对象在我们不假言辞、不经反思地体验它们时向我们显现的样子回想它们，假如我们忠实地描述它们的实存模式，它们就不会让人想到任何的实在论隐喻。如果我坚持直接意识告知的东西，那么我在自己面前看到且在其上写作的办公桌，我呆在它里面且其四壁在感性场外围绕我合拢的这个房间，花园，道路，城市，最后还有我的整个空间视域，就不会作为我对于它们的知觉的一些原因——它们通过一种传递作用在我这里烙上它们的印迹或者产生它们的形象——向我呈现。在我看来，我的知觉毋宁像是一束光，它在对象所在之处揭示它们，并且显示出它们的直到那时还潜在的在场。不管我自己在知觉还是我认为某个其他知觉主体在知觉，在我看来目光都"投向"各种对象并且有距离地抵达它们，正如"lumina"的用来表示目光的拉丁用法确切地表达的那样。我无疑

---

　　①　即使语言意识是第一位的（参看前一章），即使从它那方面看，直接知觉与语言报告之间的这种区别依然是有效的。

知道我对这张办公桌的现在经验是不完全的,它只不过向我显示了其外观中的某几个:不管涉及颜色、形状还是大小,我完全知道,在另一亮度下,从另一视角看,对于另一个停留点而言,它们会发生变化;"这张办公桌"不能被还原为它目前具有的各种规定性。但是,在直接意识中,我的认识的这一视角特征并不会被理解为它的一种偶性,相对于我的身体的实存及其特有的视点的一种不完美,而且,从"各个侧面"①进行的认识不会被看作是一下子就抓住了对象的各种可能角度之整体的一种真正知识的降级。视角在我看来并不是各个事物的一种主观变形,相反地是它们的属性之一,或许是它们的本质属性。正是它使得被知觉者在自己那里拥有一种隐藏起来的、难以穷尽的丰富性,使得被知觉者是一种"事物"。换言之,当我们谈到认识的视角性时,这一表达是有歧义的。它可能意指唯有对象的视角投影被提供给了原本认识,它在这一意义上是不准确的,因为儿童最初的那些反应比如说是对对象的距离的适应,②这排除了关于在起源上没有深度的一个现象世界的观念。视角性一开始不是被接受为,而是被认识为如此这般的。远不是把一种主观性系数引入到知觉中,它相反地确保知觉与一个比我们藉之认识到的世界更丰富的世界,即一个实在的世界的沟通。我的办公桌的那些侧面并不是作为一些没有价值的显象,而是作为办公桌的一些"表现"被给予直接认识。如此一来,素朴意识从来没有把事物与事物具有的向我们呈现的方式混淆起来,而

---

① 映射(Abschattungen)。参看胡塞尔《观念》第一卷的多处地方。
② 参看纪尧姆:"空间知觉问题与儿童心理学",《心理学杂志》,第21卷,1924年。

且正因为它没有造成这种混淆,它想要达到的是事物本身,而不是某种内在的副本、某种主观的再现。它并不想象身体或者一些心理"表象"像一道屏障那样隔在它自己与实在之间。按照一种不可分割的方式,被知觉者既作为"在己的",即具有我永远也不能穷尽地探索的内在性,又作为"为我的"被抓住,即透过它的各种暂时外表而作为化身被给予的。不管在我把目光转向它时会移动的这一金属斑点,还是当我的目光盯牢它时会从它那里呈现出来的这一几何形的、会发亮的固体,最后还有我可以就它形成的各种视角形象的集合,都不是烟灰缸,都不能够穷尽我用来表示它的这个"这"的意义;然而,正是烟灰缸出现在了它们全体中。这里不是进一步分析一些"外观"与"事物"、一些"显示"①与通过它们且在它们之外显示自己的东西之间的关系的地方。但是,我们已经说出的东西足以证明这一关系是原本的,并且以一种特殊的方式确立了一种实在意识。烟灰缸的视角外观并不属于"烟灰缸本身",就像一个事件并不属于它宣告的另一事件,或者一个符号并不属于它指称的东西一样。不管各种"意识状态"的连续性,还是思想的逻辑构造都不能够解释知觉。前者不能,因为它是一种外在关系,而烟灰缸的那些视角外观是相互表象的;后者不能,因为它假定了一种拥有其对象的精神,然而我的意志对于被知觉的那些视角的展开并无直接作用,视角之间的协调一致的多样性是由它自己组织起来的。"立方体"并不是我看到它的那样,因为我只能够同时看到它的三个面,但是,它也不是我借以重新联结那些相继的显象的一

---

① 我们尝试着翻译德语的"Erscheinung"。

种判断。除非一些孤立的显象首先被给予了，否则一种判断（也即对它自己的一种有意识的协调）就并不是必要的，这与理智论的假说相违背。在理智论那里始终保留着它要克服的经验论的，可以说一种被抑制的经验论的某种东西。因此，为了公正地对待我们关于各种事物的直接经验，既必须对立于经验论，坚持它们是在它们的各种感性表现之外的；又必须对立于理智论，坚持事物并不属于判断秩序的统一体，它们具体化在它们的各种显现中。在素朴的经验中，各种"事物"作为一些视角性的存在是显而易见的：它们既无需中间环节地显示自己，又只能逐步地、永远不能完全地获得揭示，这对于它们来说是根本性的；事物被它们的各种视角外观中介化，但并不涉及一种逻辑中介，因为逻辑中介把我们引入它们的物质方面的实在中；我在一种视角外观之中抓住事物，我知道这只是它的各种可能的外观之一，它本身超越于这一外观。一种无论如何向我的认识开放的超越，这乃是关于素朴意识瞄准的事物的定义本身。不管我们发觉思考被如此描述的知觉有多么困难，我们还是要去适应它，我们就是这样知觉的，意识就是这样在各种事物中体验的。因此，对于知觉而言，没有什么比通过一种因果作用在我们这里产生与自己相区别的一些表象的一个世界的观念更为奇特的了。用康德式语言来说，素朴意识的实在论是一种经验的实在论（确信一种不怀疑我们可以走出各种"意识状态"并通达一些坚实的对象的外部经验），而不是一种先验的实在论（它在哲学命题中把这些对象设定为一些被独自地给予的"表象"的各种难以抓住的原因）。

身体中介最经常地逃离我：当我目击到一些让我感兴趣的事

件时，我从来没有意识到眨眼加于场景的那些持续顿挫，它们不会出现在我的记忆中。但最终说来，我完全知道我有能力通过闭上双眼来中断场景，我是通过双眼的中介进行观看的。但是，这种知道并不妨碍我相信：当我的目光投向事物时，我看到的是它们本身。这是因为本己身体以及它的各个器官始终是我的各种意向的一些支撑点和载体，还没有作为一些"生理学实在"被掌握。身体就像外部事物一样被呈现给心灵，在两种情况下涉及的都不是两项之间的一种因果关系。人的统一性还没有被打破，身体还没有被剥去各种人性谓词，它还没有变成一部机器，心灵还没有通过为己的实存获得界定。素朴意识没有在心灵那里看出各种身体运动的原因，更没有把它置于身体之中，就像舵手处于他的船中那样。这种思考方式属于哲学，它并不包含在直接经验之中。既然身体本身没有作为一团物质的、惰性的东西，或者作为一个外在工具，而是作为我们的各种活动的活的躯壳被抓住，活动的本原就不需要是一种准物理的力量。我们的各种意向在一些运动中找到了它们的自然外衣或者说它们的具体化，并且在这些运动中获得表达，就像事物在它的各种视角外观中获得表达一样。于是，就像被皮亚杰①问到的那些儿童所说的，思想或许是"在喉咙里"；这并没有什么矛盾，没有混淆广延和非广延，因为喉咙还不是能够产生语言的那些声音现象的振动带的一种组合，因为它保持为始终只是一个定性空间的这一优势区域（我的各种意指意向在此将表现为言语）。既然心灵保持为与自然共外延的，既然知觉主体没有作为各

---

① 《儿童的世界表象》。

种外部事件之信息间接通达那里的一个小宇宙被掌握,既然他的目光向事物本身延展,那么作用于它们对他来说就不是走出自身并且在广延的一个片断中引起一种局部的移动,而是在现象场中使一种意向扩张为一个有意义的姿势圈,或者使它与事物结合在一起(它在它们那里体验到了它们通过一种可以与不动的第一推动者的吸引力相比的吸引力而引起的那些作用)。如果愿意的话,我们也可以说,被知觉的事物与知觉,或者说意向与那些实现它的姿势之间的关系在素朴意识那里是一种神奇的关系;但是,仍然应该像神奇意识理解它自己那样理解神奇意识,而不是从一些后来的范畴出发来重构它;主体并不生活在一些意识状态的或者表象的世界中,他相信借助于一种奇迹能够从那里作用于一些外部事物或者认识它们的世界中。他生活在一个经验的宇宙中,生活在相对于机体、思想和广延的各种实质性区分的一个中性环境中,生活在与各种存在、各种事物以及他自己的身体的一种直接交往中。作为他的各种意向由之扩散的中心的自我、负载这些意向的身体、这些意向针对的各种存在及各种事物没有被混淆在一起:然而,它们只不过是一个独一无二的场域的三个区域。各种事物是一些事物,也即是超越于我就它们而知道的一切,能够为其他知觉主体所通达的,但恰恰被看作是事物的,而且这样它们是包含它们的被亲历的辩证法的不可或缺的环节。

但是,意识在另一方面,尤其是在疾病中发现了来自本己身体的抵制。既然双眼受到伤害足以消除视力,那么我们就是通过身体来看的。既然疾病足以改变现象世界,那么正是身体构成了我们与各种事物之间的屏障。为了明白身体具有的颠倒世界的整个场景的这一奇特力量,我们不得不抛弃直接经验给予我们的关于它的形象。现象身体连同那些使意识无法与它相区分的人类规定性将转而成为显象的条件;"实在身体"将是解剖学或更一般地说是那些孤立分析的方法让我们认识到的身体:它是我们在直接经验中不会对它们形成任何观念的,并且在各种事物和我们之间插入了它们的各种机制、它们的各种未知力量的各个器官的集合。我们仍然可以保留素朴意识所喜欢的隐喻,并且承认主体依据自己的身体来知觉——就像一块有色玻璃改变了灯塔所照亮的东西——而无需拒绝他可以通达各种事物本身或者置它们于他之外。但是,身体看起来能够引起一种彻头彻尾的伪知觉。因此,正是某些以它为其处所的现象构成为知觉的充分必要条件,而它成为从此以后彼此分开的实在世界与知觉之间的必不可少的中介。知觉不再可能是在事物固有的地方找到事物的对事物的占有;它应该是一个内在于身体的、产生自事物对身体的作用的事件。世界被一分为二:存在着在我的身体之外那样的实在世界,还存在对我来说从量上区别于前者那样的世界;应该将知觉的外部原因与它凝视的内在对象分离开来。本己身体变成为一团物质的东西,主体相应地撤离它以便在它自己那里凝视自己的各种表象。我们发现自己面对的不是一种纯粹描述所揭示的、在一种经验的活的统一体中不可分离地联结在一起的三项,而是相互外在的三种事件秩序:各种自然事件、各种机体事件、各种思想事件相互通过对方而获得说明。知觉将产生自事物对身体、身体对心灵的一种作用。我们安置在心外事物的各种功能中的首先是可感者、被知觉者本身,因此,问题就在于理解实在的一个副本或者一种模仿是如何在身体中,然后在思想中被产生出来的。既然一幅画让我们想到它所代表的东西,我们就会以各种视觉器官的优先例子为依据提出假定:各个感官从刺激心灵去知觉实在事物的一些"微型画"那里接受了实在事物。① 在身体中提供各种事物的感性外观的那些伊壁鸠鲁式的"幻影"或者那些"意向性种类","所有这些在空气中飞来飞去的微小形象",② 只不过用因果说明和一些实际运行转换了事物面向知觉主体的理想在场,我们已经看到,这对于素朴意识来说是一种明证。由于缺乏一种数目上的同一,哲学家寻求在被知觉者和实在之间维持一种特殊的同一,寻求使被知觉者的各种独特特征出自事物本身,这就是为何知觉被理解为各种可感事物在我们这里的一种模仿或一种复制,或者被理解为在外部可感者中仅为潜能的某种东西在心灵中的实现。

如果这一说明的神话学所遇到的各种困难只不过源自于自笛卡尔以来就被抛弃了的一种关于可感者的实在论,那么它们就不值一提。事实上,它们是适用于知觉的整个因果说的永久难题。写《屈光学》的笛卡尔抛弃了与被知觉事物同一的那些可感事物借以把心灵在身体中找到的它们的印象印在身体上的传递作用。在各种外在于身体的事物、各种生理现象和心灵知觉到的东西之间,不需要假定任何的相似性,因为光只不过是一种运动。此外,即使被知觉对象与制约着知觉的各种身体现象、或者与它们的各种外部原因相似,我们也始终没有说明知觉:"……虽然这幅画直至进

---

① 笛卡尔:《屈光学》,第四论,Cousin 出版社,第 39—40 页。
② 同上书,第一论,第 7—8 页。

入我们脑袋内部时都始终保留着与它由之而来的那些对象相似的某种东西,我们还是绝不应该让自己相信……它正是借助于这一相似才使我们感觉到了它们,仿佛在我们的大脑中还有我们能够借以瞧见它的其他眼睛;相反毋宁应该相信,正是它借以被创作出来的、直接作用于与我们的身体相统一的我们的心灵的那些动作,为了使心灵能够产生这样一些感受而自然地被确立了。"①因此,外部事物与身体印象不再作为典型原因起作用,它们是心灵的各种感受的偶因。② 但是,并非所有的困难都被消除了;假如各种大脑印象只不过是知觉的偶因,那么在某些大脑印象与某些知觉之间仍然应该存在着一种有规律的对应。我们已经完全摆脱了各种可感事物在精神中的真实传送这一观念不可避免地造成的那些神话;但我们不得不构造一些生理学方案,它们使我们明白各种感觉印象在大脑中如何准备变成为我们的各种知觉的那些适当的契机。因为我们知觉到的只是一个对象(尽管它在我们的视网膜上形成了两个形象)、只是一个空间(来自不同于感官的各种材料都分布于其中),所以我们就应该想象一种身体作用,它在它们之间组合了这些多样的要素,并为心灵提供了形成一个单一知觉的契机。③ 这样一来,那些偶因替代各种典型原因并没有消除把被知觉对象的某种生理表象置于大脑中的必然性。这种必然性内在于一般的实在论态度之中。

---

① 同上书,第六论,第 54 页。
② "……这使他的心灵有机会在这些物体上感觉到的多样的性质和他在由它们在其大脑中引起的各种运动中感觉到的多样性是类似的"(同上书,第四论,第 40 页)。
③ 《论心灵的激情》,第 32 和 35 条目。《屈光学》,第四论,第 53 页。

这种必然性重新出现在科学家和心理学家的伪笛卡尔主义中。他们都把知觉以及它本来的各种对象看作是一些"心理的"或"内在的""现象",是某些生理的或心理的变量之函项。如果我们把自然理解为由一些规律结合起来的那些事件的一个集合,那么知觉就是自然的一个部分,被知觉世界就是那些第一性质的实在世界的一个函项。于是,问题就在于在身体中确定知觉的一些适当的条件。就像笛卡尔不得不把身体和知觉的中介保留给作为共同感觉的所在地的松果腺[①]一样,生理学家应该放弃在神经系统外周确定一些不变的空间值或颜色值,并且应该使在知觉中被分布到视觉场的各个不同点上的那些值,取决于各种相应的兴奋进入到一些可变的联合环路之中。笛卡尔的松果腺扮演的是当代生理学家的联想区的角色。从我们像实在论希望的那样承认心灵"只能通过大脑的调停才能直接看"[②]那一刻起,即使这一中介并不是一种传递作用,它也迫使我们在身体中寻找被知觉者的一个生理等价物。然而,在感觉场的不同点上分布这些点的空间值或颜色值,而且比如在各种正常的情况下使得复视不可能的神经机能,如果不诉诸现象场以及自己的各种内在的平衡法则,本身是难以想象的;这是一种形式上的进程,其概念归根到底是从被知觉世界借用的。为了摆脱那些"在空气中飞来飞去的微小形象",笛卡尔说"正是心灵在看而非眼睛在看"。[③] 当代生理学的演变证明,这句话应该严格地被理解并且用来反驳笛卡尔本人。正是心灵在

---

① 《论心灵的激情》,第34条目。
② 《屈光学》,第六论,第64页。
③ 同上。

看而非大脑在看,正是通过被知觉世界以及它本来的那些结构,我们才能够说明在每一特殊情况下被指定给视觉场的一个点的空间值。现象场的那些协调轴,在每一刻获得"垂直"和"水平"值的那些方向("正方向"或"侧方向"),带有不变标志且场域的其余部分看起来相对于它们"在运动"的那些整体,被看作是"中性的"并且决定着场域的其余部分的各种表观颜色之分布的那些颜色刺激,我们的空间和颜色知觉的那些范围,并不以一些结果的名义从机械作用的一种交织中产生出来,不是某些物理变量的一个函项。格式塔理论已经相信:只要我们在物理学中,除了各种机械作用之外,还认识到了一些结构化过程,一种因果的,甚至物理的说明就保持为可能的。但是,我们已经看到,各种物理定律并没有提供对于那些结构的说明,它们代表的是在那些结构之内的一种说明。它们表达那些最不完整的结构,即一些简单的函项与变量关系可以在那里被确立的结构。它们在当代物理学的"非因果的"领域中已经变得不适当了。在机体的机能中,结构化按照一些新的维度——种类或个体的典型活动——得以构成,而各种优先的作用和知觉形式还是不大会被看作是各个部分的相互作用的总结性的结果。这样一来,现象场的各种属性是无法用一种并不对它们有任何义务的语言来表达的。"被知觉事物"的结构现在为这一结论提供了一种新的支撑。各种视角外观与它们向我们呈现的事物的关系没有被归结为在自然内部实存的那些关系中的任何一种:我们已经看到,它既不是结果与原因的关系,也不是函项与相应的变量的关系。实在论的全部困难正好源于打算将这一原本关系转变成一种因果作用,并且让知觉融入自然之中。既然一个"事物"面向意识的在场或呈现，不像在素朴经验中那样停留为一种理想的关系，而是被解释为事物对于身体和知觉主体的真实作用，那么，以结果的名义重新构造知觉的描述内容、世界的实际场景就变得不可能了。在关于各种"幻影"的理论中或者在关于"意向性种类"的理论中，困难是明显的，这是因为，作为事物本身的移印，被传递到身体中的这些"微型画"不可能具有我们透过它们来知觉各种事物的那些可变的视角外观。相反地，在光学和关于光的理论排除了在真实事物和被知觉者之间的一种相似性的观念之后，视角的变化才获得了理解。反过来说，恰恰是那些被知觉事物在它们的可变的视角外观下的恒常性会变成为一个难题。根据各个视点如此不同的一些视网膜形象，它们如何会"给予心灵以手段"从多个侧面去知觉同一个事物？应当假定存在着现在的各种大脑印象与一些先前印象留下的那些印迹的某种联合。但是，现代生理学刚好阻止我们假定各种大脑痕迹的一些堆集、假定有别于各种"知觉中心"的一些"形象中心"，而我们的知觉的生理学基质被设想为那些先前兴奋之影响在其中不能够被单独确定的一个不可分解的协调过程。我们最经常的是用一种心理过程，用会补全那些不完全在场的材料并矫正它们的各种记忆的某种"投射"①，来寻求说明现象事物的恒常性。在这一心理学说明只不过是一种新的因果思维方式的范围内，我们可以把它像任何"说明"一样予以抛弃。不管涉及各种记忆还是各种大脑痕迹，我们通过一种心理的或生理的因果性的实际运作能够达到的只不过是一些感性材料的实际转

---

① 柏格森仍然使用这一语言。

换:我们将证明一个对象的"心理形象"如何并不精确地随着其"视网膜形象"的各种视角变化而发生,当它位于远处时,其现象的大小如何代表了在短距离的视网膜形象的大小和长距离的视网膜形象的大小之间的一种平均值。但是,就算我们甚至能够确定心理形象对于一些可变的距离保持为恒常的(这是错误的),我们还是没有能够说明一个相同的事物在一些可变的角度中的展示,因为我们已经完完全全地取消了视角变化,以一种恒常的"意识内容"和一种不变的"心理形象"的惰性取而代之。透过其"各个侧面"被看到的一个事物的场景、这一原本的结构,不是可以通过某种实际的生理或心理过程获得说明的任何东西。当我看远处的一个对象时,我不会像一块感光玻璃片能够接受一种物理形象那样凝视一个确定的大小的心理形象。我在视角外观中并通过它抓住了由它中介化了的一个恒常事物。现象对象并非可以说被展现在了一个平面上,它包含着两个层次:各种视角外观的层次和它们呈现出来的事物的层次。这一理想的参照,这一含混的组织样式可以被描述或理解,但不能够比如说借助一个心理-生理学定律被说明,仿佛"心理形象"是另一种视网膜形象,其大小可以被测度并与某些变量联系起来。

但是,我们到此为止谈论的只不过是一种伪笛卡尔主义。《屈光学》、《论人》和《论心灵的激情》立足于完全既成的世界中,在那里显示出人的身体之轮廓并最终将心灵引入到那里。这显然不是笛卡尔主义的主要姿态。笛卡尔最初的行动是抛弃哲学实在论引入的那些心外事物,为的是回到对于人的经验的一种清点、一种描述,而毋须首先预设任何从外部对它进行说明的东西。就涉及知觉而言，笛卡尔主义的根本原创性就在于立足于知觉本身的内部，不把视觉和触觉分析为身体的一些功能，而是分析为"关于看和触摸的独一无二的思想"。① 超越于使知觉作为一种自然结果出现的各种因果说明，笛卡尔探寻它的内部结构，说明它的意义，指出那些确保素朴意识通达一些"事物"，并且例如在蜡块中抓住那些短暂现象之外的一种牢固存在的各种理由。如果正像我们总是在说的，涉及各种可感事物的方法论怀疑区别于怀疑派的怀疑——后者是一种不包含解决方案的不确定状态，前者在自身中找到了使怀疑停息的东西，——那么在各种结果中的这一差异应该取决于导向这些结果的各种活动中的差异。怀疑派的怀疑是难以克服的，因为它不是彻底的：它把对心外事物的认识预设为理想极，正是相对于这一难以通达的实在，梦想和知觉显露出等值的端倪。笛卡尔式的怀疑必然在它那里包含着自己的解决方案，恰恰因为它没有预设任何东西、任何关于认识的实在论观念，因为通过把注意力从亲历着各种事物的看和触摸引回到"关于看和触摸的思想"，通过阐明知觉和一般认识活动的内在意义，它向思想揭示了不容置疑的含义领域。即使我不能看和触摸到任何在我的思想之外实存的东西，我仍然认为自己看见和触摸到了某种东西，并且依据被如此这般地理解的思想的意义，一些确定的判断是可能的。我思不仅向我揭示了我的实存的确定性，而且更一般地，通过给予我一种普遍方法向我开启了整个一个认识场的入口：通过反思，在

---

① 笛卡尔："对第五组反驳的答辩"，见布里杜编：《笛卡尔作品与书信》，Pléiade 书店，第 376 页。

每一领域探寻界定认识场的纯粹思想,例如,就涉及知觉而言,分析关于知觉的思想与被知觉者的意义——它们内在于对蜡块的看,内在地激活和维持对蜡块的看。我们可以说笛卡尔在这里非常接近于把意识理解为焦点——在这里,人可以谈论的全部对象以及瞄准它们的全部心理活动都获得了一种不容置疑的明晰性——的现代观念。康德正是应该借助这一观念确定性地超越怀疑论和实在论,把外部经验和内部经验的各种描述性的、不可还原的特征看作是世界的一种充足根据。从这一视点看,知觉不再会呈现为一种外部事物在我们这里作用的结果,身体也不再会呈现为这一因果作用的中介;通过"关于"事物"的思想"和"关于"身体"的思想"——通过含义事物和含义身体——获得界定,外部事物和身体成为不容置疑的,和它们在一种明晰的经验中向我们呈现的一样,与此同时,它们丧失了哲学实在论给予它们的各种神秘力量。但是,笛卡尔没有沿着这条路走到底。对蜡块的分析给予我们的只不过是事物的本质、只不过是一些梦中对象或一些被知觉对象的可知结构。① 想象力已经包含了这一分析没有提到的某种东西:它把五边形作为"在场的"给予我们。② 在知觉中,对象在未曾被期望的情况下就"呈现"自己。③ 存在着一种实存的标志,它把被知觉的或想象的对象与观念区别开来,它在它们那里显示出

---

① "……这里涉及的不是通过一些身体器官的调节而发生的看和触摸,而是不需要这些器官的独一无二的看和触摸的思想,正像我们在所有晚上的各种睡梦中所经历的那样"("对第五组反驳的答辩",同前一引文)。
② "第六沉思",AT 版、第九卷,第 57—58 页。
③ 同上书,第 59 页。

"某种不同于我的精神的东西",①此外不管这一"他者"是什么。②由此,一种感性在场的经验由于一种实际的在场而获得说明:心灵在知觉时,被"刺激"去借助它专注于的、向它"表象"一种具有真实广延的事件的一个身体事件来思考这样实存着的对象。③ 身体不再是它在知性面前之所是,即广延的一个片断:在其中不存在一些实在的部分,心灵在那里不会拥有特别的处所④——以便像马勒伯朗士谈到的有广延的立方体的脚那样,⑤成为一个实在的个体。在这一名义之下,它或许是各种知觉的偶因,而且它甚至能够仅仅凭借心灵与之直接相关的那个部分成为这种偶因。⑥ 我的身体经验作为"我的经验"⑦——它使亚里士多德的灵魂就像是船上的舵手⑧这一隐喻信誉扫地——反过来由"精神与身体"的实际"混合"而获得说明。由此,我思所揭示的、甚至连知觉似乎都应该被包含在其统一中的意识世界,在严格的意义上,只不过是一个思想世界:它说明了关于看的思想,但看的事实和各种实存知识的集合仍然处在它之外。我思在知觉的核心中找到的理知并没有穷尽知觉的内容;知觉在向一个"他者"开放的范围内,在是对一种实存的经

---

① "第六沉思",AT版,第九卷,第58页。
② 同上书,第63页。
③ 《论心灵的激情》,第一部分。
④ 同上书,第一部分,第30条目。
⑤ "我完全知道一个立方体的脚与任何其他广延具有同样的本性,但是,使一个立方体的脚成为立方体的脚的东西与任何其他东西区别开来,这就是它的实存"(见"与梅朗的通信")。
⑥ 《论心灵的激情》,第31条目。
⑦ "这一身体,由于某种特别的权利,我称其为我的……"("第六沉思",AT版,第九卷,第60页)。
⑧ 同上书,第64页。

验的范围内,隶属于一种"只能被它本身所理解"①的原始观念,隶属于在其间知性的各种区别被完全取消了的"生命"秩序。② 这样的话,笛卡尔并不寻求将认识真理与体验实在、将理知与感觉整合在一起③。它们不是在心灵中,而是在神那里彼此联结起来。但在他之后,这一整合将作为对哲学实在论提出的那些问题的解决方案而出现。它实际上使得我们能够放弃身体或事物对精神的作用,能够将它们界定为意识的不容置疑的对象,并通过联合一种先验观念论和一种经验实在论(依据康德的术语)来超越实在论与怀疑论的二者择一。

一种接受批判主义启发的哲学重新恢复了由笛卡尔所教导的感性认识的观念。认识某个东西,这不仅仅是出现在各种材料的

---

① "致伊丽莎白的信",1643年5月21日,AT版,第三卷,第666页。
② "尽管人们希望把心灵设想为是物质的(这严格地说是设想它与身体的统一)……"("致伊丽莎白的信",1643年6月28日,AT版,第三卷,第691页)。
③ "对第六组反驳的答辩"在涉及关于大小、距离和形状的知觉时谈到了儿童时期的清楚的推理,并就这一主题求助于《屈光学》。但是,如果《屈光学》的确相对于各种对象的状况描述了一种"只不过是完全单纯的想象,在它自身那里并不包含推理的思想活动"(第六论,Cousin出版社,第62页),那么笛卡尔就承认了,心灵直接地、勿需借助四肢状况地认识到了对象的状况,这是通过"自然的惯例"认识到的(第六论,第60页);当大脑的各个部分的如此安排获得实现时,它就使得如此状况被"看到"了(同上书,第63页)。只是当笛卡尔例如在《沉思》中分析关于内部的知觉时,关于知觉的"自然几何学"(《论人》,Cousin出版社,第四卷,第380页)才成为了心灵本身的一种推理,而知觉才成为了一种精神审视(参看"第六沉思",AT版,第九卷,第66页)。《屈光学》预告了马勒伯朗士的那些"自然的判断",也就是说顺生的思维。"心灵绝没有做我归因于它的全部判断:这些自然的判断只不过是一些感觉……"(《真理的探寻》第一卷,第九章)。——"神为了我们而置自然的判断于我们这里……以至于,如果我们由于神力知道光学和几何学,我们就能够自己形成这些判断"(同上)。知觉的各种不言明的推理不是把神揭示原为圣言和各种观念之处所,而是创造的意志和各种偶因的立法者。相反地,《沉思》宣告了斯宾诺莎的原生的思维。

密集集合中,而且可以说是生活在它们那里;这种"共-生"①,这种与一种独特对象的盲目接触,这一对其实存的参与,如果它们并非已经包含着我借以疏远事物以便认识其意义的相反运动,那么它们在一种精神的历史中就将一无所是,除了一种生理疼痛或者一种昏厥外,不会在那里留下一些不受约束的认识和记忆。作为感觉的红和作为"感受质"的红应该被区别开来;性质已经包含了两个环节:红的纯粹印象和它的功能,例如它会覆盖某一空间和时间范围。② 因此,认识始终是在某一函项中、按照某种关系抓住一种材料,"在"它向我意指或呈现这种或那种结构的"范围内"。心理学家通常说的似乎是:整个问题就在于知道被知觉者的这一含义从何处来,他们把它看作是一堆附加的材料,借助于各种形象在原始感官材料上的投射来说明它。他们没有看到,就被引入的那些形象而言,同样的问题产生了。如果它们是先前知觉的简单移印,是一些不那么纯粹的"微型画",一旦它们被某种心理的或者生理的机制引入到精神的注视之下,那么有待于分析的就是意识到这些新的"东西"。即使一种"动态图式"主宰着对各种记忆的唤醒,只要我没有在被唤醒的记忆中认出对图式的一种例证,这一唤醒就停留为一种第三人称运作。我们并不是像建一座房子那样通过汇集一些借自感官的材料和一些借自回忆的材料来建构知觉;我们并不是通过把知觉放在多个因果系列——各种感觉机制和记忆机制——的汇合中来把它当作一种自然事件予以说明。即便对各

---

① 克洛岱尔:《诗歌艺术,论与世界共-生和论自我本身》,巴黎,法国信使报。
② 胡塞尔:《内在时间意识的现象学讲座》,第5页。

种生理和心理的决定因素的探求使我们可以在它们和被知觉到的场景之间建立一种从函项到变量的关系（我们已经看到绝对不是这样的关系），这一说明能够提供给我们的也只不过是场景的各种实存状况；既然它将场景与处于时间和空间中的一些身体的或心理的事件联系在一起，它也就使之成为一种心理事件。然而，那是另一码事。假如我固定地注视我面前的一个对象，心理学家会说，如果各种外部条件保持为相同的，那么关于对象的心理形象也就保持为相同的。但是，还应该分析我据以在每一时刻认出这一形象在意义上同于前一时刻的形象的活动。心理学家的心理形象是一种东西，有待于理解什么是对于这一东西的意识。认识的活动不属于事件的秩序，它是对于那些甚至内在的事件的一种掌握，它不会混同于它们，它始终是对于心理形象的一种内在的"再-创造"，而且，就像康德和柏拉图说过的，是一种认识、一种承认。能够完成视觉活动的不是眼睛，不是大脑，但更不是心理学家的"心理"。这涉及一种精神审视，由于它，那些在它们的实在中被经验的事件同时又在它们的意义中被认识。各种被知觉的内容由一些自然条件所决定，不管这在任何特殊情形中有多么的明显，至少就其一般结构而言，知觉排除了自然说明而且只承认一种内在分析。由此可知，我在其中借助一个事物本身来知觉该事物而把自己把握为确定的那些认识环节，应该被视为一些派生的、归根结底建立在一种更为原本的意识样式基础之上的意识样式。既然我们那些断言的各种动机只能在它们本来的意义上被寻求，对一种实在的东西的经验就不能够通过这一事物针对我的精神的作用而获得说明；对于一个事物而言，作用于一个精神的唯一方式是向它提供一种意义,是向它显示自己,是通过它的各种理智链接在它面前构成自己。对认识活动的分析导向关于一种构造的或原生的思维的观念:它内在地成为各种客体的有特性的结构之基础。为了既突出各个客体与主体的亲密关系,又突出使这些客体与各种显象区分开来的那些牢固结构在它们那里的在场,我们把这些客体称之为"现象",而哲学在把自己限定在这一主题的范围之内,变成为一种现象学,即对意识作为世界之中心的一种清点。

哲学因此回到了素朴意识的各种明证性。通过使主体和客体成为不可分割的相关项,先验观念主义保证了知觉经验的有效性:世界亲自出现在这里,然而又不同于主体。如果认识不是向主体呈现一幅静止的图画,而是把握住了这幅图画的意义,那么客观世界和各种主观显象的区别就不再是两类存在的、而是两种含义的区别,而且它在这一名义下是无可指责的。我在知觉中通达的是事物本身,因为我们能够思考的任何事物都是"关于事物的含义",因为我们恰恰将知觉称作是这一含义借以向我显示的活动。应该将 O 点的知觉属于 O 点这一观念追溯到康德那里而不是柏格森那里。① 它直接产生自作为普遍生命之意识的观念,关于客体的全部断言都在这里找到了它的各种理由。

身体变成在意识面前被构成的那些对象之一,它被整合到客观世界之中;既然整个自然只是作为一种原生认识的相关项才是可以被思考的,把认识作为一种自然事实对待就不再有任何问题。意识自身无疑认识到,是一些自然法则依据身体和各种身体现象

---

① 华尔似乎在此看出了当代哲学的一种发现(《通向具体》,"序言")。

的状况，决定着它的各种知觉事件的秩序。在这一意义上，它作为世界的一部分出现，因为它可能被纳入到构成后者的那些关系之中。它似乎包含了两个方面：一方面，它是世界的中心，为关于世界的任何断言所预设，另一方面它又受其制约。因此，一种批判哲学的首要环节将会是区分不可能从任何身体的、心理的事件中派生出来的意识的一般形式（以便赋予它的认识分析以合法性）和那些其现实实存可以被归属于这些外部事件或者我们的心理-物理构造的特殊性的经验内容（以便说明支配着知觉的各种外部条件以及我们在它那里抓住的被动性）。这差不多就是先验感性论的意义。① 但是，正像《纯粹理性批判》第二版表明的，这一姿态只不过是暂时性的。实际上，如何设想"被给予者"和"被思考者"的关系，意识对于各种纯粹感觉所是的这些惰性"事物"的作用，"情感"与认识、感性意识与理智意识的联系呢？归根结底不存在感性意识，不存在感性论与分析论的间断，不存在顺生意识。② 一种打算孤立出知觉内容的分析不会找到任何东西，因为对某物的任何意识，只要该事物不再是一种不确定的实存，只要它可以比如被确认、被认识为一种颜色、甚或"这种独一无二的红色"，就透过被亲历的印象预设了对于既不被包含在它那里，又不是它的实在部分

---

① "先验感性论"（Barni 译本，第一卷，第 64,68,70,80 页）除各种经验内容之外，甚至还把空间形式本身与人的构造的各种偶然性联系在一起。
② 我们知道《纯粹理性批判》第二版是如何从感性中抽出"形式的直观"（"先验感性论"所说的我们受到影响的方式）并且把它提供给知性的，它又是如何放弃先验想象的三种综合的（它们——尽管任何一种都预设了随后的一种——为现象提供了一种精神结构，以便更好地让"我思"在一种抽象分析可以区别出来的全部意识层次上的在场成为明显的）。

的一个意义的统握。认识的质料变成为意识在对自己进行的反思中设定的一个界限概念,而不是认识活动的一个构成成分。但自此以后,知觉成为一种理知变种,并且就其肯定地具有的一切而言,成为了一种判断。通过在理智主义的知觉理论中获得实现,批判主义消除了由形式与质料、被给予者与被思考者、心灵与身体的关系提出的各种问题。① 如果我们实际上能够在知觉中证明一种初始的科学,证明只有通过科学的协调才能够完成的对经验的一种最初条理化,那么所谓的感性意识就不再会产生任何问题,因为知觉经验的"原本"特征不外乎就是剥夺和否定:"直接经验的世界包含的不是多于而是少于通过科学所获得的,因为这是一个表面的、残缺的世界,就像斯宾诺莎所说的,这是无前提的结论的世界。"② 心灵与身体的各种关系的问题,只会在把自己局限于各种意识产品,而不是在它们那里去寻找使它们得以存在的理智活动的一种混乱的思维之层次上被提出来。被放回到只是给予它一种意义的理智背景之中,"感性意识"作为问题被取消了。身体重新回到它接受其作用而且不过就是其一部分的广延之中;知觉重新回到暗中包含着它的判断之中。任何意识形式都预设了其完成形式——认识论主体与科学客体的辩证法。

* * *

前面那些分析让我们进入了这一方向吗?它们至少导向先验的姿态,也就是说一种把任何可以设想的实在都看作为一种意识

---

① 布伦茨威格:《人类经验与自然因果性》,第 466 页。
② 同上书,第 73 页。

对象的哲学。在我们看来,物质、生命、精神不能被界定为实在的三种秩序或者三种存在类型,而应被界定为三个含义平面或三种统一形式。尤其是,生命不会是添加给各种物理-化学进程的一种力量,它的原本性是具有自己的结构,并且按照一种特殊的辩证法相互联系在一起的那些现象的、在物理领域没有等价物的各种联结方式的原本性。在一个有生命的东西那里,各种躯体移动和各种行为环节只能用一种定制的语言并根据有关原本经验的那些范畴才能够被描述和理解。正是在同样的意义上,我们已经认识到了一种心理的秩序和一种精神的秩序。但是,这些区别是经验的不同区域的区别。我们已经从作为全体实在(omnitude realitatis)的自然的观念回到这样一种关于各个对象的观念:它们不能够被设想为是在己地一些外在于另一些的,它们只有借助于它们分有的一种观念、借助于在它们那里获得实现的一种意义,才能够获得界定。既然物理系统与作用于它的一些力量之间的各种关系,有生命的东西与它的环境之间的各种关系,不是那些被并置在一起的实在之间的各种外在而盲目的关系,而是任何一个部分作用的结果都取决于它对于整体的意义的一些辩证的关系,那么人的意识秩序就不会呈现为叠加于两种其他秩序之上的第三秩序,而是它们的可能性的条件、它们的基础。

　　从这一绝对意识、世界中心的视点看,就像从批判主义视点看一样,关于心灵与身体的各种关系的问题似乎消失了。在三个含义平面之间,存在着因果作用是不可能有问题的。当我们的举止碰巧具有一种精神含义时,也就是说当它不能根据物理力量的任何运作、不能根据生命辩证法的那些特有姿态中的任何一种而获得理解时，我们就说心灵"作用于"身体。实际上，这一表达是不适当的：我们已经看到身体不是一部向着自身封闭的、心灵只能从外面作用于它的机器。它只有通过自己的可以提供全部整合层次的机能才能获得界定。说心灵作用于它，这是错误地假定了一个单义的身体概念，并在其中增添了一种用以说明某些举止的精神含义的第二位的力量。最好这样说：在这一情形中，身体机能被整合到了比生命层次更高的一个层次中，身体真正成为了人的身体。反过来，当行为毫无保留地通过生命辩证法的各个要素或者借助已知的各种心理机制获得了理解时，我们就会说身体已经作用于心灵。严格地说，我们在这里仍然无权设想一种从实体到实体的传递作用，仿佛心灵是一种其活动性会由于一种更强大的力量而受阻的总是在场的力量。更准确地说，行为由于给一些缺少整合的结构让位而被瓦解了。总之，所谓的相互作用被归结为一种辩证的选择或一种辩证的替代。既然物理、生命、心理个体只有作为不同程度的整合才能彼此区别开来，在人被整个地视同于第三辩证法的范围之内，也就是说，在他不让一些孤立的举止系统在他那里起作用的范围内，他的心灵和他的身体不再被区别开来。正像我们有时所做的那样，如果我们假定在格列柯那里存在着一种视觉异常，我们并不因此就得出结论说，他的绘画中的身体形状、各种姿势的特征要求一种"生理的说明"。当一些难以矫正的身体特性被整合到我们的经验的整体中时，它们在我们这里就不再具有作为原因的尊严。由于艺术家的默思，视觉异常可以获得一种普遍的意义，并且成为他知觉人的实存的那些"侧面"之一的契机。只要我们的身体构造的那些偶然性不是作为支配着我们的一些纯粹事实被承受,而是借助于我们用来把握它们的意识成为一种拓展我们的认识的手段,那么它们就总是能够扮演这种揭示者角色。在非常情况下,格列柯的假定的视觉障碍已经被他克服了,它是如此深入地被整合到了他的思考和存在方式之中,以至于最后呈现为他的存在的必然表达而不是从外部强加的一种特性。说"因为格列柯画出了一些拉长的身体,所以他是散光症患者"就不再是一个悖论。① 在个体中的任何偶然的东西,也就是说属于各种部分的、独立的辩证法,与他的生命的整体含义没有关系的任何东西,都被吸收和集中到他的深层生命之中了。各种身体事件不再构成为一些自主的循环,不再遵循生物学和心理学的那些抽象图式,为的是获得一种新的意义。然而我们要说,归根结底正是身体说明了格列柯的视力,他的自由只不过在于通过赋予偶然性一种形而上学意义而证明了这一出自自然的偶然性;统一没有为赢得的自由提供一种充分的标准,因为,比如一个被一种情结支配,且在其全部步骤中服从同样的心理机制的人,在奴役状态中实现了这种统一。但是,这里涉及的只不过是一种表面的统一,一种无法承受出乎意料的经验的刻板的统一。它只能被维持在病人正好通过逃避自己的举止的表面一贯性在那里被瓦解了的全部处境而为自己构成的一种选定的环境中。相反,举止的真正统一在它由于一种环境限制而未能获得的东西中被认识到。感官上的或体质上的相同缺陷,如果给予人的是他不能够摆脱的一种单调的视觉或活动类型,就可能成为奴役的一种原因;或者,如果他把它用作为一种

---

① 卡苏:《格列柯》,巴黎,Riede 出版社,1931 年,第 35 页。

工具的话，则可能是一种更大自由的契机。这假定他认识到了它但并不服从于它。对于一个生活在单纯生物学层次的存在来说，它就是一种不幸。对于一个获得了自身及其身体的意识、达到了主体和客体的辩证法的存在来说，身体不再是意识结构的原因，它变成为意识的对象。然而这不再是我们可以谈论的一种心理生理平行论：唯有解体的意识才会与一些"生理的"过程，也就是说与机体的局部机能相平行。通过进入到真正的认识中，通过超越有生命的东西或社会存在与其限定的环境之间的辩证法，通过变成为客观地认识世界的纯粹主体，人在极限情况下实现了绝对意识，对于这一意识，身体、个体的实存只能是一些对象，死亡失去了意义。一旦被放回到意识对象的状态中，身体就不应该被认为是"各种事物"与认识它们的意识之间的一个居间者；既然摆脱了本能的晦暗，意识就不再表达对象的各种生命属性而是表达它们的各种真实属性，平行在这里就存在于意识和它直接认识到的真实世界之间。所有的难题似乎都被消除了：在我们抽象地把身体看作是物质的一部分时，心灵与身体的各种关系是晦暗不明的，当我们在它那里看到一种辩证法的承载者时，它们得到了澄清。既然物理世界和机体只能被认为是一些意识对象或一些含义，那么关于意识与它的各种物理的或器官的"条件"的那些关系的问题，就只会实存于与一些抽象关联在一起的一种混乱思想的层次上，它会消失在唯有认识主体和其客体的关系以原本的方式在那里继续存在的真理领域之内。这乃是哲学反思的唯一合法的主题。

让我们考虑一下把双眼转向放置在他面前的一个可感对象的被试的情形。我们前面的那些看法会让我们说：他的知觉场的连续改变不是兴奋的物理现象或相应的生理现象的一个"结果"。我们已经弄明白了，被知觉对象的那些最显著的特征（它的表观距离、表观大小和表观颜色）不可能从知觉的各种生理上的既往史中推演出来。现代神经机能理论把这些特征归属于既没有物理规定、也没有生理规定的，我们恰恰借助于被知觉世界、借助于被知觉世界的各种描述性属性的形象来构想的一些"横向现象"。为知觉确定一种躯体的基质是不可能的。各种刺激的转化和各种运动冲动的分布紧随现象场的各种固有的衔接而形成，我们以各种"横向现象"的名义引入的实际上是被知觉场本身。这对于我们而言意味着：活的身体和神经系统不是知觉的偶然原因将要出现在其中的物理世界的一些附属物，而是被突出在意识认识到的那些现象之上的一些"现象"。科学所研究的那样的知觉行为不能够借助于神经细胞和神经突触获得界定，它不存在于大脑中，甚至也不存在于身体中：科学不能够从外面把行为的"中枢区域"建构为封闭在一个头颅内部的东西，只能够把它理解为一种辩证法——其各个环节不是一些刺激和一些运动，而是一些现象客体和一些活动。关于对于各种感觉器官的刺激和"违背"意识的刺激的传递作用的幻觉，来自于我们单独地从物理身体、解剖学的身体甚或生理学的机体中认识到的东西，它们是机能身体的一些抽象、一些快照。

当其实存被承认时，幻觉形象在新近的各种工作中不再被当作是我们可以根据一些中枢的某种轻度发炎来进行说明的一种孤立现象：它与器官-植物的机能之整体联系在一起，① 这就是说，幻

---

① 穆尔格：《关于幻觉的神经生物学》。

觉与其说是一种无对象的知觉，不如说是与神经机能的整体的改变联系在一起的一种整体举止。它假定了整个一种组装：对这一组装的描述，如同对正常机能的描述一样，不能够用一些躯体的词汇进行。躯体事件并不直接起作用。只是在贝多芬的重听"说明了"他的那些晚期作品的意义上，视神经区域才可以被说成是失明的原因。它要引起现象场的改变，只有使皮质的整体机能在各种发光刺激物的作用下成为不可能的。我们可以将其视为一种原因的是这一机能本身吗？不是，——如果我们把它理解为在皮质的每一处发生的各种神经事件的总和的话。这一整体只可能是这种感性场面的实存条件。它说明了我在知觉这一事实，但没有说明我从这样的场面中知觉到了什么，①因为后者已经在关于神经过程的一种完整定义中被预设。一切的发生就如同我的知觉向着一个原本意义网络开放。神经冲动在这些导体中的转移不会产生可见的场面，它甚至不会以一种单义的方式确定其结构，因为该结构是按照既非物理系统的一些平衡法则、也非被如此看待的身体的平衡法则的平衡法则组织起来的。躯体基质是一种辩证法的过渡点、支撑点。同样，没有人想要依据自己的各种生理状况来说明一种谵狂的内容，即便这种意识形式预设了在实存中（in existento）大脑的某种变化。

　　一般地说，我们似乎与批判的观念汇合了。不管意识的发展取决于什么样的各种外在条件（身体的、心理的、社会的），即使这种发展只能在历史中逐步地形成，从已获得的自我意识看，意识由

---

① 舍勒：《知识形式与社会》，第 394 页。

之而来的历史本身也不过是意识给出的一个场面。在成人意识面前,一种视角的颠倒产生了:为它做准备的历史生成并不先于它,这一生成只不过是为它的,它在其间进展的时间不再是它的构造的时间,而是由它构造的时间,事件的系列从属于它的永恒性。如此乃是批判主义对于心理主义、社会学主义和历史主义的永久回答。

关于因果思维的这一探讨向我们呈现为有价值的,我们已经在行为的全部层次上进行了这一探讨。我们刚才谈到,它导向先验的态度。① 这是我们必须从前面各章中引出的第一个结论。这不是唯一的结论,甚至应该说这第一个结论与一种受批判主义启发的哲学②处于一种简单的同名关系中。在我们以之为起点的"格式塔"中,存在着的深刻的东西不是关于含义的观念而是关于结构的观念,是难以觉察的观念和实存的结合,是各种质料借以在我们面前开始拥有一个意义的偶然排列,是处于诞生状态中的可理解性。关于反射的研究已经向我们表明:神经系统是没有解剖学保证的某一秩序通过一种连续的构造在那里获得实现的地方。它让我们已经能够在功能与基质之间确立一种严格相互的关系:不存在在其机能方面不与神经系统的全面活动联系起来的领地,也不存在不会因为这些领地中的单独一块的减少而被深刻改变的功能;离开在每一时刻都显露自己而且在神经物质基础上自己组

---

① "我们勿需抛开自然态度就可以证明:追根究底,那些关于自然世界之整体性的问题(Ganzheitsprobleme)如何通过导致向先验态度的转变而得以了结"(芬克:《想象与形象》,《哲学与现象学研究年鉴》,第 11 卷,第 279 页)。

② 我们想到的是一种像布伦茨威格哲学那样的哲学而不是康德式的哲学,后者尤其在《判断力批判》中包含着在这里受到质疑的各种问题的一些基本线索。

织自己的过程,功能就什么也不是。① 对行为的"中枢区域"的研究证实了身体本性的含混性:一方面,看起来任何功能严格地说都不能被定位,因为每一区域都只有在一种全面活动的范围内才能够起作用,而且它支配的各种各样的运动对应于性质上不同的好几种功能模式,而不是对应于已经局部地分化了的好几种装置;另一方面,也很明显的是,神经物质的某些部分对于接受这样一些刺激、对于实施指定给这样一些接受区域或者指定给这样一种肌肉整体的这样一些运动来说是不可少的,而且甚至在神经物质并非这种类型的任何特殊力量的占有者的时候,它在每一个地方也都是不可替代的。因此,我们更多地与"水平定位"和"垂直定位"的一种理不清的交织而不是与两种类型的定位打交道:身体没有哪一部分是纯粹的事物,但也没有哪一部分是纯粹的观念。② 要确定大脑的视觉区域和听觉区域分别提供的东西是不可能的:两者都只能同中枢一起运作,整合的思维使那些假设的"视觉内容"和"听觉内容"变样到难以辨认出来的程度;同样,这些区域中的一个的改变将通过一种确定的缺陷在思维中获得表达:变成为不可能的正是对各种同时整体的直观或者对各种连续整体的直观。③ 这样,各个视觉或听觉区域在一种功能整体中的整合,就算使各种相应的"内容"负载了一种新的含义,也没有取消它们的特性,它利用之并使之升华。对于生命如同对于精神一样,不存在绝对过去了的过去,"精神看起来将其抛在了自己后面的那些环节,精神也在

---

① 参看本书第一章。
② 参看第一章第 19 页注释 3(中文版第 37 页注释③)和第二章。
③ 参看前面。

自己现在的深度中承载着它们。"①高级行为在其实存的现在深度中仍然保存着各种从属的辩证法:从物理系统与它的各种地形学条件的辩证法直至机体与它的"环境"的辩证法。当整体正常地运转时,这些辩证法在它那里是无法被认识到的,但是,它们的迫近被局部损伤情况下的解体证实了。并不存在通过我们的神经构造的种偶然性,并且以实存的条件之名来接受"视觉思维"和"听觉思维"的各种特殊形式的思维本质。那些所谓的实存条件在它们与之合作的全体中是辨别不出来的,相应地,全体的本质如果没有它们、没有全体的构成史就不能够被具体地思考。质料与形式在有机物中的各种关系、心灵与身体的各种关系在批判主义思想中是不一样地被构想的。批判主义——逐步抛弃了作为它的理想分析之剩余的性质和实存,为的是最终将它们置于我们无法对之进行任何思考,并因此在我们看来仿佛不存在的质料中——自始至终把认识展现为一种同质的知性活动,而每一次赋形在我们看来相反地都像是观念世界中的一个事件,是一种新的辩证法的确立,是一个新的现象区域的开放,是一个将先前的层次作为孤立的环节予以取消,同时又予以保留和整合的新的构造层次的建立。通过证明我们从来都不是与一个在己的身体,而是与一个为意识的身体打交道,通过证明我们于是没有必要把意识与一种不透明而且陌生的实在联系在一起,批判主义思想逐步排除了关于心灵与身体的各种关系的问题;然而,每一时刻,正是对于我们来说,意识体验到了自己的为一个机体所固有,因为涉及的不是一种为一些物

---

① 黑格尔:《历史哲学讲演录》。

质装置所固有（它们对于意识来说实际上只能够是一些对象），而是意识自己的历史和它已经跨越的那些辩证阶段面向它的一种在场。因此，为了表象心灵与身体的各种关系，我们不应该接受那些唯物论模式中的任何一种，但更不应该接受那些精神论模式，比如关于工匠与其工具的笛卡尔式的隐喻。① 我们不能把器官比作一件工具，仿佛它脱离整体机能而实存并且能够获得思考；也不能把精神比作使用它的工匠：这将回到一种完全外在的关系，就像被笛卡尔合理地抛弃了的舵手与其船的关系一样。精神并不利用身体，但透过它而形成，同时又把它转移到物理空间之外。当我们描述行为的各种结构时，②这完全是为了表明：它们不能够被还原为物理刺激与肌肉收缩的辩证法，在这个意义上，行为远不是一种在己地实存的东西，而是对于一个思考它的意识来说的一个含义整体；但与此同时而且相应地，这是为了在"表达的举止"中使我们的眼皮下的一种意识的场景，即来到世上的一种精神的场景被看到。我们无疑明白，我们为什么甚至不能够毫无保留地承认在心灵和身体之间存在着可以与概念和词的关系相比的一种表达关系，也

---

① "……当您如此大胆地、未经任何证明就提出精神跟身体一道增强、一道衰弱时，我无法相信您。由于它在一个孩子的身体里不如在一个完满的成人的身体里那么完满地起作用，由于它的各种活动常常会被酒或者其他有形的东西所妨碍，所以唯一得出的是：它在和身体结合在一起时，是将身体作为一个工具来使用的，以便进行它通常要从事的这些类型的活动，而不是身体让它比它在己地存在时更加完满或者更不完满；而您由此得出来的结论并不比您从下面这件事得出来的结论更好：一个工匠每次使用一个不好使的工具就工作不好时，您就得出结论说，他是从自己的工具的好使中得到自己的技巧和其技术上的学问的"（笛卡尔："对第五组反驳的答辩"，布里杜编：《作品与书信》，第 371 页）。赞同伽桑狄（他把属于现象身体的东西赋予给生物学身体）是不可能的，但这并不是谈论在己地存在的精神的完满性的理由。身体之所以扮演一种妨碍精神的实现的角色，是因为当精神获得实现时，身体也被暗含在其中了。

② 参看第二章第 3 节。

第四章　心身关系及知觉意识问题　301

不能将心灵定义为"身体的意义",将身体定义为"心灵的显示"。①
这些表述有着让人想起或许相互关联,却彼此外在,而且其关系保
持不变的两极的缺陷。然而,有些时候,我们的身体向外显示一种
意向,这种意向属于高于生物学的辩证法;有些时候,通过其过去
的生命已经具备的各种机制的作用,我们的身体局限于模仿那些
它不再拥有的意向,比如像一个垂死者的那些动作所显示的那
样;②从一种情形到另一种情形,心灵与身体的关系以及两极本身
都依据"赋形"成功还是失败、依据各种从属的辩证法之惰性是否
被克服而获得修正。我们的身体并非总是具有意义,此外我们的
各种思想,比如在羞怯的情形中,并非总是在它那里找到它们的全
部生命表达。在这些解体的情形中,心灵与身体是明显区分的,而
这就是二元论的真理。但是,心灵如果不拥有任何表达手段(毋宁
应该说不拥有任何自我实现的手段),很快就不再是它无论如何是
的什么东西,尤其不再是心灵,就像失语症患者的思维衰退了、瓦
解了一样;丧失了其意义的身体很快就不再是活的身体,以至于重

---

① "心灵是身体的意义,而身体是心灵的显示,两者中的任何一个都不能够作用
于另一个,因为它们都不属于一个由各种事物组成的世界……就像概念内在于言语一
样,心灵内在于身体:前者是词的意义,后者是身体的意义;词是思想的外衣,而身体是
心灵的显示。就像没有言语就没有概念一样,没有显现就不会有心灵"(克拉格斯:《意
识的本质》)。

② "……他的移开遮掩一个动作的那些覆盖物的手从前表示这些覆盖物让它难
受,而如今它什么也不表示"(普鲁斯特:《在盖尔芒特家那边》,第二卷,第 27 页)。"由
于吗啡和氧气的双重作用的解救,我的祖母的呼吸不再吃力,不再哼哼唧唧,而是像溜
冰者一样活跃、轻松地滑行,接近于美妙的流体。屏住如同一支芦笛中的气流一样感
觉不出来的气息,在这一美妙的乐曲中夹杂着更为人性的几丝叹息。摆脱了死神的降
临,这些叹息使我们感受到了那些不再感觉的人的痛苦和幸福的印记,并把一个更富
旋律但不改变其节律的音符添加给这一长音符短句——它被抬升、继续上升,然后下
降,以便气息微弱的胸膛能够重新捕获氧气"(同上书,第 31 页)。

新回到一堆物理-化学物的状态中,它只不过在垂死状态中通向了无意义。只要不停止存在,这两极永远也不会绝对地区别开来,因此,它们的经验的关联被建立在原本的活动基础之上,后者在质料的一个片断中安置了一种意义,使之在此栖息、呈现和存在。通过就像回到基础实在一样回到这一结构,我们使心灵与身体的区分和统一同时成为可以理解的。存在着总是重新出现在一个层次或另一个层次上的二元性:饿或渴妨碍着思维或各种情感;严格的性欲辩证法通常透过一种激情而显现出来;整合从来都不是绝对的,它总是失败,在作家那里整合得好一些,在失语症患者那里差一些。总有那么一个时刻,我们由于疲劳或者自恋而逃避一种激情。这种二元性并不是一个单纯的事实,它在原则上是被建立起来的,每一整合都预设了总是要求它们自身好处的那些从属构成的正常机能。但这不是关于实体的二元性,或者换而言之,关于心灵和身体的那些概念应该被相对化:存在着作为一堆相互作用的化学化合物的身体,存在着作为有生命的东西和它的生物环境的辩证法的身体,存在着作为社会主体与他的群体的辩证法的身体,甚至我们的全部习惯对于每一瞬间的自我来说都是一种触摸不着的身体。这些等级中的每一等级相对于它的前一等级是心灵,相对于后一等级是身体。一般意义上的身体是已经开辟出来的一些道路、已经组织起来的一些力量的整体,是一种高级的赋形在那里得以发生的既有辩证法的土壤,而心灵是那时被确立的意义。① 我

---

① 可是有必要深化我们的"自然的"身体(对于意识来说,它总是已经在此,总是已经被构成了)与我们的"文化的"身体(它乃是意识的各种自发活动的沉淀)之间的区别。这一难题是胡塞尔在其区别原本的被动性和派生的被动性时提出的。尤其参看《形式的与先验的逻辑》,第287页,《哲学与现象学研究年鉴》,第10卷,1929年。

们完全可以将心灵与身体的各种关系同概念与词的关系相比较，但前提条件是：在那些分离的产物下面觉察到把它们联合起来的构造活动，并且在作为思想的外在附属物或偶然外衣的各种经验语言下面，重新找到作为思想的独特实现的活的言语：意义在此第一次获得了表达，由此作为意义被确立，并且对于一些后来的活动而言成为可以自由使用的。因此，我们的分析将我们完全引向了身体的观念性，但这里涉及的是一种在实存的偶然中被说出甚至被构造出的观念。格式塔的概念通过一种自然的展开把我们带回到它的黑格尔式意义中去，也就是说带回到在其演变成自我意识之前的概念中去。我们说自然是一个概念的外部。① 但是，概念作为概念正好不具有外部，而格式塔有待于被思考为内部与外部、自然与观念的统一。② 相应地，格式塔为之实存的意识并不是理智意识而是知觉经验。③ 因此，应该向知觉意识提问以便在它那里找到一种明确的澄清。我们在此限于表明，对象的地位、形式与质料的各种关系、心灵与身体的那些关系、各个意识的个体性与杂多性是如何被建立在它那里的。

我不再能够把我知觉到的东西与事物本身视为同一。我看到的物体的红颜色是我，并将始终保持为我独自地知道的。我没有任何方式可以知道它给予其他人的颜色印象是否同于我的印象。我们的主体间的对照只能支撑在关于被知觉世界的可知结构之上：我可以坚信别的旁观者和我使用同一个词来表示这一物体的

---

① 参看第 175 页(中文版第 237 页)。
② 参看第 147 页(中文版第 202 页)。
③ 参看第 156 页(中文版第 214 页)。

颜色，这同一个词另一方面可以用来定性我也称作红色物体的一系列其他物体。但是，就算这些关系被保留，也可能会出现他知觉到的颜色系列完全与我的不相同。不过，正是在物体给予我"被感受者"的原本印象时，在它们拥有这种直接攻击我的方式时，我才说它们是存在物。由此得出结论：作为对于各种实存着的事物的认识，知觉是一种个体意识而不是我们前面谈到的一般意识。在我注视着场域的一个区域而不寻求去认识它时，我在其中进行体验的这堆可感物，我的意识无言地瞄准的"这"并不是一种含义或者一个观念，尽管它随后可以充作一些逻辑说明和言语表达活动的基础。当我命名被知觉者或者当我把它辨认为一把椅子或一棵树时，我已经借助一个概念用归类替代了对一种流动的实在的体验，当我发出"这"这个词时，我把一种独特的、被亲历到的实存与被亲历到的实存的本质联系起来。但是，这些表达或反思的活动瞄准的是一个不可能被剥夺意义的原本文本。我在一个感性整体中找到的含义已经内在于感性整体中。当我"看"一个三角形时，我可能会非常糟糕地描述我的经验说：我就某些感性材料构想或理解了三角形。含义是具体化的。正是在此地此时我将这个三角形知觉为如此这般的，而概念则把它作为一种永恒的存在给予我，正像笛卡尔所说的，其意义和各种属性绝不归因于我知觉到它这一事实。它不仅仅是可以说脱离了事物并且变成为我的个体意识的内容的知觉质料。在某种方式上，形式本身也构成为心理个体的一个部分，或者毋宁说与它联系在一起，而且这一所指对象被包纳在它的意义本身之中，因为它属于向此地此时的我呈现的这一事物的形式,因为通过知觉被揭示给我的这一相遇绝不关系到事物自己的本性,相反地构成为我的生命的一段插曲。如果被置于一个邻近另一个的两个主体注视一个木头立方体,立方体的整体结构对于两者都是相同的,它具有主体间的真理价值,这乃是两个人都说那里有一个立方体所要表达的意思。但是,在他们两者那里,并不是立方体的那些相同的面被他们各自看到和感觉到了。我们已经说到知觉的这种"视角性"并不是一个无关紧要的事实,因为没有它,这两个主体就不会意识到在知觉超出于各种感性内容的一个实存着、持存着的立方体。如果立方体所有的面一眼就能够被知道,那么我就不再与逐步地把它自己提供给审视的一个事物、而是与我的精神真实地拥有的一个观念打交道。这就是当我思考我没有实际地知觉它们就认为它们是存在物的一些对象时发生的事情。断定它们持续地实存着,我想说的是:一个被适当定位的心理-物理主体看到了这个或那个感性场面,以这种或那种方式被联结起来,通过这些或那些客观转换与我实际知觉到的场景联系在一起。但是,不应该把这种关于世界的知识与我对世界的这一或那一片断的知觉及其邻近视域相混在一起。不属于被知觉者范围的那些对象实存着,这是在我不思考一些真理的时候这些真理并不停止为真的这一意义上而言的:它们的存在模式是逻辑必然性而不是"实在性"。因为我在它们那里也假定了一种"视角性":对于它们来说,透过多个"侧面"向一个旁观者呈现是本质性的。但是,既然我没有知觉到它们,这里涉及的就是一种观念中的"视角性"和一种旁观者的本质,两者之间的关系本身是一种含义关系。因此,这些对象属于含义的秩序而不是实存的秩序。① 一种会与可感者同外延的知觉是难以想象的,它逻辑地而非物理地是不可能的。为了能够有知觉——也即能够有对一种实存的统握——,对象绝对有必要不完全把自己呈现给注视(它停留在对象上面,并且保留当前知觉中被瞄准的而不是已经被拥有的一些外观)。一种不是由某个视点构成的、可以同时给予我们比如一个立方体所有的面看在用词方面是纯粹的矛盾,因为,为了全部一起成为可见的,一个木头立方体的那些面应该是透明的,也就是说不再是一个木头立方体的那些面。如果一个透明的立方体的六个面都以正方形的形式成为可见的,我们看到的就不再是一个立方体。因此,关于"纯粹知觉"的柏格森式的,也就是说与对象符合或者与它同一的观念是不可靠的。由相等的六个面构成的乃是作为含义或作为几何学观念的立方体。一些实存着的事物和一些"外观"与整个物体的原本的、富有特色的关系,并不是一种像符号与含义那样的逻辑关系:椅子的各个边并不是椅子的各种"符号",它正好就是椅子的那些边。

同样,我身体的现象应该与纯粹逻辑含义区别开来。使我的身体与各种外部事物(即便就像它们在亲历的知觉中呈现出的那样)相区别的东西,就在于它不像它们那样可以为一种没有限度的

---

① 我们保留这样一个问题,即是否像海德格尔暗示的那样不存在一种针对世界的知觉,也即不存在一种进入各个对象的未定的场域(它通过它们的实在给出它们)之方式。有把握的是,被知觉者并不局限于停留在我们双眼上的东西。当我坐在我的书桌前时,空间在我后面不仅观念地而且实在地合拢起来。即使被知觉者的地平线可以被一直扩展到世界的各个边界上去,针对作为存在物的世界的知觉意识仍然区别于针对作为无数真实判断之对象的世界的理智意识。

审视所通达。在涉及一个外部事物时,我知道改变位置我就能够看到向我掩饰起来的那些面,占据我的邻近者当时的位置,我就能够获得一个新的视角,并做出一份与我的邻近者当时对对象进行的描述相一致的字面报告。我对于我的身体不具有同样的自由。我完全知道不能够直接看到我的双眼,而且,即使是在镜子中,我也不能够抓住它们的动作和它们的生动表情。我的视网膜对于我来说是一种不可知的绝对。总而言之,在这里存在的只不过是知觉的视角性的一个特例。说我有一个身体,仅仅是以另一种方式说我的认识是一些主体间对象在那里出现的个体辩证法的另一方式;当这些对象在实际实存的方式中被给予他时,它们通过一些相继的、不能够共存的外观向他呈现;最后,它们中的一个顽固地"从同一面"呈现出来,我不能够环绕它一圈。对于镜子向我提供的我的形象应该持保留态度(一旦我把头斜向右边和左边以便尝试着在不同视点下看到这一形象时,这一形象就移动了,这不是一个真实的"东西"),视觉向我提供的我的身体在肩部之上被截掉了,并且以一个触觉-肌肉的对象而告结束。大家对我说,在我的脑袋所处的这一空隙中出现的是对于其他人来说可见的一个对象;科学教导我们说,分析在这一可见的对象中发现了一些器官、一个大脑,以及(每当我看一个外部对象时)一些"神经冲动"。我永远不会看到整个这一切。我永远无法使我的身体的、与它相一致的实际经验符合于科学及各种证明为我提供的"人的身体"这一含义。存在着一些存在物,它们对于我而言始终在它们的某些外观下面保留着一些纯粹含义,从来都只会向一种不完全的知觉提供自身。这一结构在它自己那里并不比它与之相互关联的那些外部对象的结构更为神秘：作为自我，作为知觉主体，如果我没有以某种方式被掩饰在我的各种现象的一种（它包围着我，因为我不能够环绕它一圈）之中，那么，我如何能够"在某种方向上"接受一个对象？确定一个方向需要两个点。我们还没有完整地描述本己身体的结构，它还包含一个其重要性显而易见的情感视角。但是，前面的进展足以表明，并不存在"我的身体"的谜团，在它与我的关系中并不存在什么难以表达的东西。的确，通过描述它，我们将亲历到的按定义不是一种含义的视角转化成了含义。但是，被知觉的存在的这种非逻辑的本质可以被清晰地规定：比如我们会说，透过我并不像拥有一种观念那样拥有它们的一些侧面把自身提供出来，包含在关于各种被知觉的存在和关于身体的观念中。被归结为其积极的意义，心灵和身体的联系意指的不外乎是侧面认识的此性，除非由于一种独断的偏见，我们设定我们有所经验的全部存在物都应该像各种含义企求的那样"整个地"被提供给我们，否则这种联系就只不过是一种奇迹。这样一来，身体的模糊因果性被归结为一种现象的原本结构，而我们不会考虑"借助身体"并根据因果思维来把知觉解释成一种个别意识的事件。但是，如果问题始终不在于外在地把我的意识与它以一种无法说明的方式对其采取视点的一个身体联系起来，如果总而言之一切要重新回到承认某些人看到了我未能看到的一些事物，那么，为了保持对这一现象的忠实，应该在我的认识中把各个个别视角的区域与各种主体间含义的区域区分开来。这里存在的不是感性与理智的经典区分，因为被知觉者的视域延伸到了视觉的范围之外，视域除了包含在我的视网膜上产生印象的那些对象之外它，还包含围绕"可感的"核心透视地排列在我身后房间的墙壁、房子或许还有我居住的城市。我们更不会回到质料与形式的区分,因为一方面知觉的形式本身分有了此性,反过来我可以使那些要把感性内容转化成含义的认识和命名活动确立在感性内容之上。我们引入的区分毋宁说是被亲历的东西和被认识的东西之间的区分。于是,心灵与身体的关系问题被转化了而不是消失了:它现在将成为作为一些个别事件的、一些具体而牢固的结构之流动的意识与作为一系列理想含义的意识之间的关系问题。一种先验哲学的观念,也就是说作为那种构造它面前的世界的、能够在一种毫无疑问的外部经验中抓住对象本身的意识的观念,作为反思的第一阶段的一种确定性的收获向我们呈现。但是,我们是否不得不在意识内部重新确立一种我们认为在它和各种外部实在之间不再存在的二元性呢? 作为一些理想统一体和作为一些含义的那些对象是透过一些个别视角而被抓住的。当我看一本摆在我面前的书时,它的长方形形状是一种具体的、具体化的结构。这一长方形"面貌"与我用一种逻辑活动能够说明的长方形"含义"之间的关系是什么呢?

　　整个知觉理论寻求克服一个众所周知的矛盾:一方面,意识是身体的功能,因此,它是依赖于某些外部事件的"内部"事件;另一方面,这些外部事件本身只能通过意识被认识。换言之,意识一方面呈现为世界的一部分,另一方面呈现为与世界同外延的。在有条理的认识,即科学的认识的发展中,最初的确认似乎首先获得了证实:各种第二性质的主观性似乎有第一性质的实在性作为对等物。但是,对各种科学对象、对物理因果性的更加深入的反思,在它们那里发现的是一些不可能在己地存在、只有在精神的审视面前才具有意义的关系。我们谈到的二律背反连同其实在论论题在自反思维的层次上消失了，它只是在知觉认识中才有自己的位置。到此为止，批判主义思想在我们看来还是无可争议的。它出色地证明了：对于一种专注于自反思维的各种对象，也就是说各种含义的意识来说，知觉问题并不存在。正是到后来，似乎才有必要放弃它。这样地把知觉的二律背反回溯到生命的秩序中（正像笛卡尔所说的），或者回溯到混乱的思维秩序中，我们试图证明：它在那里没有任何的持存性，知觉只要稍微思考它自身并且知道它所说的，就会发现被动性的经验依然是一种精神构造。实在论甚至没有被建立在一种严密一致的显象之上，这是一种错误。我们于是要问，如果这些自然的错误不取决于任何本真经验，而且并不严格地具有任何意义的话，什么能够为意识提供被动性的概念，它为什么与它的身体混合在一起。我们已经尝试着表明：实际上，随着对机体的科学认识变得明确起来，要赋予世界对于身体和身体对于心灵的所谓的作用一种一致的意义变为不可能的。身体和心灵隶属于含义，并因此只是相对意识才具有意义。也是从我们的视点看，在它在自己面前只遇到一些含义的自反思维的层次上，常识的实在论论题消失了。被动性的经验不能通过实际的被动性获得说明，但它应该具有一种意义并且能够获得理解。实在论作为哲学是一种错误，因为它把自己曲解了的或由此甚至使之不可能的经验转换成了独断的论题。但是，这是一种有明确动机的错误，它依托于哲学能够说明的本真现象。知觉经验特有的结构，即各个局部"侧面"对于它们所表呈的整体含义的指涉就是这一现象。事实上，从其实际意义来把握，为了获得理解，所谓的知觉的身体条件制约要求的不会更多——也不会更少。我们已经看到，各种兴奋、各种神经冲动都是一些抽象，科学在定义中把它们与现象之物被包含在其中的神经系统的整体机能联系在一起。被知觉者不是大脑机能的结果，而是其含义。因此，我们认识到的全部意识都通过作为它们的视角外观的身体呈现出来。但是，说到底，每一个个体辩证法可以说都有它所不知的一些大脑中转站，神经机能的含义都有并未出现在它那里的一些器官支撑点。从哲学上看，这一事实承认了如下的表达：每当这样一些感性现象在我的意识场中获得实现的时候，一个适当地安置的观察者就会在我的大脑中看到不可能以现实的方式被提供给我的一些其他现象。为了理解这些现象，我们被引到（正像我们在第二章中做的那样）在它们那里认识到一种与我的知觉内容相一致的含义。反过来，从被提供给我的现实场面出发，我可以以潜在的方式来表象我把它们定位在我的身体的潜在形象中的视网膜的、大脑的现象，也就是说表象为一些纯粹含义。旁观者和我本人都与我们的身体联系在一起的事实，整体上说达至了这一点：可以在现实性的方式中作为一种具体的视角被提供给我的东西，只能在潜在性的样式中作为一种含义被给予他，反之亦然。我的整个心理-物理的存在（也就是说我对我自己的经验，其他人对我的经验，他们运用的和我运用的认识我自己的科学认识）从整体上看是一种含义交织，正像在它们中的某些被知觉到并且转化为现实性时，别的一些就只能够被潜在地瞄准一样。但是，这一经验结构类似于外部对象的结构。进而言之，它们相互预设。如果存在着对于我来说一些事物，也就是说存在着一些视角中的存在，那么对于我从那里看它们的一个点的参照也被包含在它们的视角外观之中。但是,被定位在某个视点中,这必然意味着不能看到它本身,只有在一种潜在含义中才能把它作为一个视觉对象来拥有。因此,外部知觉的实存、我的身体以及一些对我来说"在"这一身体"之中"的不能被知觉的现象的实存,是严格地同义的。在两者之间不存在着因果关系。它们是一些协调一致的现象。我们经常谈到,知觉的视角性仿佛可以借助一些对象在我的视网膜上的投射而获得说明:我只看到了一个立方体的三个面,因为我用我的双眼来看,而在它们那里,只有这三个面的投射才是可能的;我不能够看到我后面的物体,因为它们不能够被投射到我的视网膜上。但是,我们完全可以谈论相反的情况。"我的眼睛"、"我的视网膜"、在它自己那里的"外部立方体"、"我没有看到的物体"事实上是什么呢?一些逻辑含义:它们通过一些有效的"动机"与我的实际知觉联系在一起①,它们说明它的意义,但它们向它借用了真实实存的标记。因此,这些含义自身没有什么用来说明我的知觉的实际实存的东西。我们通常掌握的语言仍然可以获得理解:超出于被提供给我的那些外观,我对一个立方体的知觉把它作为一个完全而真实的立方体呈现给我,我对空间的知觉把它作为一个完全而真实的空间呈现给我。因此,我很自然地倾向于把空间和立方体从一些具体的视角中分离出来并且把它们确定为在己的。针对身体,同样的作用发生了。结果,我自然地倾向于通过客观的立方体或空间对于我的客观身体的作用来产生知觉。这样的尝试是自然的,但失败对于它来说也是不可避免的:我们已经看

---

① 胡塞尔:《纯粹现象学与现象学哲学的观念》,第89页。

到，我们不能够由此通过结合各种理想含义（刺激、各个感受器、各种联合环路）来重构知觉经验的结构。但是，如果生理学不能说明知觉，光学和几何学更不能说明它。设想我之所以在镜子里看到了我的形象，是因为到达我的眼睛的那些光形成了某个角度，是因为我把它们的起源定位在它们的会聚点上，这就使得镜子的使用在光学还没有被发明的许多世纪中变得很神秘。真实的情况是，人首先"透过"镜子看到自己的形象，而镜子一词还不具有它在几何学智慧面前获得的含义。然后他构造了建立在被知觉领域的各种具体联结之上的这一现象的几何学表象：它说明这些联结，并为它们提供理由，却永远都不能像实在论希望的那样成为其原因，也不会像批判的观念论所做的那样用它们代替它。进入到知觉的特有领域给所有的哲学都造成了困难：由于一种回顾性的幻相，它们借口已经能够构造被知觉对象的几何学而在知觉那里实现了"自然的几何学"。对一种距离或一个大小的知觉不同于科学借以确定距离和大小的数量估算。全部科学都处在一个"完整"而实在的世界中，却没有觉察到，知觉经验是这一世界的构成要素。因此，我们面对着一个先于数字、尺度、空间和因果性的被亲历的知觉场，然而它只能作为对一些具有稳定属性的客体、对客观世界和客观空间的透视视野被提供出来。知觉问题就在于研究科学逐步阐明了其各种规定性的主体间世界是如何透过这一场域而被抓住的。我们在本段开始时谈到的二律背反建立在知觉经验的这一含混结构基础之上。正题和反题表达了它的两个方面：说我的知觉始终是各种个别事件的流动是对的，而在知觉的被亲历的视角性中存在着的根本偶然的东西说明了实在论的显象。但是，说我的知觉通达了那些事物本身也是对的，因为这些视角是按照一种使得进入一些个体间含义得以可能的方式连接起来的，因为它们"展现了"一个世界。因此，完全在我看到了它们的意义上，在我的经历之中和我的经历之外存在着与这双重关系不可分离的一些事物。我直接知觉到各种事物，我的身体并没有在它们与我之间构成一道屏障，它就像它们一样是一种现象，它确实具有一种原本结构，这正好把它作为世界与我的中介向我展现出来，尽管它实际上不是这样。我用我的双眼观看，它们不是一系列透明的或不透明的组织和器官，而是我的注视的各种工具。在我认识它的范围之内，视网膜形象并非是由从对象那里流射出来的光线产生的，但是，这两种现象以一种神奇的方式透过还不是空间的一种间距而彼此相似、相互一致。我们回到本章开始时我们分析过的素朴意识的料。这并非因为知觉哲学完全是在生命中被构成的：我们前面看到意识很自然地误解自己，因为它是对各种事物的意识。围绕知觉的那些古典争论足以表明这种自然的错误。我们将已经被构成的世界与关于世界的知觉经验相对照，而且我们要么就像实在论所做的那样，希望从世界出发产生知觉，要么就像批判论所做的那样，从知觉中看到的只不过是关于世界的科学的一种粗坯。就像回到一种原本经验类型（处于其特异性中的实在世界在这里得以被构成）那样回到知觉，这是对我们规定自己进行的意识的自然运动的一种颠倒；① 另一方面，并非所有的问题都被克服了：关键在于理解各个"侧面"与它们展示的那些"事物"之间、各个视角

---

① 我们在这里按胡塞尔晚期哲学给予的意义来界定"现象学还原"。

与通过它们瞄准的那些理想含义之间的被亲历的关系,而不能将之混同于一种逻辑关系。① 马勒伯朗士用偶因论或莱布尼茨用前定和谐想要解决的问题被移转到人的意识中了。

到此为止,我们只是考虑了真实知觉的视角性。有待于分析的是亲历在那里显得具有一种含义(它可以说突然出现在了后来的经验过程中,并且不能够通过一些一致的综合获得证实)的情况。为了说明这种第二层次的主体性,我们并没有接受自然主义给出的各种因果说明。人们在幻觉和过错中诉诸的身体的、心理的或社会的决定论,在我们看来可以被归结为各种不完满辩证法和各种局部结构的涌现。但是,为什么有机-植物性层次上的这种辩证法,在实存中就像在幻觉中发生的那样,会破坏一种更为整合的辩证法?意识并不只是、并不总是对真理的意识,如何理解那些低级辩证法的惰性和抵抗(它们阻止无人称主体与真实客体的各种纯粹关系的降临,并且使我的认识带有一种主观性系数)?如何理解作为幻觉的构成要素的虚假含义对于亲历的黏附?我们已经抛弃了弗洛伊德的因果范畴并且用各种结构隐喻代替了他的能量隐喻。尽管情结不是一种脱离了在它那里产生其各种效应的意识的东西,尽管它只是一种意识结构,这一结构至少可以说是趋向于自我保存的。有人说过②,我们所谓的无意识仅仅只是一种未被觉察到的含义:我们自己有时不能够抓住我们的生命的真正意义,不是因为一种无意识的人格处于我们内心深处并且支配着我们的

---

① "意向性"概念正是为此服务的。
② 萨特:"自我的超越性",《哲学研究》,1936-1937年。

各种活动,而是因为受到一种与我们的一些被亲历的状态不相符合的观念之影响,我们无法理解这些被亲历的状态。然而,即使不为我们所知,我们的生命的真实含义也并非不属于生命的有效法则。一切的发生就如同这一含义指引着各种心理事件之流。因此,应当区分这些心理事件的要么为真要么为假的理想含义和这些心理事件的内在含义,或者使用一种我们从此以后要利用的更为明晰的语言:它们的实际结构与它们的理想含义。相应地,应当在发展中区分并不在我们的存在中改造我们,而只是改变我们对于我们自己的意识的观念解放,和我们与戈尔德斯坦一同谈到的改造(Umgestaltung)的实际解放。我们不能将我们还原为我们对于自己的观念意识,而实存着的事物也不能被还原为我们借以表达它的含义。同样,我们很容易对社会学家提出异议:他使之与某种经济结构相关联的各种意识结构实际上是对某些结构的意识,这意味着一种完全接近于精神——能够在自己在某种环境中已经具有的各种偶然形式下面,借助于反思把自己作为自发的、原生的源泉来抓住——的自由。就像弗洛伊德的情结一样,经济结构只不过是一种先验意识的对象之一。但是,先验意识、对自我的充分意识并非是完全既成的,它有待于被构成,也就是说有待于在实存中获得实现。我们有理由反对涂尔干的"集体意识"、反对他对认识进行社会学说明的各种尝试:意识不能够被看作是一种结果,因为它是构成原因与结果的关系的东西。但是在一种很容易受到指责的因果思维之外,存在着一种社会学主义的真理。集体意识并不会产生各种范畴,但是,我们不能进而说集体表象只不过是对于它们始终都自由的意识的对象,在"**我们**"这里的意识只不过是在**我**这里的意识的对象。我们已经说过①,心理现象已经被归并到行为的结构中。因为这一结构在从内部、对于表演者是可见的同时,从外部、对于旁观者也是可见的,所以他人原则上就如同我本人一样是可以被我通达的,我们两者都是在一种无人格的意识面前展示的对象。②但是,正如我会针对我自己犯错误,只能抓住我的举止的外表的或观念上的含义一样,我也可能针对他人犯错误,只能认识到他的行为的外壳。在一种痛苦或一种悲伤的情形中,我对他的知觉永远都不会是他对他自己的知觉的等价物,除非我与他充分地结合在一起,以至我们的感受一起构成为一个单一的"形式",而我们的生命不再单独地流逝。正是通过这种稀有而困难的同意,我才能够真正地与他汇合,就像我只有通过决定成为我自己才能够掌握我的各种自然动作并真诚地认识到我自己一样。这样一来,我不能够通过设定而认识我自己,更不具有真实地认识他人的天赋能力。我通过他的举止的含义与他沟通,但是,问题在于通达它的结构,也就是说,在他的各种话语甚至他的各种活动的下面,通达它们得以在那里被准备的区域。我们已经看到③,他人行为在意指某种思考方式之前表达某种实存方式。而当这一行为就像在对话中发生的那样针对我,并且抓住我的各种思想以便回应它们时,——或者更为简单地说,当一些进入我的目光中的"文化客体"忽然与我的各种能力相一致,唤醒了我的各种意向并且使自己被我"理解"时,我就被带向了一种我不是其唯一

---

① 参看前面第 199 页(中文版第 267 页)。
② 这是萨特的论题,参看"自我的超越性",《哲学研究》,1936—1937 年。
③ 参看前面第 137 页(中文版第 190 页)。

构成成分的共存，它确立了社会自然之现象，就如同知觉经验确立了物理自然之现象一样。意识可以不经反思地亲历各种实存着的事物，可以委身于它们的尚未被转化为可表达的含义的具体结构；它的生命的某些插曲，在它们被重新引向那些不受约束的记忆和那些无害的对象的条件之前，会由于它们固有的惰性而囚禁它的自由，缩小它对于世界的知觉，强加给行为一些老套路；同样，在思考我们的阶级和环境之前，我们就是这一阶级和这一环境。

因此，"我思"可能会由于它的对象而产生幻觉。有人会回答说（这是真的）："我思""应该能够"伴随我们的全部表象，而且它被我们的表象预设为即使不是一种实际的意识行为的项，至少也是一种原则上的可能性。但这一批判主义的回答产生了一个难题：目光的改变——它将意识生命转换成主体与客体的纯粹辩证法，它把处于其感性厚度中的事物还原为一个含义网络，把创伤记忆还原为一种无足轻重的回忆并且让我的意识的阶级结构接受审查——说明了一种持久的"可能性的条件"呢，还是使一种新的意识结构显现出来了？这样一个问题就是要知道：比如意识在脱离时间、摆脱在它自己的核心中的这一不间断的涌现，以便把它作为一种理智的、易于驾驭的含义来把握时，发生了什么事情。意识只使那种暗含的东西被揭示出来了吗？或者相反，意识没有进入了一个清晰的梦中吗？它在那里实际上没有遇到任何的不透明，这不是因为它已经澄明事物的实存和它自己的实存，而是因为它生存在它自己的表面上、事物的外壳上？向着理智意识的反思性过渡是我们的知识与我们的存在的符合，抑或仅仅是意识用以为自己创造一种单独的实存的方式——一种寂静主义？这些问题并没有表达出任何经验论的要求，没有表达出对不需要说明它们自身的一些经验的任何讨好。我们相反地打算把意识与整个经验相等同，在为己意识中汇集在己意识的整个生命。一种接受批判主义影响的哲学，根据在全部客体背后重新发现处于其自由中的思维主体的反思来确立道德。相反地，如果我们（这是以现象的名义）认识到意识以及它的那些稳固结构的实存，那么我们的认识就取决于我们之所是，道德就开始于对它自身的心理学的和社会学的批判，一个人事先并不确信自己拥有一种德性的源泉，自我意识在他那里并不是法理性的，它只有通过澄清它自己的具体实存才能被获得，只有通过积极地整合它最初在它们之间遭到瓦解的——身体和心灵的——孤立的辩证法才能够获得证实。最后，死亡并非不具有意义，因为亲历的偶然性对于它认为自己在它们那里获得了完整的表达的永恒含义来说是一种永久的威胁。应当确信：关于永恒性的经验并不是关于死亡的无意识，它不是在这边而是在那边，就像另外还应该区分生命之爱和眷恋生物学实存一样。献祭生命在哲学上是不可能的，问题只不过在于"调动"他的生命，这是一种更深邃的生活方式。

如果我们把知觉理解为使我们认识到实存的活动，那么我们刚才触及的所有问题都将被归结为知觉问题。它寓于关于结构和含义的观念的二元性中。比如一种像"图形和背景"结构这样的"形式"，乃是具有意义的、并因此为理智分析提供一个支撑点的一个整体。但与此同时，它并不是一种观念，——它在我们面前作为一个场面被构成、被改变和被重组。各种所谓身体的、社会的、心理的"因果性"被归结为限制我们通达永恒含义的一些被亲历的视角的偶然性。大脑机能的各种"水平定位"、动物行为的各种粘附结构、病理行为的各种粘附结构只不过是它的一些特别明显的例子。"结构"乃是自然主义和实在主义的哲学真理。这一顺生意识与纯粹自我意识的关系是什么呢？我们可以思考知觉意识而不用取消其为原本的模式吗？我们能够维持其独特性而不会使它与理智意识的关系成为难以想象的吗？如果批判主义解决方案的实质在于在认识的界限之内拒绝实存并且在具体结构中重新找到理智含义，如果就像我们说过的，批判主义的命运与这种关于知觉的理智主义理论联系在一起，那么在这一解决方案不能够被接受的情况下，就应该重新界定先验哲学，以便直至把实在的现象整合到其中。自然的"事物"、机体、他人的行为和我的行为只是由于它们的意义才实存，但是，在它们那里显示出来的意义仍然不是康德式的客体，构造它们的意向性生活仍然不是一种表象，通达它们的"理解"仍然不是一种理知。

所引著作目录

A. Bethe(贝特)，*Handbuch der normalen und pathologischen Physiologie*（《正常的与病态的生理学手册》），Berlin，Julius Springer，1927，sqq.

L. Brunschvicg（布伦茨威格），*L'Expérience humaine et la Causalté physique*（《人类经验与物理因果性》），Paris，Alcan，1922. Nouvelle édition，Paris，Presses Universitaires de France，1949.

——*Spinoza et ses contemporains*（《斯宾诺莎及其同时代人》），3e éd.，Paris，Alcan，1923.

F. Buytendijk(拜顿迪克)，*Psychologie des Animaux*（《动物心理学》），Paris，Payot，1928.

J. Chevalier(谢瓦利埃)，*L'Habitude*（《论习惯》），Paris，Boivin，1929.

R. Dejean(德让)，*Étude psychologique de la «Distance» dans la vision*（《关于视觉"距离"的心理学研究》），Paris，Presses Universitares de France，1926.

——*Les Conditions objectives de la Perception visuelle*（《视知觉的客观条件》），Paris，Presses Universitaires de France，sans date.

A. Gelb et K. Goldstein（盖尔布与戈尔德斯坦），*Psychologische Analysen hirnpathologischer Fälle*，*I*（《脑病理衰退的精神分析》，第 1 卷），Leipzig，J. A. Barth，1920.

K. Goldstein(戈尔德斯坦)，*Der Aujbau des Organismus*（《机体的构造》），Haag，Martinus，Nijhoff，1934.

P. Guillaume(纪尧姆)，*L'Imitation chez l'Enfant*（《儿童的模仿》），Paris，Alcan，1925.

——*La Formation des Habitudes*（《习惯的形成》），Paris，Flammarion，1937.

——*La Psychologie de la Forme*（《形式心理学》），Paris，Flammarion，1937.

E. Husserl(胡塞尔)，*Ideen zu einer Phänomenologie und Phänomenologie*

Philosophie I(《纯粹现象学与现象学哲学的观念》第一卷), in *Jahrbuch für Philosophie und phänomenologische Forsclung I*(《哲学与现象学研究年鉴》第 1 卷), Halle, M, Niemeyer, 1913.

——*Vorlesungen zur Phänomenologie des inneren Zeitbewusztseins*(《内在时间意识的现象学》), ibid., Ⅸ(同上,第 9 卷), 1928.

——*Formale und transzendentale Logik*(《形式的与先验的逻辑》), ibid., Ⅹ(同上,第 10 卷), 1929.

——*Méditations cartesiennes*(《笛卡尔式的深思》), Paris, Colin, 1931.

L. Klages(克拉格斯), *Vom Wesen des Bewusztseins*(《意识的本质》), Leipzig, J. A. Barth, 1921.

K. Koffka(考夫卡), *Die Frundlagen der psychischen Entwicklung*(《心理发展的基础》), Osterwieck am Harz, A. W. Zwickfeldt, 1921, traduit en anglais sous le titre *The Growth of the Mind*(英译名为《心智的发展》), London, Kegan Paul, Trench Trubner and C°, New-York, Harcourt, Brace & C°, 1925.

——*Priciples of Gestalt Psychology*(《格式塔心理学原理》), Londres et New-York, mêmes éditeurs, 1935.

W. Koeler(苛勒), *Optische Untersuchungen am Schimpansen und am Haushuhn*(《对黑猩猩和家鸡的视觉研究》), Berliner Abhandlungen, Jahrgang 1915, phys.-math. Klasse n° 3.

——*Nachweis einfacher Struktudiunktionen beim Schimpansen und beim Haushuhn*(《黑猩猩和家鸡的功能结构的简单证明》), ibid., 1918.

——*Die physischen Gestalten in Ruhe und im stationären Zustand*(《睡眠和平静状态中的身体格式塔》), Erlangen, Braunschweig, 1920.

——*L'Intelligence des Singes supérieurs*(《高等猴类的智力》), Paris, Alcan, 1927.

——*Gestalt Psychology*(《格式塔心理学》), London, G. Bell, 1930.

R. Mourgre(穆尔格), *Neurobiologie de l'Hallucination*(《关于幻觉的神经生物学》), Bruxelles, Lamertin, 1932.

B. Murchison(默奇生)编, *Psychologies of 1925*(《1925 年度心理学》), Worcester, Massachussets, Clark University Press, 1928.

——*Psychologies of 1930*(《1930 年度心理学》), ibid., 1930.

I. P. Pavlov(巴甫洛夫), *Die höchste Nerventätigkeit von Tieren*(《动物的高级神经活动》), München, Bergmann, 1926.

——*Lecons sur l'activité du cortex cérébral*(《大脑皮层活动教程》), Paris,

A. Legrand，1929.

——*Les Réflexes Conditionnels*(《条件反射》)，Paris，Alcan，1932.

J. Piaget(皮亚杰)，*La Représentation du Monde chez l'Enfant*(《儿童的世界表象》)，Paris，Presses Universitaires de France，1948.

——*La Causalité physique chez l'Enfant*(《儿童的物理因果性》)，Paris，Alcan，1923.

H. Piéron(皮埃龙)，*Le Cerveau et la Pensée*(《大脑与思维》)，Paris，Alcan，1923.

G. Politzer(波利策)，*Critique des Fondements de la Psychologie*(《心理学基础批判》)，Paris，Rieder，1929，Presses Universitaires de France，1967.

E. Rubin(鲁宾)，*Visuell wahrgenommene Figuren*(《图形的视觉记录》)，Christiana，Gyldendalske Boghandel，1921.

M. Scheler(舍勒)，*Die wissensformen und die Gesellschaft*(《知识形式与社会》)，Leipzig，Der Neue Geist verlag，1926.

——*Der Formalismus in der Ethik und die materiale Werthethik*(《伦理学中的形式主义和质料的价值伦理学》)，in *Jahrbuch für Philosophie und phänomenologische Forschung*，Bd I – II(《哲学与现象学年鉴》)1-2卷，Halle，M，Niemeyer，1927.

——*Die Stellung des Menschen im Kosmos*(《人在宇宙中的地位》)，Damlstadt，Otto Reichl verlag，1928.

P. Schilder(施尔德)，*Das Körperschema*(《身体图式》)，Berlin，Springer，1923.

A. Tilquin(狄尔干)，*Le Behaviorisme，origine et développement de la psychologie de réaction en Amerique*(《行为主义：反映心理学在美国的起源与发展》)，Paris，Vrin，1942.

J. Wahl(华尔)，*Vers le Concret*(《通向具体》)，Paris，Vrin，1932.

H. Wallon(瓦隆)，*Stades et troubles du développement psycho – moteur et mental chez l'enfant*(《儿童心理活动的与心理的发展诸阶段及障碍》)，Paris，Alcan，1925；republié chez le même éditeur sous le tire：*L'Enfant turbulent*(《好动的儿童》)，1925.

J. B，Watson(华生)，*Behaviorism*(《行为主义》)，London，Kegan Paul，Trech Trubner and C° et New – York，Harcourt Brace and C°，2ᵉ edition，1930.

法中术语对照表

abstraction 抽象（作用）
acausalité 非因果性
acquisition 习得　获得
acte 活动　行为
action 活动　行动　作用
activité 活动
activité de signalement 信号活动
activité prospective 预期活动
actualité 现实性
acuité visuelle 视敏度
adaptation 适应
agent 动因　因素
agnosie 无辨觉能症
agnosie tactile 触觉辨识不能症
ajustement 调节
alexie 失读症
allure syncretique 混沌情状
alter-ego 他我
âme 心（灵）
amimie 表情缺失
amnésie 遗忘症
amusie 失歌症
anagénèse 再生
analyse réelle 实在分析
anarthrie 构音障碍
antagonisme 拮抗作用

antagoniste 拮抗肌
anthropomorphisme 拟人特征　拟人论
antinomie 二律背反
antithèse 反题
aphasie 失语症
appareil effecteur 效应器
appareil récepteur 感受器官
apparence 显象　外表　呈现
appréhension 统握
apprentissage 学习
apraxique 运用不能症患者
arc réflexe 反射弧
aspect perspective 透视外观
aspect 外观　外表
association 联合　联想
astéréognosie 实体觉缺乏
attitude 态度　姿态
attitude categoriale 范畴态度
attitude négativiste 违拗姿态
automatisme 机械活动　自动性
autre 他者　他人
autrui 他人
behaviorisme 行为主义
caractère 性格　特征
caracteristique 特征

cartésianisme 笛卡尔主义
catagénèse 退化
causalité 因果性
cécité psychique 心理盲 精神性盲
cécité verbale 识字盲
central 中枢 中心
centre phémeque 语位中枢
chair 肉体
champ phénoménal 现象场
champ récepteur 感受场
champ réflexogène 促反射场
champ 场（域）
chose 事物 东西
chromatopsie 部分色盲
chronaxie 时值
circuit coordinateur 协调环路
circuit nerveux 神经环路
circuit réflexe 反射环路
coenesthésique 体感
coexistence 共存
commande 控制 装置
complexe 情结
comportement 行为
comportment géographic 地理行为
comportment-chose 行为作为事物
comportment-manifestation 行为作为显示
comprehension 理解
co-nassance 共－生
conception 概念 观念
conditionnement 条件制约
conduite 举止 行为
configuration 构形
conscience 意识
conscience collective 集体意识

conscience engagée 介入意识
conscience intellectuelle 理智意识
conscience naive 素朴意识
conscience naturée 顺生意识
conscience perceptive 知觉意识
conscience pure 纯粹意识
conscience transcendentale 先验意识
conscience-témoin 见证意识
constellation 群 集合
contingence 偶然性
contre coup 反冲
contre-coup 反向影响
contre-épreuve 反证试验
contre-force 反力
contre-inhibiteur conditionnel 条件性抗抑制
contrôle 控制
coordination 协调
coordination motrice 运动协调
coordination réceptrice 感受协调
corporéité 身体性
corps 身（体）
corps pour-autrui 为他的身体
corps pour-moi 为我的身体
corps propre 本己身体
corps-outil 工具性身体
criticism 批判主义 批判论
désagrégation 解体
désinhibition 抑制解除
dialectique 辩证法
direction 方向
dispositif 装置
donnée 材料 被给予者
dualisme 二元论

dualité 二元性
dynamisme 动力论
eccéité 此性
écorce 皮质 皮层
effecteur 效应器
eigenreflexe 自反射
élément 元素 要素
empirisme 经验论 经验主义
engagement 介入
en-soi 在己
entéléchie 隐德莱希
entourage géographique 地理环境
épiphénoménisme 副现象论
équilibre 平衡
espace 空间
espace vécu 被亲历空间
espace virtuel 潜在空间
espèce 种类
essais et erreurs 试错法
étan vital 生命冲动
étant 存在者
etra-mental 心外的
être 存在
être au mond 在世存在
être-dans-le-mond 在世存在
évidence 明证性
excitant 刺激物
excitation 兴奋
existant 存在物
existence 实存 存在
existentialisme 实存主义
expérience 经验 实验
expérience critique 临界实验
expérience cruciale 判决性实验
expérience naturelle 自然经验

explication 说明
extéroceptivité 外感受性
facteur 因素
finalisme 目的论
fonction 函项 功能
fonction du réel 实在的功能
fonctionnement 机能
fonctionnement nerveux 神经机能
forme 形式 形状
forme amovible 可移动形式
forme symbolique 象征形式
forme syncrétique 混沌形式
foyer 病灶
fremdreflexe 异反射
gestalt 格式塔
gestaltblindheit 格式塔盲
gestalttheorie 格式塔理论
geste 姿势 动作
hémiachromatopsia 偏色盲症
hémiamblyopie 偏弱视
hémianopsie 偏盲症患者
hémiaphotopsia 偏闪光幻觉症
hémiastéréopsia 偏实体觉缺乏
hémiplégie 偏瘫
historicisme 历史主义
horizon 视域 地平线
idéalisme 观念论
idéalité 观念性
idée 观念
identité 同一 同一性
image 形象
image en miroir 镜像
image kinesthésique 动觉形象
image verbale 言语形象
impression 印象

induction 诱导
inhibiteur conditionnel 条件抑制
inhibition 抑制
innéisme 天赋观念论
innervation 神经支配
instance 机构
instinct 本能
intellection 理知
intellectualism 理智主义
intelligence 智力 理智
intelligibilité 可知性 知性
intelligible 可知的 知性的
intensité 强度
intention 意向
intentionnalité 意向性
intéroceptivité 内感受性
interprétation 解释
intervalle 时距
intervention 干预
introspection 内省
intuition simultanée 共时直观
intuition 直观
irradiation 扩散
isomorphisme 同型 同型论
langage automatique 自动语言
langage volontaire 自愿语言
legato 连奏运动
liberté 自由
local signe 局部记号
localisation 定位 局部化
localisation horizontale 水平定位
localisation verticale 垂直定位
loi d'accentuation 加强律
loi de maximum 最大值律
loi de nivellement 均等律

lumibre phenoménale 现象之光
lumière réelle 实在之光
macula 黄斑
manifestation 显示 表现
manipulation 操作
matérialisme 唯物论 唯物主义
mécanisme 机制 机械 机械论
médiatisation 中介化
melodie 旋律
mentalisme 心灵主义
métaphore énergétique 能量隐喻
métaphore structurale 结构隐喻
milieu 环境
mobilité 机动性 活动性
moment 环节 时刻
monde 世界
montage 合成 组合
mosaïque 镶嵌
motoranalysator 运动分析器
motorium 运动中枢
movement 运动 活动 动作
muscle effecteur 效应肌
nativisme 先天论
naturalisme 自然主义
naturant 原生的
nature 自然 本性
naturée 顺生的
néant 虚无
névrose expérimentale 实验神经症
nominalism 唯名论
notion 概念 观念
objet 对象 客体 物体
occasionnalisme 偶因论
operation 作用 活动 操作
ordre 秩序 顺序 序列

organe récepteur　感受器官
organisatiom　构造　组织
organisation en profondeur　深度构造
organisme　机体
originaire　原本的
original　原本的
originalité　原本性
parallélisme　平行论
paraphasie　言语错乱
pensée　思维　思想
pensée causale　因果思维
pensée criticiste　批判主义思想
pensée naturante　原生的思维
pensée naturé　顺生的思维
pensée réfléchie　自反思维
perception　知觉
perception commencante　初始知觉
permutation　转换
personnalité nosologique　疾病分类学个性
perspective　视角　透视
perspectivisme　视角性
phénomene　现象
phénoménologie　现象学
philosophie transcendentale　先验哲学
photopsie　闪光幻觉
phototropisme　向光性
point de vue　视点
postivisme　实证主义
pour-soi　为己
présence　在场　呈现
prétention ontologique　存在论意图
prise　把握

projection　投射
projet　筹划
propriété　属性
proprioceptivité　本体感受性
pseudo cartésianisme　伪笛卡尔主义
pseudofovéa　假视网膜中央凹
psychiatrie　精神病学
psychologie　心理学
psychologie analytique　分析的心理学
psychologie de laboratoire　实验心理学
psychologie intellectualiste　理智主义心理学
psychologisme　心理主义
psychopathologie　精神病理学
quale　感受质
qualité　性质
quiétisme　寂静主义
rationalisme　唯理论　理性主义
réaction　反应　反作用
réalisme　实在论　实在主义
réalité　实在　实在性
récepteur　感受器
reduction phénoménologique　现象学还原
reduction　还原
réel　实在
réflexe　反射
réflexe composé　复合反射
réflexe conditionné　条件反射
réflexe conditionnel　条件反射
réflexe congenital　先天反射
réflexe de contact　接触反射
réflexe de fixation　注视反射

réflexe imminent 立时反射
réflexe médullaire phasique 阶段性脊髓反射
reflexe oculo-moteur 眼动反射
réflexe tonique 紧张性反射
réflexion 思考 反思
reflexogene 促反射的
réflexologie 反射学
regulation 调节
remplissement 充实
renversment 反向 倒转
reorganisation 重组
reponse 反应
rythme 节律
saisir 抓住 掌握 领会
schéma 图式
schema du réflexe 反射图式
semi-retine 半视网膜
sens autochtone 本地意义
sens 意义 感官 方向
sensation 感觉
sensibilité 感性 感受性
sensible 感性的 可感的
sensorium 感觉中枢
seuil 阈限
signal 信号
signalisation 信号作用
signe 符号 征兆 信号
signe local 局部信号
signification 含义
situation 情景 处境
sociologisme 社会学主义
spiritualisme 精神论
staccato 断奏运动
stéréopsie 立体幻觉
stimulations discrètes 离散刺激
stimuli partiel 局部刺激
stimulus 刺激
stimulus inconditionné 无条件刺激
structuration 结构化
structure 结构
subjectivité 主体性 主观性
substance nerveuse 神经物质
substance-étendue 广延实体
substance-pensée 思维实体
sujet 主体 被试
surdité musicale 音乐聋
surdité psychique 心理聋
sustrat 基质
symbole 象征 符号
sympathique 交感神经
syncrétisme 混沌 混合
système nerveux central 中枢神经系统
temporalité 时间性
temps 时间
tendance 趋势
terminaison 神经末梢
terminaisons sensorielles 感觉神经末梢
texure 结构
théorie du réflexe 反射理论
thèse 正题 论题
topographie 地形学
toucher 触觉 触摸
trace kinesthésique 动觉印迹
trait 特性
trajet 通道 路径
transfert 迁移
transformation 转化

transplantation　移植
tropisme　向性
trouble　障碍
trouble apraxique　运用不能障碍
trouble gnosique　识别障碍
univers de discours　论域
univers　领域　世界　宇宙
vague　迷走神经
valeur　价值
valeur chromatique　颜色值
valeur spatiale　空间值
valeur symbolique　符号值
vide　空无　空无的
virtuel　潜在　潜在的
vision　视觉　看
vivante　有生命的东西　活的
zone d'association　联想区
zone de projection　投射区

中法术语对照表

把握　prise
半视网膜　semi-retine
被给予者　donnée
被亲历空间　espace vécu
被试　sujet
本地意义　sens autochtone
本己身体　corps propre
本能　instinct
本体感受性　proprioceptivité
本性　nature
辩证法　dialectique
表情缺失　amimie
表现　manifestation
病灶　foyer
部分色盲　chromatopsie
材料　donnée
操作　manipulation operation
场（域）　champ
呈现　apparence
呈现　présence
充实　remplissement
抽象（作用）　abstraction
筹划　projet
初始知觉　perception commencante
处境　situation
触觉　toucher

触觉辨识不能症　agnosie tactile
触摸　toucher
垂直定位　localisation verticale
纯粹意识　conscience pure
此性　eccéité
刺激　excitation stimulus
刺激物　excitant
促反射场　champ réflexogène
促反射的　reflexogene
存在　être existence
存在论意图　prétention ontologique
存在物　existant
存在者　étant
倒转　renversment
笛卡尔主义　cartésianisme
地理行为　comportment géographic
地理环境　entourage géographique
地平线　horizon
地形学　topographie
定位　localisation
东西　chose
动觉形象　image kinesthésique
动觉印迹　trace kinesthésique
动力论　dynamisme
动因　agent
动作　geste movement

断奏运动	staccato	感受场	champ récepteur
对象	objet	感受器	récepteur
二律背反	antinomie	感受器官	appareil récepteur, organe récepteur
二元论	dualisme		
二元性	dualité	感受协调	coordination réceptrice
反冲	contre coup	感受性	sensibilité
反力	contre-force	感受质	quale
反射	réflexe	感性	sensibilité
反射弧	arc réflexe	感性的	sensible
反射环路	circuit réflexe	干预	intervention
反射理论	théorie du réflexe	格式塔	gestalt
反射图式	schema du réflexe	格式塔理论	gestalttheorie
反射学	réflexologie	格式塔盲	gestaltblindheit
反思	réflexion	工具性身体	corps-outil
反题	antithèse	功能	fonction
反向	renversment	共存	coexistence
反向影响	contre-coup	共–生	co-nassance
反应	réaction reponse	共时直观	intuition simultanée
反证试验	contre-épreuve	构形	configuration
反作用	réaction	构音障碍	anarthrie
范畴态度	attitude categoriale	构造	organisatiom
方向	direction sens	观念	conception idée notion
非因果性	acausalité	观念论	idéalisme
分析的心理学	psychologie analytique	观念性	idéalité
		广延实体	substance-étendue
符号	signe symbole	还原	reduction
符号值	valeur symbolique	含义	signification
复合反射	réflexe composé	函项	fonction
副现象论	épiphénoménisme	行动	action
概念	conception notion	行为	acte comportement conduite
感官	sens	行为主义	behaviorisme
感觉	sensation	行为作为事物	comportment-chose
感觉神经末梢	terminaisons sensorielles	行为作为显示	comportment-manifestation
感觉中枢	sensorium	合成	montage

环节	moment
环境	milieu
黄斑	macula
混沌	syncrétisme
混沌情状	allure syncretique
混沌形式	forme syncrétique
混合	syncrétisme
活的	vivante
活动	activité action acte movement
活动性	mobilité
获得	acquisition
机动性	mobilité
机构	instance
机能	fonctionnement
机体	organisme
机械（论）	mécanisme
机械活动	automatisme
机制	mécanisme
基质	sustrat
疾病分类学个性	personnalité nosologique
集体意识	conscience collective
寂静主义	quiétisme
加强律	loi d'accentuation
假视网膜中央凹	pseudofovéa
价值	valeur
见证意识	conscience-témoin
交感神经	sympathique
阶段性脊髓反射	réflexe médullaire phasique
接触反射	réflexe de contact
节律	rythme
拮抗肌	antagoniste
拮抗作用	antagonisme
结构	structure texure
结构化	structuration
结构隐喻	métaphore structurale
解释	interprétation
解体	désagrégation
介入	engagement
介入意识	conscience engagée
紧张性反射	réflexe tonique
经验	expérience
经验论/经验主义	empirisme
精神病理学	psychopathologie
精神病学	psychiatrie
精神论	spiritualisme
精神性盲	cécité psychique
镜像	image en miroir
局部刺激	stimuli partiel
局部化	localisation
局部记号	local signe
局部信号	signe local
举止	conduite
均等律	loi de nivellement
看	vision
可感的	sensible
可移动形式	forme amovible
可知的	intelligible
可知性	intelligibilité
客体	objet
空间	espace
空间值	valeur spatiale
空无（的）	vide
控制	commande contrôle
扩散	irradiation
离散刺激	stimulations discrètes
理解	comprehension
理性主义	rationalisme
理知	intellection

理智意识　conscience intellectuelle
理智主义　intellectualism
理智主义心理学　psychologie intellectualiste
历史主义　historicisme
立时反射　réflexe imminent
立体幻觉　stéréopsie
连奏运动　legato
联合/联想　association
联想区　zone d'association
临界实验　expérience critique
领域　univers
路径　trajet
论题　thèse
论域　univers de discours
迷走神经　vague
明证性　évidence
目的论　finalisme
内感受性　intéroceptivité
内省　introspection
能量隐喻　métaphore énergétique
拟人论/拟人特征　anthropomorphisme
偶然性　contingence
偶因论　occasionnalisme
判决性实验　expérience cruciale
批判论/批判主义　criticism
批判主义思想　pensée criticiste
皮层/皮质　écorce
偏盲症患者　hémianopsique
偏弱视　hémiamblyopie
偏色盲症　hémiachromatopsia
偏闪光幻觉症　hémiaphotopsia
偏实体觉缺乏　hémiastéréopsia
偏瘫　hémiplégie
平行论　parallélisme

平衡　équilibre
迁移　transfert
潜在（的）　virtuel
潜在空间　espace virtuel
强度　intensité
情结　complexe
趋势　tendance
群　constellation
肉体　chair
闪光幻觉　photopsie
社会学主义　sociologisme
身(体)　corps
身体性　corporéité
深度构造　organisation en profondeur
神经环路　circuit nerveux
神经机能　fonctionnement nerveux
神经末梢　terminaison
神经物质　substance nerveuse
神经支配　innervation
生命冲动　étan vital
失读症　alexie
失歌症　amusie
失语症　aphasie
时间　temps
时间性　temporalité
时距　intervalle
时刻　moment
时值　chronaxie
识别障碍　trouble gnosique
识字盲　cécité verbale
实存　existence
实存主义　existentialisme
实体觉缺乏　astéréognosie
实验　expérience
实验神经症　névrose expérimentale

实验心理学　psychologie de laboratoire
实在　réel réalité
实在的功能　fonction du réel
实在的全体　omnitudo réalitutis
实在分析　analyse réelle
实在论/实在主义　réalisme
实在性　réalité
实在之光　lumière réelle
实证主义　postivisme
世界　monde univers
事物　chose
试错法　essais et erreurs
视点　point de vue
视角　perspective
视角性　perspectivisme
视觉　vision
视敏度　acuité visuelle
视域　horizon
适应　adaptation
属性　propriété
水平定位　localisation horizontale
顺生的　naturée
顺生的思维　pensée naturé
顺生意识　conscience naturée
顺序　ordre
说明　explication
思考　réflexion
思维/思想　pensée
思维实体　substance-pensée
素朴意识　conscience naive
他人　autrui autre
他我　alter-ego
他者　autre
态度　attitude
特性　trait

特征　caractère caracteristique
体感　coenesthésique
天赋观念论　innéisme
条件反射　réflexe conditionnel réflexe conditionné
条件性抗抑制　contre-inhibiteur conditionnel
条件抑制　inhibiteur conditionnel
条件制约　conditionnement
调节　ajustement regulation
通道　trajet
同型(论)　isomorphisme
同一(性)　identité
统握　appréhension
投射　projection
投射区　zone de projection
透视　perspective
透视外观　aspect perspective
图式　schéma
退化　catagénèse
外表　apparence aspect
外感受性　extéroceptivité
外观　aspect
为己　pour-soi
为他的身体　corps pour-autrui
为我的身体　corps pour-moi
违拗姿态　attitude négativiste
唯理论　rationalisme
唯名论　nominalism
唯物论/唯物主义　matérialisme
伪笛卡尔主义　pseudo cartésianisme
无辨觉能症　agnosie
无条件刺激　stimulus inconditionné
物体　objet
习得　acquisition

先天反射　réflexe congenital
先天论　nativisme
先天性　a priori
先验意识　conscience transcendentale
先验哲学　philosophie transcendentale
显示　manifestation
显象　apparence
现实性　actualité
现象　phénomene
现象场　champ phénoménal
现象学　phénoménologie
现象学还原　reduction phénoménologique
现象之光　lumibre phenoménale
镶嵌　mosaïque
向光性　phototropisme
向性　tropisme
象征　symbole
象征形式　forme symbolique
效应肌　muscle effecteur
效应器　effecteur appareil effecteur
协调　coordination
协调环路　circuit coordinateur
心(灵)　âme
心理聋　surdité psychique
心理盲　cécité psychique
心理学　psychologie
心理主义　psychologisme
心灵主义　mentalisme
心外的　etra-mental
信号　signal signe
信号活动　activité de signalement
信号作用　signalisation
兴奋　excitation

形式/形状　forme
形象　image
性格　caractère
性质　qualité
虚无　néant
序列　ordre
旋律　melodie
学习　apprentissage
言语错乱　paraphasie
言语形象　image verbale
颜色值　valeur chromatique
眼动反射　reflexe oculo-moteur
要素　element
移植　transplantation
遗忘症　amnésie
抑制　inhibition
抑制解除　désinhibition
意识　conscience
意向　intention
意向性　intentionnalité
意义　sens
因果思维　pensée causale
因果性　causalité
因素　agent facteur
音乐聋　surdité musicale
隐德莱希　entéléchie
印象　impression
有生命的东西　vivante
诱导　induction
宇宙　univers
语位中枢　centre phémeque
预期活动　activité prospective
阈限　seuil
元素　element
原本的　originaire original

原本性　originalité	中枢神经系统　système nerveux central
原生的　naturant	
原生的思维　pensée naturante	种类　espèce
运动　movement	重组　reorganisation
运动分析器　motoranalysator	主观性/主体性　subjectivité
运动协调　coordination motrice	主体　sujet
运动中枢　motorium	注视反射　réflexe de fixation
运用不能障碍　trouble apraxique	抓住　saisir
运用不能症患者　apraxique	转化　transformation
再生　anagénèse	转换　permutation
在场　présence	装置　commande dispositif
在己　en-soi	姿势　geste
在世存在　être au mond, être-dans-le-mond	姿态　attitude
	自动性　automatisme
掌握　saisir prendre	自动语言　langage automatique
障碍　trouble	自反射　eigenreflexe
征兆　signe	自反思维　pensée réfléchie
正题　thèse	自然　nature
知觉　perception	自然经验　expérience naturelle
知觉意识　conscience perceptive	自然主义　naturalisme
知性　intelligibilité	自由　liberté
知性的　intelligible	自愿语言　langage volontaire
直观　intuition	组合　montage
秩序　ordre	组织　organisatiom
智力　intelligence	最大值律　loi de maximum
中介化　médiatisation	作用　action operation
中枢/中心　central	

西中人名对照表

Alain 阿兰
Aristotle 亚里士多德
Arouet, F. 阿鲁埃
Babinski 巴宾斯基
Benary, G. 本纳利
Bergson, H. 柏格森
Berkeley, G. 贝克莱
Bethe 贝特
Bohr, N. 玻尔
Boumann 鲍曼
Brunschvicg, L. 布伦茨威格
Bühler, L. 彪勒
Buytendijk, F. J. J. 拜顿迪克
Caillois, R. 伽约瓦
Cannon, W. B. 坎农
Cardot 卡尔多
Cassirer, E. 卡西尔
Cassou, J. 卡苏
Cavendish 卡文迪什
Cézanne 塞尚
Chevalier, J. 谢瓦利埃
Claudel, P. 克洛代尔
Cournot 库尔诺
de Broglie, L. 德布罗意
Dejean, R. 德让
Descartes, R. 笛卡尔

D'Ors 多斯
Drabovitch, W. 德拉波维奇
Dume 迪马
Durkheim, E. 涂尔干
Ezn 埃仁
Fink 芬克
Fischel 费歇尔
Freud, S. 弗洛伊德
Fuchs, W. 富克斯
Gelb, A. 盖尔布
Goldstein, K. 戈尔德斯坦
Goya 戈雅
Greco 格列柯
Grünbaum, A. M. 格林鲍姆
Guillaume, P. 纪尧姆
Head, H. 海德
Hegel, G. 黑格尔
Heidegger, M. 海德格尔
Helmholtz, H. 赫尔姆霍兹
Hering 海林
Hocheimer, H. 霍赫默尔
Hume, D. 休谟
Husserl, E. 胡塞尔
Hyppolite, J. 伊波利特
Ivanov-Smolensky 伊万诺夫-斯莫伦斯基

Jaensch, E. R.　杨施	Pavlov, I. P.　巴甫洛夫
Janet, P.　雅内	Petrova　彼德洛娃
Jaspers, K.　雅斯贝尔斯	Piaget, J.　皮亚杰
Jastrow, J.　贾斯特罗	Piéron, H.　皮埃龙
Jennings, H. S.　杰宁	Plato　柏拉图
Jordan, P　若尔当	Plessner, H.　普莱西纳
Kant, I.　康德	Politzer, G.　波利策
Katz　卡兹	Proust, M.　普鲁斯特
Kierkegaard, S.　克尔凯郭尔	Ptolémée　托勒密
Klages, L.　克拉格斯	Revesz, G.　里夫斯
Koehler, W.　苛勒	Rubin, E.　鲁宾
Koffka, K.　考夫卡	Ruger, H. A.　罗吉尔
Kroetz　格鲁茨	Ruyer, R.　吕耶
Lachelier　拉舍利埃	Sanders, L.　桑德斯
Lagneau　拉缪	Sartre, J.-P.　萨特
Lalande, A.　拉朗德	Scheler　舍勒
Lapicque, L.　拉皮克	Schiff　谢夫
Lashley, K. S.　拉什利	Schilder, P.　施尔德
Leibniz, G. W.　莱布尼茨	Shepherd　谢泼德
Loeb　洛布	Sherrington, C.　谢林顿
Luchsinger　卢齐生格	Shinn, M. W.　塞茵
Ludwig　路德维希	Spinoza, B.　斯宾诺莎
Malebranche, N.　马勒伯朗士	Steinfeld　施泰因费尔德
Marie, P.　玛丽	Stendal　斯汤达
Marina　玛丽娜	Talbot　塔尔博特
Marx, K.　马克思	Thorndike, E.　桑代克
Michelson　米歇尔松	Tilquin, A.　狄尔干
Miller, N. E.　米勒	Tolman, E. C.　托尔曼
Monakow　莫纳科夫	Trendelenburg, W.　特伦德伦伯格
Mourgue, R.　穆尔格	Tudor-Han, B.　图尔多-哈特
Nellmann, H.　尼尔曼	Uexküll　于克斯屈尔
Nietzsche, F. W.　尼采	Volkelt, H.　福克尔特
Ombredane, M.　奥姆伯里达因	Von Kries, J.　洪·克里斯
Painlevé　潘勒韦	Von Weizsäcker, V. F.　魏茨泽克

Wahl, J.　华尔
Wallon, H.　瓦隆
Watson, J. B.　华生
Weber　韦伯

Weiss, P.　韦斯
Wertheimer, M.　韦特海默
Woerkom　沃尔康姆

中西人名对照表

阿兰　Alain
阿鲁埃　Arouet
埃仁　Ezn
奥姆伯里达因　Ombredane
巴宾斯基　Babinski
贝克莱　Berkeley
玻尔　Bohr
波利策　Politzer
柏格森　Bergson
柏拉图　Plato
拜顿迪克　Buytendijk
巴甫洛夫　Pavlov
鲍曼　Boumann
贝特　Bethe
本纳利　Benary
彼德洛娃　Petrova
彪勒　Bühler
布伦茨威格　Brunschvicg
德布罗意　de Broglie
德拉波维奇　Drabovitch
德让　Dejean
狄尔干　Tilquin
笛卡尔　Descartes
迪马　Dume
多斯　d'Ors
费歇尔　Fischel
芬克　Fink

弗洛伊德　Freud
富克斯　Fochs
伽约瓦　Caillois
盖尔布　Gelb
戈尔德斯坦　Goldstein
戈雅　Goya
格列柯　Greco
格林鲍姆　Gmnbaum
格鲁茨　Kroetz
海德　Head
海德格尔　Heidegger
赫尔姆霍兹　Helmholtz
黑格尔　Hegel
海林　Hering
洪·克里斯　Von Kries
胡塞尔　Husserl
华尔　Wahl
华生　Watson
霍赫默尔　Hocheimer
贾斯特罗　Jastrow
纪尧姆　Guillaume
杰宁　Jennings
卡尔多　Cardot
卡苏　Cassou
卡文迪什　Cavendish
卡西尔　Cassirer
卡兹　Katz

坎农	Cannon	若尔当	Jordan
康德	Kant	萨特	Sartre
考夫卡	Koffka	塞尚	Cézanne
苛勒	Koehler	塞茵	Shinn
克尔凯郭尔	Kierkegaard	桑代克	Thorndike
克拉格斯	Klages	桑德斯	Sanders
克洛代尔	Claudel	舍勒	Scheler
库尔诺	Cournot	施尔德	Schilder
拉朗德	Lalande	施泰因费尔德	Steinfeld
拉缪	Lagneau	斯宾诺莎	Spinoza
拉皮克	Lapicque	斯汤达	Stendal
拉舍利埃	Lachelier	塔尔博特	Talbot
拉什利	Lashley	特伦德伦伯格	Trendelenburg
莱布尼茨	Leibniz	图尔多-哈特	Tudor-Hart
里夫斯	Revesz	涂尔干	Durkheim
卢齐生格	Luchsinger	托尔曼	Tolman
鲁宾	Rubin	托勒密	Ptolémée
路德维希	Ludwig	瓦隆	Wallon
吕耶	Ruyer	韦特海默	Wertheimer
罗吉尔	Ruger	韦伯	Weber
洛布	Loeb	魏茨泽克	Weizsäcker
马勒伯朗士	Malebranche	韦斯	Weiss
马克思	Marx	沃尔康姆	Woerkom
玛丽	Marie	谢泼德	Shepherd
玛丽娜	Marina	谢夫	Schiff
米勒	Miller	谢林顿	Sherrington
米歇尔松	Michelson	谢瓦利埃	Chevalier
莫纳科夫	Monakow	休谟	Hume
穆尔格	Mourgue	亚里士多德	Aristotle
尼采	Nietzsche	雅内	Janet
尼尔曼	Nellman	雅斯贝尔斯	Jaspers
潘勒韦	Painlevé	杨施	Jaensch
皮亚杰	Piaget	伊波利特	Hyppolite
皮埃龙	Piéron	伊万诺夫-斯莫伦斯基	Ivanov-Smolensky
普莱西纳	Plessner	于克斯屈尔	Uexküll
普鲁斯特	Proust		

初版译后记

这部译著先由我本人根据法国大学出版社于 1990 年印行的法文版译出了"目录""一种含混的哲学"、"导言"、"第一章"、"第四章"。后因着手翻译梅洛-庞蒂的另一作品《世界的散文》及忙于其他事务,遂请拟以梅洛-庞蒂哲学为博士论文选题的张尧均先生翻译余下两章。张氏以英文版(Alden L. Fisher 译,美国 Duquesne 大学出版社 1983 年版)和法文版对照的方式译出这两部分,完稿后由我对照法文版逐句校对,译稿因此完全以法文版为基准。张对我所译部分也对照英文版进行了逐字校对,再由我据法文版酌情处置错漏之处和有关用词或表述。全书最终由我本人进行统稿,有关术语和人名的对照表、参考书目等事项也系我本人所为。这是我和张尧均合作的成果,但许多术语和句子的处理更多地依照我的理解和习惯,因此,失误和问题也主要由我本人负责。

我于 1998 年秋开始尝试做一些翻译工作,陆续翻译了梅洛-庞蒂的《哲学赞词及其他论文》、《世界的散文》、《行为的结构》。我应该感谢商务印书馆的狄玉明先生为我提供了锻炼机会,更要感谢他的鼓励、支持和帮助。还要感谢商务印书馆的关群德先生和郭红女士等老师,没有他们的辛勤工作和热心支持,我不可能会较为顺利地完成上述翻译工作。在《行为的结构》的翻译过程中,陈村富教授在两处希腊文的处理方面提供了重要的参考意见,翟三江先生帮忙处理了多段德文材料。我非常感谢他们两位的热心帮助。在翻译过程中,有关心理学方面的内容,尤其是一些术语和人名翻译参照了一些中译心理学著作和词典,在此不一一指名致谢。我一外学的是英语,二外是德语,法语算是三外了。我也想借此机会感谢浙江大学外国语学院法语专业的诸位老师,如果没有他们把我领进"法语世界",我目前所做的工作就无从谈起。由于兴趣集中在法国哲学,我至今尚未在英译汉方面做点什么,德语也暂时放在了一边。我希望在法译汉方面已经有所进步,但由于本人法语水平所限,由于本选题自身的难度(尤其是涉及众多的心理、生理、病理学知识),尽管下了不少笨功夫,但错误显然在所难免,还望各位方家批评指正。

我曾经陷入到某种克尔凯郭尔情结中。这位古怪孤僻的哲人告诉我,哲学并不就是思辨、逻辑和普遍性,哲学完全可以成为情绪化、文学化、私人化的事情。他的作品处处在讲述偶然性和不确定性的故事,断然否定黑格尔式的思辨的必然性和确定性。然而,他毕竟心存神和绝对,最终探寻的是由相对到绝对、由偶然到必然,由不确定到确定的道路。我曾经也走在这条道路的途中,这当然通向的是乌有之乡。也正是在这一途中,我发现了德里达与克尔凯郭尔的某种相似。现在想来,不管出于随意,还是源自故意,这显然是一种误解。无论如何,我一度耗费时日追随德里达式的游戏,力图摆脱沉重,在文本中找寻愉悦。

但我并不想在语言的牢笼中越陷越深,故而逐渐对福柯有了好感。后者关于话语的理论、关于现代性的思考具有非常强烈的问题意识、当代意识,说到底关注的是科学理性昌盛时代的边缘性、身体性、他性诸问题。我进而发现还应该回过头来,细究结构-后结构主义的谱系。事实上,解构有其现象学基础,如果不分解回溯,我们就只能完全随波逐流。但我不打算回到胡塞尔,尤其不认同那种所谓的纯粹意识。胡氏试图开辟多种通向先验主观性、绝对确定性的道路,然而,事与愿违,他打开的是潘多拉的匣子。我更多地对梅洛-庞蒂,当然也可以说是梅氏意义上的胡塞尔感兴趣。我迷恋于他在关于身体、世界和他人诸问题上为我们创建的一种含混的诗学。我甚至认为,梅洛-庞蒂与福柯是理解现象学和结构主义两个传统之关系、甚至是理解整个当代法国哲学精神的两座非常近便的桥梁。但那个"孤独个体"克尔凯郭尔何在?他的"精神"何在?我离他越来越近还是越来越远了呢?我有些茫然。或许一切都在途中。

杨大春

2002年10月于杭州蒋村

修订版译后记

本译稿完成于 2002 年 10 月，随后交付出版社，并于 2005 年出版。藉完成国家社科基金重大招标项目"《梅洛-庞蒂著作集》编译与研究"之契机，译者于十八年后对初版译本非常认真地重新校阅了一遍，发现了需要更正的不少问题：既有理解上的错误，也有表达上的欠缺。译者尽可能进行了修订，同时更新了一些重要术语的译名，以期尽可能地与《知觉现象学》《哲学赞词》《眼与心》、《世界的散文》、《辩证法的历险》相一致。

再次感谢"初版译后记"中提到的各位老师和朋友的大力支持与帮助，同时要感谢商务印书馆陈小文先生、关群德先生以及其他相关编辑为出版包括本书在内的《梅洛-庞蒂文集》付出的辛勤努力。

2020 年 10 月
杨大春
于杭州三墩镇

图书在版编目(CIP)数据

梅洛-庞蒂文集. 第1卷, 行为的结构/(法)梅洛-庞蒂著;
杨大春,张尧均译.—北京:商务印书馆,2021(2023.8重印)
ISBN 978-7-100-20095-0

Ⅰ.①梅⋯　Ⅱ.①梅⋯ ②杨⋯ ③张⋯　Ⅲ.①社会科学－
文集　Ⅳ.①C53

中国版本图书馆 CIP 数据核字(2021)第 124779 号

权利保留,侵权必究。

梅洛-庞蒂文集
第1卷
行为的结构
杨大春　张尧均　译

商 务 印 书 馆 出 版
(北京王府井大街 36 号　邮政编码 100710)
商 务 印 书 馆 发 行
北京通州皇家印刷厂印刷
ISBN 978-7-100-20095-0

2021 年 9 月第 1 版　　　开本 710×1000　1/16
2023 年 8 月北京第 2 次印刷　印张 22¼
定价:128.00 元